원불교,
인권을 말하다

Won-Buddhism &
Human Rights

원불교,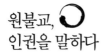
인권을 말하다
Won-Buddhism &
Human Rights

1판 1쇄 펴낸 날 2012년 8월 20일

공저 정상덕 · 김기남 **발행인** 김재경 **기획 · 편집** 김성우 **디자인** 최정근 **마케팅** 권태형 **제작** 보현피앤피

펴낸곳 도서출판 비움과소통 서울시 영등포구 영등포동7가 52-10 남양BD 2층 222호 **전화** (02)2632-8739
팩스 0505-115-2068 **이메일** buddhapia5@daum.net **트위터** @kjk5555 **페이스북 ID** 김성우
홈페이지 http://blog.daum.net/kudoyukjung **출판등록** 2010년 6월 18일 제318-2010-000092호

ⓒ 정상덕 · 김기남, 2012
ISBN : 978-89-97188-18-5 03330
정가 14,000원

원불교, 인권을 말하다

Won-Buddhism &
Human Rights

정상덕 · 김기남 공저

비움과소통

목차

추천사

"원불교, 인권을 말하다" 대단한 역저이다. 그 동안 원불교사회개벽
교무단과 원불교인권위원회를 이끌어 오신 정상덕 교무님과 김기남
변호사가 오랜 연구 결과를 한 권의 책으로 묶어 내었다.

　인권이란 말은, 요즘 인권 과잉이란 말이 나오기도 할 정도로 일반화
된 것임에도, 과연 인권이란 무엇이냐는 질문에 명쾌하게 대답하기 어
렵다. 인권을 사람의 권리, 사람답게 살 권리로 설명한다면, 생활의 모든
면에 인권의 요소가 들어있지 않은 곳이 없기 때문에, 매우 포괄적이고
광범위하여 인권의 개념을 구체적인 한마디로 정의하기 쉽지 않다.

　이번에 두 분이 펴낸 이 책은 이와 같은 고민을 해소하는 데 큰 도움
이 되리라 생각된다. 1장 종교와 인권에서 다소 현학적 설명으로 이해
하기 어려운 부분이 있으나 인권의 개념과 역사, 종교 속의 인권 활동
등 중요한 내용을 정리하였다.

　2장 원불교에서 발견하는 인권은 원불교인으로서 반드시 읽어보아야
할 부분이다. 그 동안 '원불교는 인권의 개념을 사람에서 일체 만유로 인
권의 개념을 확대하였다'는 막연한 설명을 들어 왔다면 여기서는 일원상
의 진리 속에 담긴 인권의 개념을 탁월하고도 명쾌하게 추출 정리하였다.

　나아가 3장, 4장, 5장에서는 현대 사회에서 문제되는 인권 분야를 이
슈 별로 정리하였다. 인권의 이슈들을 원불교 교리의 관점에서 바라보

고 정리하였다는 점에서 앞으로 유사한 연구에 있어 중요한 자료로 사용될 수 있을 것이다.

마지막으로 6장 원불교 교무의 인권 실태는 교무들의 인권의식, 성향 등과 현실적으로 교무와 관련된 인권 이슈에 대한 설문조사 결과를 실었다. 향후에 교단 정책과 제도 개선에 중요한 연구자료가 될 것으로 보인다.

우리는 이 한 권의 책으로 원불교의 인권을 모두 말할 수 없을 것이다. 그러나, 원불교는 인권에 대하여 어떠한 입장인가? 문제되는 인권의 각 이슈에 대하여 원불교의 입장은 무엇인가? 라는 질문에 이 책이 정확한 답을 제공해 주지는 못한다 하더라도, 이 책은 질문을 받은 각자에게 그 답변을 정리할 수 있는 충분한 자료를 제공해 주고 있다.

처음 원불교인권위원회를 만들어 활동할 때부터 늘 활동의 중심에 계시던 정상덕 교무님과 미국유학을 마치고 돌아온 김기남 변호사가 결코 쉽지 않은 환경 속에서 위와 같은 역작을 만들어 낸 것에 다시 한 번 존경과 감사의 마음을 보냅니다. 그리고 계속 판수를 거듭하면서 더욱 세련된 내용으로 다듬어질 수 있기를 기대합니다.

앞으로 이 책이 교도들뿐만 아니라 일반인들에게도 애독됨으로써 원불교의 대 사회적 활동 역량 강화에 도움이 됨과 동시에 원불교에 대한 일반인들의 이해를 증진시키는 데 도움이 되길 기대합니다.

2012년 8월
법무법인 한결 대표변호사
이경우

발간사

　인권은 우리 일상이 되었습니다. 혹자는 인권을 산소와 같다고 합니다. 산소는 흔해서 평소에는 그 중요성이 잘 드러나지 않지만 부족하거나 없을 때 우리는 살 수 없게 됩니다. 마찬가지로 인권은 우리 삶에 당연한 것이 되었습니다. 하지만 최근의 용산참사와 쌍용자동차 정리해고자 이슈에서처럼 인간의 존엄성과 기본적 권리가 존중되지 못할 때 우리는 인권의 중요성을 다시금 깨닫게 됩니다.

　종교도 인권 논의에서 빠질 수 없습니다. 오늘날 종교는 이슈에 따라 인권담론을 선도하거나 방어적 자세를 취하기도 합니다. 인권 보호에 있어서는 최후의 피난처 역할을 수행하기도 하고, 때로는 권력의 시녀가 되어 인권유린의 정당성을 제공하기도 합니다. 종교도 인권의 보편적 확산의 흐름을 부인할 수 없고, 오히려 그 확산에 기여하고 있다고 확신합니다.

　이 책은 오랫동안 현장에서 인권활동을 해오며 키워온 종교와 인권의 관계성에 대한 물음에서 시작되었습니다. 나아가 원불교 교리에 대한 인권적 접근을 시도하고 인권이슈에 대한 원불교적 이해와 대안을 나름대로 정리하여 제시하였습니다. '물질이 개벽되니 정신을 개벽하자'로 집약되는 원불교 개교 정신을 실천하고자 하는 몸부림이라고 믿습니다.

　부족하나마 이 작은 성과물이 교단 내외적으로 인권담론의 지평을 넓히고 인권 감수성 향상과 인권 실천에 도움이 되기를 바랍니다.

마지막으로 이 자리를 빌려 감사의 말씀을 드리고 싶습니다. 우선, 원불교인권위원회 창립 10년의 역사를 이끌어 주신 초대위원장 이경우 변호사, 2대위원장 류문수 변호사, 그리고 고문변호사들과 후원회원님들께 감사의 말씀을 드립니다.

아울러 설문조사에 응해주신 원불교 교무님들께 감사를 표하며, 설문조사를 진행하고 분석에 도움을 주신 심경화 팀장님께 고마움을 전합니다. 자료 조사에 도움을 주신 국가인권위원회 최호선 선생님께 특별한 감사를 드립니다. 이 책을 함께 토론하고 조언을 해 주신 지현관 교무님, 신은보 교무님, 노원경 선생님, 박미 선생님, 강진영 선생님께 감사드립니다. 또 추천의 글을 써 주신 인권정책연구소장 김형완 선생님과 교정을 봐주신 군인권센터 이인섭 선생님과 원불교환경연대 이태옥 사무처장께도 감사의 말씀을 전합니다.

그리고 이 책의 총괄기획을 맡아 주신 윤혜성 오산시민신문 편집정님께 고마움을 표하고, 출판을 허락하여 주신 도서출판 비움과 소통의 김성우 대표님께 감사의 인사를 드립니다.

무엇보다도 이 책이 완성될 수 있도록 격려와 응원을 아끼지 않았던 가족과 MFW님께 특별한 감사를 드립니다. 모두 감사합니다.

2012년 8월 용산에서
저자 일동

머리글

인권, 종교를 말하다

"You must not lose faith in humanity. Humanity is an ocean; if a few drops of the ocean are dirty, the ocean does not become dirty."
- Mohandas Gandhi -

27129번 '씨스티나(Cystyna)'

지난해 여름 유럽을 여행하며 인권침해의 역사적 현장을 답사할 기회가 있었다. 독일 베를린과 프라하 근처 테레찐(Terezin)의 수용소와 게토(ghetto), 그리고 폴란드의 아우슈비츠(Auschwitz) 집단수용소(concentration camp)를 방문했던 것이다. 인류의 양심을 각성하여 현대 인권의 보편적 확산의 계기가 되었던 홀로코스트(holocaust)의 현장을 직접 목격하고 싶었던 오랜 소원을 이루게 되었다. 관련 서적과 사진으로도 분개하기에 충분한 사실이지만 인권을 전공하고 활동해 온 사람으로서 몸소 확인해야 했다.

독일 나치 정권은 1940년 폴란드 남서부에 아우슈비츠 집단수용소를 세우고 유럽 전역에서 유대인을 붙잡아 이곳에 수용했다. 아우슈비츠 박물관에 따르면, 나치는 1945년까지 5년 동안 약 130만 명의 사람을 학살했다. 여성과 아동에 대한 예외도 두지 않았다. 희생자 중 110백만 명이 유대인(Jews)이었고, 그 외에 집시, 폴란드인, 러시아 전쟁포로들도 포함되어 있었다. 아우슈비츠는 다른 지역의 집단수용소보다 운영과 규모 측면에서 월등했고, 독가스실(gas chamber), 테러, 집단학살(genocide), 홀로코스트의 상징이 되었다.

현재 아우슈비츠 집단수용소는 그 전체가 박물관이 되었다. 비교적 온전한 건물은 박물관으로 개조되어 당시의 참혹했던 역사를 생생히 전시하고 있고 무너진 건물은 그 잔해가 아픈 역사를 증언하고 있다. 유럽 전역에서 끌려온 유대인들의 머리카락, 옷, 구두, 소지품 등도 보관되어 전시되고, 나치 군대가 집단수용소를 관리했던 서류와 기타 자료들이 공개되고 있다.

무엇보다도 전시되었던 수많은 사진 속 희생자들의 얼굴을 보며 참담함을 감출 수 없었다. 그 중에 '씨스티나(Cystyna)'라는 이름의 여자아이를 잊을 수 없다. 아름다운 눈을 가진 열세 살의 그녀는 1944년 짧은 생을 마감하였다. 그 아이는 '씨스티나'가 아니라 27129번으로 살다 죽었던 것이 내내 마음에 걸린다. 사람을 이름이 아닌 번호로 부르고 취급하였던 비인간적인 처사를 어린 아이가 당했다고 생각하니 마음이 아팠다. 꽃으로도 아이를 때리지 말라하지 않았던가.

필자가 아우슈비츠를 방문한 또 다른 이유는 은사님과의 인연 때문이다. 로스쿨 교수님이었던 '토마스 뷰르겐탈(Thomas Buergenthal)'은

'씨스티나'와 같은 시기에 집단수용소에 수용생활을 하다가 생존한 분이다. 유대계 독일인으로 자라나 부모와 함께 나치의 억압을 피해 다니다가 결국은 집단수용소에 이르게 된 것인데, 이 난리에 어머니와 본인을 제외한 모든 가족을 잃었다. 교수님은 전후에 미국으로 건너가 변호사가 되었고, 미주인권기구 재판관과 국제재판소(International Court of Justice, ICJ)의 재판관을 역임하였다. 그의 수용소 생활을 담은 자전적 에세이집 <A Lucky Child>의 출판기념식에서 백발의 노인이 다 된 그는 지금도 트라우마로 인해 그때를 소재로 한 영화를 볼 수 없다는 솔직한 고백을 하였다. 교수님의 생생한 증언과 기록은 아우슈비츠 방문 내내 필자와 함께 하였다.

방문 내내 전쟁의 광기와 특정 민족에 대한 감정적 혐오를 근거로 그 구성원을 모두 말살하겠다는 발상에 몸서리쳤다. 그리고 권력 유지를 위해 무고한 사람을 집단 학살하려 했던 광주 5·18민주화운동의 역사가 머릿속에 자연스럽게 중첩되었다. 인간 존재 자체를 부정했던 그 잔혹성 자체에 몸서리쳤고, 인권과 이를 둘러싼 여러 문제에 대해 다시금 생각하게 되었다.

인권이란 무엇인가

인권은 사람의 존엄과 가치를 존중하고 사람이 사람답게 살아갈 권리를 일컫는다. 설명을 덧붙인다면 우선 인권은 사람의 권리이다. 인권은 개별적 존재를 보호하기도 하고, 민족, 인종, 언어, 생활양식 등 특정한 유사성을 공유하는 사람들의 집합체인 집단을 보호하기도 한다.

그러나 동물, 식물, 생태계는 인권의 개념에서 보호하고자 하는 대상
은 아니다.

사람의 존엄과 가치는 사람의 존재 그 자체에서 기인한다. 개인의 능
력, 사상, 인격, 사회적 신분과 지위, 성별, 나이, 인종, 피부색의 차별 없
이 사람이라면 누구나 그 존엄과 가치의 무게는 대등하고 조건 없이
보호된다. 인권은 다수의 행복 또는 공공의 이익을 위해 개인의 존엄
과 가치를 희생할 수 있다는 견해(공리주의)에 동의할 수 없으며, 그 존
엄과 가치는 개인의 주관적 척도에 의해 결정되는 상대적 개념도 아니
다. 인권은 언제 어디서든 포기되거나 양도될 수 없는 보편적 권리이
며 최소한도로 보장되어야 할 수준을 제시한다.

나아가 인권은 사람이 사람답게 살아갈 권리이다. 사람의 존엄과 가
치가 시공간을 초월하여 개별 존재에게 인정되어야 할 권리의 절대성
을 말한다면 사람답게 살아갈 권리는 사람의 존엄과 가치가 보장되어
야 하는 방향과 수준을 대변한다. 즉 사람다움 또는 인간다운 삶의 실
현은 인권이 추구하는 방향이자 수준인 것이다. 인권이 보장하는 수준
의 사람다운 삶은 의 · 식 · 주, 신체 · 표현 · 종교의 자유, 차별금지 및
평등, 참정권, 교육, 복지 등에서 구체적으로 실현되고 있다.

사람다움은 다소 추상적 개념이기 때문에 시공간에 따라 제약될 수
도 있는 상대적 개념으로 비쳐질 수 있다. 실제로 일부 인권의 경우 문
화와 사회 발전 수준에 따라 사람다움의 양적 · 질적 차이가 존재할 수
있다. 세계인권규범에서 본질적인 자유권은 어떤 조건 하에서도 보편
적으로 적용되어야 하고, 사회권은 그 적용에 있어 융통성을 제한적으

로 허용하는 것과 같은 이치다. 그럼에도 불구하고, 사람다운 삶을 규정하는 핵심적인 최소한의 수준은 결코 훼손되어서는 안 된다는 원칙은 일관되게 확립되었다.

이렇듯 인권은 인간 존재 자체의 존엄을 그리고 그 존엄한 존재가 인간다운 삶을 영위할 수 있도록 보장한다. 인권은 인간의 구체적인 삶을 직접적으로 다루는 아마도 가장 휴머니즘적인 개념일 것이다.

인권에 대한 오해

인권의 휴머니즘적인 성격에도 불구하고 세간에는 인권을 오해하는 경우도 없지 않다. 오해는 인권에 대한 불신 또는 편견을 낳는다. 일반적으로 자신의 인권이 침해되는 등의 특별한 계기가 없는 한 인권에 대해 자각하고 관심을 갖기란 쉽지 않다. 사실 인권에 대해 관심이 없다거나 교양수준의 학습을 병행하지 않는다면 인권에 대해 성숙된 견해를 갖는다는 것이 어려울 수도 있다. 오해를 불식시키기 위해서는 인권에 대한 교육과 사회적 논의를 확대하는 수밖에 없다.

인권에 대한 억울한(?) 오해를 살펴보면 첫째, 인권은 상대적이라는 것이다. 문화적 상대주의 입장은 인권의 보편성을 부정한다. 시대와 개별국가의 경제·문화·사회적 차별성을 인정하고 인권의 일반원칙 적용에 있어서 다양성을 인정해야 한다는 견해이다. 군부와 독재 권력이 그들의 반인권적 권력의 행태를 비판하던 외부세계에 대응하고자 만들어낸 논리이다. 아랍국가와 아시아적 가치를 역설했던 일부 아시아의 독재정권의 예가 여기에 해당한다.

그러나 보편적 정당성이 인정되는 인권의 내용을 지역문화와의 상이함을 이유로 거부하는 것은 더 이상 지지를 얻기 어렵다. 예를 들어 인신매매, 고문, 할례, 노예 및 강제노동 등의 관행이 이에 해당되며, 대표적으로 차별금지 및 평등의 원칙은 어떠한 상황에서도 부당하게 훼손되어서는 안 된다. 따라서 인권이 상대적이라는 주장은 그 의도를 의심해 볼 필요가 있다.

둘째, 인권은 사회 일부 세력에 의해 정치선동의 도구로 이용되고 사회혼란을 조장한다는 오해가 있다. 인권은 기본적으로 개인의 자유로운 본래의 상태가 외부, 즉 타인 또는 국가권력의 부당한 간섭으로부터 자유로울 것을 의미한다. 또한 인권침해의 관행을 시정하고 인권옹호를 촉진하기 위한 국가권력의 적극적 개입이 필요하기도 하다. 인권은 그 자체로 사회적 성격을 내포하고 있으며, 인권보장을 둘러싸고 정치적 긴장관계가 형성되기도 한다. 왜냐하면 대부분의 인권침해는 부정당한 사회적 구조나 권력의 작용에 의한 경우가 많고 정당성 없는 기득권의 이익과 결부된 경우가 많기 때문이다.

따라서 인권 개선 과정에서 발생하는 사회적 갈등은 부정의를 정의로 시정하는 과정으로 바라보아야 하고, 다른 정치적 맥락에서 발생하는 사회적 갈등과는 개념 구분이 필요하다. 인권이 정치선동의 도구로 전락되었다든가 사회혼란을 조장한다는 견해는 인권을 이념적으로 바라보는 데서 발생한 오류라고 볼 수 있다.

셋째, 인권은 권리만 주창하고 의무는 회피한다는 오해이다. 법적 권리에는 당연히 의무가 따르는데 인권은 권리만 주장하고 의무는 도외시하여 다소 무책임하다는 비판이다. 그러나 인권은 인간이기 때문에 누구에게나 부여되는 당연한 권리이다. 이는 금치산자나 미성년자 등의 경우를 제외한 일부의 사람에게만 처분권을 포함한 특정한 법적 권한을 부여하는 법적 권리와는 차이가 있다. 인권은 장애인 또는 미성년임을 이유로 부인될 수 없으며, 그 구체적 권리를 양도하거나 처분할 수 없는 권리이다. 다만, 일반적으로 인권을 사회의 법률로서 보장해 왔던 관행으로 인해 인권을 일종의 법적 권리로만 바라보는 오류가 발생하곤 한다. 즉, 인권 개념에 대한 무지에서 발생하는 오해인 것이다.

인권과 종교의 만남

인권의 보편화 추세에 종교계도 일조했다. 우선, 종교의 핵심교리에서 인권 개념을 도출하고자 하는 노력이 시도되었다. 이는 인권의 보편성을 서구의 문화제국주의적 관점에서 보는 견해를 반박하고 인권 논의를 풍부하게 하였다. 아울러 인권담론에서 일부 종교계가 견지해 온 반인권적 입장에 대한 반대논거를 제공하였다.

그리고 종교계는 인권침해 사건에 대한 직·간접적인 개입을 통해 인권옹호 활동을 전개해 왔다. 인권피해자에 대한 피난처를 제공하는 것은 물론 문제해결을 위해 적극적으로 발언하고 사회적으로 실천하는 모습을 보이기도 했다. 예를 들어, 우리나라의 4대 종단은 그 내부에 인권위원회를 설치하고, 사형제 및 국가보안법 폐지, 사회 소수자의 인권옹호 등 교단 내외의 인권문제에 대해 발언력을 높여 왔다.

한편으로 종교계는 인권을 침해하기도 하고 인권에 무관심하기도 했다. 역사적으로 종교간 전쟁 또는 종교가 원인이 된 무력충돌은 반드시 극심한 인권침해로 이어졌다. 또 일부 종교는 종교교리에 대한 교조적 해석 또는 전통적 해석에서 벗어나지 못하고 인권이슈에 대한 반인권적 자세를 보이고 있다. 일부 종단의 동성애에 대한 극심한 혐오의식이 이를 여실히 보여준다. 무엇보다 일부 종교계는 교단 운영에 있어 인권원칙을 반영하여 인권 친화적으로 변모하려는 노력에 적극적이지 않았다. 종교계의 인권에 대한 소극적 태도는 교단 운영과 구성원 사이의 인권 감수성 향상에 기여하지 못하고 있다.

원불교의 사정도 이와 다르지 않다. 원불교는 인간을 포함한 만물의 존엄과 평등성을 인정하는 사상적 토대에 기반하고 있고, 초기 교단 운영에 있어 여성성직자에게도 남성성직자와 대등한 권리를 인정함으로써 인권의 측면에서 보면 상당히 진보적임에도 불구하고, 현재 원불교는 사회의 인권문제에 대한 발언은 물론 인권옹호 활동에 적극적인 모습을 보이지 못하고 있다. 원불교 교단 내의 인권담론에 대한 논의도 활성화 되지 못하여 인권에 대한 인식도 그리 깊지 못하다. 인권에 대한 부족한 인식으로 인해 교단행정과 운영에 있어 인권 친화적 정책을 생산하여 선도하지 못하고 사회의 주류적 인권 흐름에 따라가기 바쁜 현실이다.

이 책을 통해 필자가 이루고자 하는 바는 종교를 인권의 시각으로 그리고 인권을 종교적 관점에서 재해석함으로써 인권논의를 풍부하게 하여 인권의 보편성 확대에 기여하고자 함이다. 특히, 인권에 대한 원불교적 관점은 인권담론에 새로운 시각을 제공할 수 있을 것으로 기대된다.

아울러, 이 책을 통해 원불교 교단 내의 인권 논의를 확산하고, 인권 감수성 향상을 위한 내부 토론과 교육이 활발해지기를 바라는 마음이 크다. 내부적 인권 논의의 확산을 통해 교단 및 교당의 크고 작은 일에 인권 친화적 접근이 가능해지고 인권을 배려하지 못한 관행이 있다면 시정할 수 있는 계기가 되기를 바란다. 궁극에는 불법의 시대화, 생활화, 대중화의 종교인 원불교가 인권의 시대화, 생활화, 대중화를 선도하는 종교가 되었으면 한다.

이 책은 총 6장으로 구성되었다. 우선 1장은 종교와 인권의 관계를 조명하고 하고 있다. 인권 개념에 생소한 독자를 위하여 인권의 역사를 소개하고 기성 종교의 교리에서 인권의 개념을 발견하는 작업을 시도했다. 아울러 인권체계 속에 종교는 어떻게 자리매김하고 있는지 소개하였으며, 우리나라에서 종교가 역사적으로 인권활동을 어떻게 해왔는지 살펴보았다. 또 종교가 인권 유린의 원인이 되는 현실을 분석하고 사례연구로 수단의 종교분쟁을 소개하고 있다. 마지막으로 종교와 인권의 접점을 넓히기 위한 노력을 다양한 각도에서 시도하였다.

2장은 원불교의 핵심교리인 일원상의 진리와 사은사요 사상을 인권적으로 해석하여 원불교가 교리적으로 인권 친화적인 면모를 지니고 있음을 밝히고 있다. 아울러 우리 사회에서 적지 않은 논란이 되었던 차별금지법 도입에 대하여 원불교의 평등사상을 통해 새로운 시각을 제시하고자 하였다.

3장-5장은 우리 사회의 주요 인권 이슈에 대해 원불교적 관점을 제시하여 인권담론에 긍정적으로 기여하고자 하였다. 3장은 주로 생명권을 다루고 있다. 생명복제, 낙태, 안락사, 사형제의 이슈를 다루고 있다. 먼저 개별 주제에 대한 현황, 개념, 법적 체계, 인권이슈를 다루고 다음에 원불교적인 관점을 제시하고 있다. 4장은 사상의 자유를 다루고 있다. 국가보안법과 양심적 병역거부의 이슈에서 문제되는 구체적 인권의 이슈를 밝히고 원불교도라면 고민하여야 할 관점을 제시하고 있다. 5장은 소수자의 인권 문제를 다루고 있다. 성적 소수자, 이주민, 장애인, 청소년, 노인 등에 대한 차별의 실태를 파악하고, 차별받고 있는 중요한 이슈들에 대해 소개한 다음, 원불교적인 입장에서 어떻게 바라보아야 하는지를 제시하고 있다.

6장은 원불교의 성직자인 교무의 인권에 대한 인식과 실태를 분석하고 있다. 현직 교무를 대상으로 실시한 설문조사를 분석하여 교무의 평등권, 차별받지 않을 권리, 근무여건에 대한 권리의 실태를 알아보았다.

원불교,
인권을 말하다
Won-Buddhism &
Human Rights

01

종교와
인권

인권의 역사

*"All human beings, whatever their cultural or historical back
ground, suffer when they are intimidated, imprisoned or tor
tured. ··· We must, therefore, insist on a global consensus, not
only on the need to respect human rights worldwide, but also
on the definition of these rights ··· for it is the inherent nature of
all human beings to yearn for freedom, equality and dignity,
and they have an equal right to achieve that."*

- The Dalai Lama -

인권 풍경

<울지마 톤즈>로 우리에게 잘 알려진 남수단에서 얼마 전 부족 간의
충돌로 3천여 명이 넘는 사람이 죽었다. 희생자의 2/3는 무고한 여성
과 아동이다. 가축에 대한 소유권을 놓고 촉발되었다니 그 소중한 생
명이 허망하기만 하다. 남수단은 사실 수십 년간 지속되었던 수단의

내전이 종식되면서 2011년 분리 독립한 신생국가이다. 내전으로 하루 평균 4천명, 6년간 총 30만 명이 학살을 당했던 인종학살의 아픔이 치유되지도 않았는데 인권 유린의 참상은 반복되고 있다.[1]

분쟁과 가뭄으로 촉발된 아프리카 지역 내 인권의 참상은 사실 어제 오늘의 일이 아니다. 우리는 인류를 경악케 했던 르완다의 참혹한 인종 학살을 기억한다. 라이베리아, 콩고, 시에라리온 등의 내전에서도 그 반인권성은 다를 바 없었다. 그럼에도 불구하고 아프리카 곳곳에서 독재와 폭력에 의해 죽어간 무고한 희생자들은 우리의 충분한 이목을 끌지 못했다. 폭력성과 반인권성에 대한 우리의 역치 값이 높아진 슬픈 현실 때문이다.

빈곤은 들리지 않는 총성이 된 지 오래다. 5초마다 한 명이 굶어 죽는다는 사실에 너무 풍족한 우리는 죄스러움을 느낀다. 최근 케냐, 에티오피아, 소말리아 등지에서 가뭄의 영향으로 최소 10만 명이 죽거나 삶이 악화되었다. 지역민들은 삶이 터전을 버리고 식량과 식수를 찾아 떠돌아다니며 난민으로 생존하고 있다. 곳곳의 아이들은 굶어 죽거나 살아남기 위해 소년병사가 되어야만 하고 살인을 저질러야 한다. 하루하루 살아남기 위한 생존 본능이고 사회 구조의 강제일 뿐, 이들의 미래를 위한 기회와 선택은 없다. 전 세계적으로 이들은 30만 명에 이른다.[2]

이와 같이 아프리카 대륙에서 인권 이슈의 다양함, 심각성, 복잡성 정도는 다른 지역의 인권 문제와 비교할 때 훨씬 원초적이고 심각하다.

그렇다고 다른 지역의 인권 문제나 이슈가 덜 중요한 것은 결코 아니다. 미국이 주도하는 '테러와의 전쟁'의 전쟁터가 된 아프가니스탄에 사는 보통사람들은 탈레반과 미군 사이에서 이중의 고통을 감수하며 살고 있다. '운 없으면(?)' 탈레반으로 의심받고 테러리스트로 체포되어 관타나모수용소에 끌려간다. 아동이라고 예외는 없다. 아동이라고 해서 고문과 가혹행위에서 자유로운 것도 아니다. 견디지 못한 포로는 그들이 원하는 대답을 한다. 하지 않은 일을 하였다 거짓 자백하고 '진짜' 테러리스트로 만들어져 감옥살이를 한다.

공정한 재판 따위는 없다. 미국의 헌법과 국제관습법은 고문과 가혹행위를 금하고 있지만 이는 미국 시민권자에게만 적용된다. 미국은 국제법과 관습법 그리고 다른 규범의 허점을 이용해 반대논리만 내세우면 그만이고, 아니더라도 그냥 버티면 된다.[3]

G2국가로 부상한 중국의 인권성적표 또한 화려하다. 대표적으로 티베트인들은 중국에 흡수 통합된 이후 비폭력적 수단을 통해 문화적 자치권을 확보하려 애써왔으나 중국의 폭력적 대응으로 인해 심각한 인권탄압에 시달리고 있다. 중국당국은 2008년 평화적 시위대에 총을 발포하여 무고한 승려와 시민을 학살했고, 최근에는 티베트 스님들의 분신자살이 계속 이어지고 있다. 달라이 라마를 중심으로 평화적 저항을 이어가고 있는 티베트들의 노력은 세계인들의 심금을 울리고 있지만, 중국이라는 강대국의 현실적 힘과 압력 앞에 인권문제는 조명을 받지 못하고 있으며 그 개선의 기미는 보이지 않고 있다.[4]

여성에 대한 차별과 억압의 문제도 다양한 모습으로 드러난다. 신체와 미래에 대한 자기결정권이 박탈당하고 전통과 관습의 이름으로 할례를 당하거나 강제결혼을 해야 하고 가사노동과 경제활동의 전부를 책임져야 하면서도 가정폭력의 피해자로 살아가야만 하는 것이 여성 인권의 현주소이다. 여성이라는 이유로 직업선택과 처우 그리고 교육 기회에 있어 차별대우를 받는 것은 문명 보편적으로 목격되고 있다.[5]

남미에서는 민주화 운동가의 납치와 살해가 사회적 문제로 부각된 지 오래이며, 인도와 네팔, 아이티 등지의 신분제도의 존속과 그 관행은 여전히 사라지지 않고 있다. 상대적으로 못사는 국가의 아동에 대한 강제노동과 착취도 심각한 인권유린의 전형적인 사례가 되고 있다.[6]

생존권과 자유권에 있어서 북한주민의 인권문제도 심각하거니와 중국에 머물고 있는 탈북자의 인권 침해 또한 심각하다. 인신매매와 강제노동의 심각한 피해자가 되고 있으며, 중국 공안에 체포되면 북한으로 송환되어 처벌을 받거나 또는 보는 관점에 따라, 정치적 박해의 대상이 되고 있다. 그런데도 남한과 국제사회는 이렇다 할 대안을 내놓지 못하고 있다.[7]

대한민국은 민주화 이후 인권 실태가 괄목하게 향상되었다. 하지만 소수자의 인권 보호와 국가보안법, 사형제, 양심의 자유와 표현의 자유 등에서 여전히 문제점을 드러내고 있다. 장애인, 이주노동자, 성적 소수자에 대한 편견과 차별은 우리 사회에 여전히 만연되어 있고, 법·제도적 보완은 물론 국민 의식 개선도 추진되어야 한다는 목소리도 높다. 비정규직에 대한 차별이 심화되고 사회적 약자의 처지가 더욱 악화되고 있다.

이렇듯 인권의 풍경은 지역에 따라 다르다. 그 원인을 규명하기는 쉽지 않지만 사회의 특수성과 발전 수준, 문명화된 정도에 따라 인권 이슈의 내용과 범위 그리고 심각성과 복합성이 다양하게 나타나는 듯하다. 아프리카와 아시아 일부 그리고 중남미의 일부에서는 자유권과 사회권 등 인권 전반에 걸쳐 다양한 인권 이슈가 제기되고 있고, 그 중에서도 근본적인 인권, 즉 생명권과 생존권의 침해가 두드러지고 있으며, 정치·경제·사회적 측면에서 민주화가 더디고 경제 발전도 정체되는 경향을 보이고 있다.

인권의 풍경은 데이터를 수집하고 분석하여 산출되는 인권지수보다는 내가 사는 공동체와 국가 그리고 지구촌 이웃들의 평상시 얼굴 표정들을 모아놓은 것이 아닐까 한다. 인권은 어떤 수준의 평균을 정하여 보장하는 것이 아니고, 개별적이고 실체적인 사람 하나하나의 존엄과 삶 자체에 관한 것이기 때문이다. 때문에 마약에 절어 살인을 저지르는 소년병사가 총을 든 모습, 앙상한 몸의 죽은 자식을 품고 울부짖는 어머니의 얼굴, 온갖 고문으로 만신창이가 된 어느 가짜 테러리스트의 상처, 하루 12시간 이상 강제노동을 해야 하는 어린 노동자의 굳은 살 박힌 손이 바로 우리의 인권 풍경이다.

인권 개념의 기원과 인권 이론

인권은 20세기 중반에 전 세계적으로 각광을 받게 된 최근의 개념이다. 두 번의 세계대전의 경험 속에서 국제사회는 나치즘, 파시즘, 군국주의와 같은 국가 주도의 잔인한 폭력성에 문제의식을 갖고 이에 대응하여 개인의 근본적인 권리를 보호할 절대적 필요성에 공감하게 되었다. 그리고 유엔은 1948년 세계인권선언을 채택했다. 세계인권선언은 법적 구속력이 없는 선언문에 불과했지만, 현재 보편적으로 통용되는 국제관습법적 효력을 지닌 선언으로 간주되기도 한다. 이는 곧 인권 개념은 역사의 소산이자 문명의 산물임을 뜻한다. 때문에 인권 개념은 역사적으로 진화하였고, 특정 시대의 인간관과 세계관이 그 안에 투영되어 있다. 법적 권리로 승인되는 인권의 목록이 점차 확대되었고, 인권 보호 책임의무자의 외연도 넓어졌다. 자유권 중심의 인권 풍속도는 국제정치의 역학 속에서 사회권과 연대권으로 확대되었고, 인권 보호의 의무자도 국가 중심에서 기업, 국제기구 및 개인에게까지 의무 체계가 확장되는 추세다.[8]

인권 개념은 본래 서구문화권의 주도로 담론이 형성되어 발전해 왔다. 서구 문명이 세계 정치의 주류를 점하고 담론 체계와 의사 결정의 주도권을 쥐고 있었기 때문이었다. 이것은 문화적 상대주의 옹호자들이 인권 개념을 서구 문명의 산물로 보고 이의 보편적 적용을 강요하는 것을 문화제국주의적이라고 규정하는 이유이다. 특히 아시아 독재국가의 아시아적 가치에 대한 강조는 문화적 상대주의의 논거를 독재국가의 체제 방어논리로 채용함으로써 인권을 배격하는 데 이용하고 있기도 하다.

하지만 인권 개념의 보편적 확산에 서구 문화권의 기여가 컸음을 인정하면서도 모든 전통 문화권과 문명에 휴머니즘적 맹아와 인간 존중 사상들이 존재하였음을 볼 때, 인권 개념이 전적으로 서구 문명의 산물이라고 보기에는 어려움이 있다. 예를 들면, 모든 생명체를 불성을 머금은 존재로 인정하며 존중하는 불가의 전통은 인권의 기본 정신과 맥을 같이 하고 있으며 오히려 현대 인권 개념보다 훨씬 진보적 내용을 담고 있다.

서구 문명에서 인권 개념은 17-18세기에 대두된 사회계약론과 자연권론으로 정립되었다.[9] 부르주아 계급은 왕권신수설을 기반으로 하는 절대왕정의 통치구조가 자신들의 정치·사회·경제적 발전 가능성을 제약하게 되자, 불만 분출을 정당화할 이론적 토대가 필요했다. 그래서 사회계약이론이 등장하였다. 사회계약론은 주권자가 국민 개개인의 자연 상태를 보호하는 대가로 국민은 자신들을 통치할 권능을 주권자에게 이양하는 내용의 사회계약을 맺고, 주권자가 사회계약을 어길 경우 국민은 저항할 권리를 행사할 수 있다고 함으로써 대등한 권력관계를 구성한다는 것을 내용으로 한다. 사회계약론은 사회구성원의 사회적 지위를 국가와는 별개로 원시적 또는 자연적 상태로 상정하고, 이로부터 인간의 양도될 수 없고 침해될 수 없는 본래적 권리를 도출하였다. 그리고 인간이기에 저절로 주어지는 자연(nature)의 개념이 자연권이라는 권리의 개념으로 발전하게 된 계기가 되었다.

이와 같이 사회계약이론과 자연권 개념은 부르주아 계급이 자신들의 재산권을 보호하고 사회·정치적 권리를 획득하는 데 지대한 영향을 끼쳤으며, 이는 근대국가 성립과 자본주의의 태동에도 밀접한 관련이 있다. 또 당시의 신적 지배질서에 대한 회의와 인간 이성에 대한 낙관론의 확산도 영향을 주었다.

자연권론에 입각한 로크의 인권론은 생명권, 자유권, 재산권을 그 인권의 범위로 한다. 로크의 인권론은 주권재민과 인민주권 사상의 기초가 되었고, 오늘날의 자유주의의 정치·경제 사조에 영향을 주었다. 반면 루소의 인권론은 로크의 그것에 더해 정치적·경제적 평등의 가치를 반영함으로써 개개인이 자기가 속한 공동체의 입법 과정에 평등하게 직접 참여하여 법을 만들고 그 법을 준수할 자유를 포함한다. 로크의 권리는 국가로부터의 간섭을 배제하는 권리로, 루소의 권리는 책임을 통한 자유 또는 참여형 권리라고 규정된다.[10] 로크와 루소의 자연권론은 미국독립선언과 프랑스인권선언에 큰 영향을 미쳤다. 그러나 로크와 루소의 이론은 재산을 소유했던 신흥 부흥 계급의 이익을 대변한 것이었다. 이들의 논의에는 무산계급, 여성과 노예 그리고 소수자들의 권리가 배제되었다는 한계가 존재한다.

현대 인권의 발전

로크와 루소의 인권론에서 소외된 계급의 권리 쟁취를 위한 노력은 꾸준히 지속되었다. 그리고 자본주의가 점차·발전하면서 폐해도 생겨나게 되었다. 장기간 노동과 열악한 노동 환경 및 여건으로 노동자의 삶은 피폐해져 갔고, 가진 사람과 가난한 사람 사이에 대립적 구도가 조성되면서 사회적 부조리 해결을 위한 대사회적·집단적 정치투쟁이 자본주의의 반작용으로 등장했다. 새롭게 제기된 문제를 수용하고 자유주의적 자본주의를 수정하고자 시도한 것이 바로 바이마르 헌법에 드러난 정신이다.

아울러 차티스트 운동을 통해 유산자에게만 주어졌던 투표권이 노동자 계급에게도 부여되었고, 여성에 대한 투표권 부여를 통해 평등선거를 이루려는 평등권 확대의 운동도 활발했다. 결국 1946년이 되어서야 비로소 프랑스 헌법에 여성과 남성의 평등한 권리에 대한 조항이 추가되었다.

평등권 신장 운동과 함께 노예해방운동도 18세기 후반부터 시작되었고, 노예무역철폐운동도 종교계, 학자, 정치인에 의해 주도되었다. 본인이 처한 경제·사회적 지위에 따라 노예해방에 대한 입장은 시기마다 상이했으나 시대의 준엄한 흐름은 노예해방이었다. 이어 국제사회는 국제노예제철폐협약(1926년)을 체결하고 세계인권선언에 노예금지 조항을 포함시켜 인권의 구체적 내용으로 선언했다.

두 번의 세계대전을 겪은 후 유엔을 창설한 국제사회는 그 기본 이념으로 '안보(평화)·개발'과 더불어 '인권'을 포함했다. 유엔 헌장은 '기본적 인권, 인간의 존엄 및 가치, 남녀 및 대소 각국의 평등권에 대한 신념을 재확인'하고 '사람들의 평등권과 자결의 원칙의 존중에 기초…… 인종·성별·언어 또는 종교에 따른 차별 없이 모든 사람의 인권 및 기본적 자유에 대한 존중을 촉진하고 장려'할 것을 천명하고 있다.

창설과 동시에 유엔 총회는 나치 독일이 자행한 홀로코스트의 교훈을 실천하기 위해 세계인권선언(Universal Declaration of Human Rights)을 채택한다. 한 표의 반대도 없는 유례없는 통과였다. 사실, 세계인권선언은 처음에는 구속력 있는 인권규약으로 추진되던 것이 사회주의권의 극심한 반대에 부딪히자, 되도록 많은 회원국이 참여한 인권적 합의를 도출하기 위해 선언(declaration)의 형식으로 변경하여 추진되었다. 처음에는 선언에 불과했던 세계인권선언은 이 후 거의 모든 인권조약과 국제인권기구 및 단체의 권원으로 여겨지고 있고, 오늘날 그 권위가 절대시되고 있다.

국제사회는 세계인권선언 채택에 그치지 않고, 구속력 있는 국제인권규범 마련에 돌입하였다. 시민적 · 정치적 권리에 관한 국제규약 (International Covenant on Civil and Political Rights, 이하 '자유권 규약')과 경제적 · 사회적 · 문화적 권리에 관한 국제규약(International Covenant on Economic, Social, and Cultural Rights, 이하 '사회권 규약')을 각각 체결하였고, 이는 세계인권선언과 더불어 권리장전이라고 불린다.[11]

그 밖에도 집단학살방지협약, 인종차별철폐협약, 고문방지협약 및 선택의정서, 여성차별철폐협약 및 선택의정서, 아동권리협약 및 선택의정서, 이주노동자권리협약, 장애인권리협약, 국제난민협약과 추가의정서 등 많은 인권협약들이 채결되어 인권보장체계가 구축되었다.

뿐만 아니라, 유엔은 사무국에 인권고등판무관실(Office of the High Commissioner for Human Rights, OHCHR)을 두어 인권 문제를 관장하게 하고, 최근에는 경제 · 사회이사회 산하의 인권위원회를 인권이사회 (Human Rights Council)로 승격시켜 인권 보호 업무를 관장하도록 하였다. 인권이사회는 회원국의 인권 상황을 정기적으로 점검하는 국가별 정례인권검토(Universal Periodic Review, UPR) 세션을 갖고 있으며, 인권적 우려가 있는 국가나 이슈에 대하여 특별보고관을 임명하여 심각하고 중대한 인권문제 해결에 특별한 관심을 쏟고 있다. 그리고 인권침해 피해자가 권리를 구제받을 수 있도록 개인탄원시스템을 구축하

고 있다.[12]

한편 인류는 전쟁범죄, 평화와 인류에 반한 죄, 집단학살을 처벌할 국제형사재판소(International Criminal Court, ICC)를 설치하여 인권 침해에 대해 상시적으로 처벌할 수 있는 가능성을 열어 두고 있다. 그 동안 중대한 인권 침해 사안에 대응하기 위해 한시적으로 운영해 오던 르완다, 캄보디아, 유고슬라비아 전범재판소의 한계를 보완했다.[13]

아울러 유럽, 미주, 아프리카는 그 지역 고유의 인권선언과 협약을 체결하여 지역 내의 특수한 인권적 상황을 보다 잘 개선할 수 있도록 힘써 왔다. 지역 내의 인권 보장과 인권 피해자의 피해 구제를 위해 인권위원회와 인권법원을 설치하고 운영하고 있다. 아시아 지역에는 아세안(ASEAN)국가와 아랍국가연합에서 국가 간 인권기구 설립과 지역 인권선언이 논의 중이거나 설치 또는 채택되었다. 하지만 아시아 차원의 지역인권기구가 설립될 수 있을지는 그 가능성이 회의적이다.[14]

인권의 구체적 내용

인권의 구체적 내용은 일반적으로 자유권, 사회권, 연대권을 포함한다. 자유권은 시민·정치적 권리로 1세대 인권으로 분류되며 자유권 규약에서 보호하고 있다. 자유권은 고문 및 가혹한 처우, 자의적 구금, 초법적 살인 및 실종, 불공정한 재판, 선거부정을 당하지 않거나 받지 않을 권리이며, 양심과 사상, 이동, 학문, 종교, 표현에 있어 부당한 간섭을 받지 않을 권리를 포함한다. 자유권을 보장한다는 것은 국가 또는 제3자의 부당한 간섭을 배제하는 소극적 자유와 시민·정치적 권리를 보장하기 위해 과거 인권침해 사건조사 및 과거사 정리, 사법개혁, 선거제도 개선 등과 같은 경우에 국가가 적극적으로 개입하는 것을 의미한다.[15]

사회권은 경제 · 사회 · 문화적 권리를 포함하며 2세대 인권으로 분류된다. 사회권 규약에서 주로 보호하는 사회권은 보건, 복지, 교육, 근로에 관한 권리 그리고 인권침해 피해자 구제 및 차별관행 시정 및 정책에 관한 내용을 포함한다. 사회권을 충분히 보장하는 것은 일반적으로 예산과 자원의 투여를 전제로 한다. 사회적 약자와 소수자의 생존권과 최소한의 삶의 질을 보장하는 국가의 적극적 개입이 요구되나 사안에 따라 그렇지 않은 경우도 더러 발견된다.[16]

연대권은 집단의 권리를 말하며 3세대 인권으로 분류된다. 평화, 환경, 지속가능한 개발, 지구온난화, 인류 공동의 자원 활용 등이 여기에 포함된다. 자유권과 사회권이 국가와 개인의 관계에서 파생된 것과는 다르게 연대권은 국경을 초월하고, 특정 집단 또는 인류의 공동의 권리이라는 점이 색다르다. 연대권은 여성에 대한 성적 차별과 인종 차별, 그리고 자본주의 하에서 식민지배에 따른 착취를 경험했던 제3세계와 중심부 국가들 간에 양극화되고 있는 빈부 격차, 국제 무기 경쟁과 핵전쟁 위협, 그리고 생태위기 등의 국제 문제에 대한 각성으로부터 나온 인권의 새로운 목록이다. 때문에 혹자는 연대권은 불평등과 또 다른 식민화가 가속화되고 있는 자본주의 세계 체제 속에서 국경을 초월한 전 지구적 연대와 부의 재분배를 이루어 낼 때에만 비로소 보장될 수 있는 권리라고 간주한다.[17]

연대권은 아직까지 체계적인 인권의 영역으로 자리매김하지 못한

듯하다. 연대적 권리가 표방하는 가치는 긍정할 수 있지만 이를 인권
으로 인정하는 것은 다른 문제라는 문제제기에 타당한 면이 있다. 구
체적으로 평화권이나 발전권은 '이미 승인된 여타의 권리를 얼기설기
모아 놓은 것'으로 독자적이고 구체적인 내용이 결여되어 있으며, 이
권리에 대응하는 의무의 내용이나 주체도 불명확하다는 주장이 있다.
그럼에도 불구하고 연대권이 표방하는 연대의 가치는 전 지구적 연대
와 결속이 불가피한 현실 속에서 점점 더 중요성을 확보하고 있다. 연
대의 개념은 국제 관계 분석에 좀 더 강한 윤리적 요소를 주입하기 위
한 노력 중 하나로 매우 중요하다.[18]

현대 인권의 특징

　현대 인권은 몇 가지의 특징을 갖고 있다.[19] 첫째, 현대 인권에는 자
연권법 시대에 강조되었던 자유권 흐름에 평등권이 대등하게 자리매
김하게 되었다. 평등권은 인종, 국적, 성별, 종교, 피부색, 성적 지향 등
의 다름을 이유로 한 차별의 금지와 기회 균등, 공정한 경쟁 등을 방해
하는 차별적 사회 구조의 보완을 국가의 적극적 개입을 통해 해결하고
자 하는 요구도 포함하게 되었다. 평등은 이제 우리 일상의 가치가 되
었다.

　둘째, 현대 인권의 두드러진 특징은 무엇보다 보편적 확산에 있다.
인권의 보호대상이 부르주아적 계급의 한정된 대상에서 점차 확대되
어 여성, 노예, 장애인, 성적 소수자, 이주민 등 사회적으로 소외된 부류
에게 보편적으로 적용되었다. 그리고 서구의 주도로 발전된 인권은 사

회의 정치 · 경제 · 사회의 발전 수준에 따라 보장되는 수준이 다를 뿐 아프리카, 남미, 아시아 등 전 지구적으로 그 보편성을 인정받고 있다. 특히, 민주화 과정에서 인권은 정권의 정당성을 가늠하는 척도로 독재와 권위주의 정권에 저항하는 개념으로 쓰이고 있다. 인권의 주요 고객도 국가 또는 국제기구에서 이제는 지역 NGO도 국제 인권에 대한 목소리를 내고 있을 정도로 대중화되었고, 다른 나라의 인권 문제에 대해 비판적 발언은 기본이고 인도적 개입도 허용되는 시대가 되었다. 마지막으로 과거 인권과 독립된 영역의 전문분야로 여겨졌던 개발과 경제성장, 분쟁해결 등에 인권적 접근을 새로이 시도하는 노력이 많아지고 있다.

셋째, 인권 보호의 의무이행자가 점차 확대되는 추세이다. 과거에는 전통적으로 국가가 인권 침해의 주요 가해자였고, 국제인권규약과 규범은 국가에게 인권을 존중하고 인권 침해를 방지하며 인권 보장을 적극 추진할 의무를 부여해 왔다. 하지만 세계화가 촉진되어 국제무대에서의 행위자가 다양화되면서 인권 침해의 새로운 형태가 나타나고, 더불어 인권의무이행자도 다양해졌다. 여전히 국가가 주요한 인권의무이행자임에는 변함없으나, 국제기구, 다국적 기업, 그리고 개인도 인권의무이행자로서의 의무 이행을 촉구 받고 있다.[20]

넷째, 현대 인권 개념의 철학적 정당성은 과거의 자연법론이 아닌 의지이론 또는 이익이론에서 도출한다. 의지이론은 인간이 본래적으로 지닌 주체적 자유의지를 바탕으로 자율적인 선택권을 행사하는 것이 인권이라고 본다. 인권의 목록을 소수로 한정하는 경향과 다른 권리들의 기초가 되는 근원적 권리로 보는 입장도 있다. 그러나 노약자나 장애인과 같이 자기의지 표현에 어려움이 있는 사람들에게는 불리하게 적용될 수 있다는 단점이 있다. 한편, 이익이론은 인권은 인간 자신의 본질적 이익에 관련된 영역에 대하여 보장된다는 견해이다. 인간의 본질적 이익은 생명과 신체의 안전과 같은 육체적인 측면과 인간의 행복과 복리에 이르는 추상적 이익까지 광범위하게 규정할 수 있다. 이익이론이 보다 보편적으로 통용되고 있다.[21]

현대 인권 개념도 완벽하지는 않다. 때문에 비판이론도 등장했는데, 사회주의, 페미니즘, 문화적 상대주의, 법률 실증주의 등이다. 사회주의자들은 자본주의 체제의 계급적 · 구조적 모순을 타파하지 않고서 인권을 통한 인간해방은 불가능하다는 입장이다. 페미니즘은 남성 중심적 인권 체계에 대한 여성주의의 적극적 평등이론을 제공하며 새로운 가능성을 모색하고 있다. 문화적 상대주의는 인권의 보편주의가 지닌 획일적 폭력성을 고발하고 지역의 문화적 특수성에 대한 존중을 주장한다. 이들 논쟁은 인권의 정당성에 흠집을 내기보다는 오히려 그 정당성을 강화하고 있다.[22]

참고문헌

- 고 옥, "중생계에서의 인간의 지위와 권리", 「종교문화비평」 Vol.12, 2007
- 국가인권위원회, 「인권의 해설」 (국가인권위원회, 2011)
- 김비환외 15인, 「인권의 정치사상」 (이학사, 2011)
- 류은숙, 「인권을 외치다」 (푸른숲, 2009)
- 마이클 프리먼, 「인권 이론과 실천」 (아르케, 2005)

– 이상돈, 「인권법」 (세창출판사, 2005)

– 인권법교재발간위원회 편저, 「인권법」 (아카넷, 2006)

– 장은주, 「인권의 철학」 (새물결, 2010)

– 장석만, "인권담론의 성격과 종교적 연관성", 「종교문화비평」 Vol.12, 2007

– 조효제, 「인권의 문법」 (후마니타스, 2007)

– ____, 「인권을 찾아서」 (한울, 2012)

– DINAH L. SHELTON, REGIONAL PROTECTION OF HUMAN RIGHTS (Oxford University Press, 2010)

– HURST HANNUM · S. JAMES ANAYA · DINAH SHELTON, INTERNATIONAL HUMAN RIGHTS (Aspen Publishers, 2009)

– THE LATE EDWARD M. WISE · ELLEN S. PODGOR · ROGER S. CLARK, INTERNATIONAL CRIMINAL LAW: CASES AND MATERIALS, 2d. (LexisNexis, 2009)

– THOMAS BUERGENTHAL · DINAH SHELTON · DAVID STEWART, INTERNATIONAL HUMAN RIGHTS IN A NUTSHELL (West Publishing Company, 2010)

---

1) 시사in, www.sisainlive.com, 2012년 3월 14일

2) Child Soldiers International, Child Soldiers Global Report 2008, www.childsoldiersglobalreport.org

3) 가디언, www.guardian.co.uk/world/guantanamobay, 2012년 3월 14일

4) Amnesty International, Annual Report: China 2011, www.amnestyusa.org, 2012년 3월 15일

5) The UN Secretary-General's database on violence against women, available athttp://sgdatabase.unwomen.org/home.action, 2012년 3월 15일

6) The Disappearance of Latin America, http://sgdatabase.unwomen.org/home.action, 2012년 3월 15일

7) 오늘의 북한소식, 좋은벗들, www.goodfriends.or.kr, 2012년 3월 15일

8) HANNUM · ANAYA · SHELTON(2009), INTERNATIONAL HUMAN RIGHTS, Aspen Publishers, pp.323–438

9) 조효제(2007), 「인권의 문법」 후마니타스, pp.90–134

10) Id.

11) 세계인권선언은 1948년 12월 유엔총회에서 유엔가입국 58개국 중 50여 개국의 결의, 8
개국의 기권으로 통과된 세계선언문이다. 국제사회에서 직접적인 법적 구속력은 없으나
대부분의 헌법과 인권기본법에 그 내용의 기초가 되었다. 경제적 · 사회적 · 문화적 권리
에 관한 국제규약은 1966년 12월 유엔총회에서 채택된 다자간 조약이다. 사회권 규약 또
는 A 규약이라고도 한다. 2011년 현재 160여 개국이 가입하였으며, 우리나라는 1990년 7
월에 가입하였다. 세계인권선언보다 더 종합적이고 많은 경제 · 사회 · 문화적 권리를 수
록하고 있다. 사회권규약위원회를 두어 회원국의 정기적 인권상황보고를 받아 평가하고
권고를 내리는 시스템을 갖추고 있다. 시민적 · 정치적 권리에 관한 국제규약은 1966년
12월 유엔총회에서 채택된 다자간 조약으로서 자유권 규약 또는 B 규약이라고도 한다.
전 세계적으로 167개국이 가입하였으며 우리나라는 1990년 7월에 가입하였다. 자유권
규약 신하에 자유권위원회를 두고 회원국으로부터 인권상황을 징기적으로 보고받고 권
리를 내리고 있다. 아울러 인권침해를 받은 개인은 일정한 절차를 거쳐 권리구제를 신청
할 수 있는 제도를 완비하고 있다.

12) http://www.ohchr.org/EN/HRBodies/HRC/Pages/HRCIndex.aspx

13) WISE · PODGOR · CLARK (2009), INTERNATIONAL CRIMINAL LAW: CASES AND MATERIALS, 2d.,
LexisNexis, pp.705-96

14) SHELTON (2010), REGIONAL PROTECTION OF HUMAN RIGHTS, Oxford University Press,
pp.1051-95

15) See 국가인권위원회 (2011), 「인권의 해설」

16) Id.

17) 김기남, "인권과 평화", 「평화지기 자료실」 평화의친구들 available at www.peacefriends.org

18) HANNUM · ANAYA · SHELTON (2009), id.

19) 조효제 (2007), id.

20) HANNUM · ANAYA · SHELTON (2009), id.

21) 조효제 (2007), id.

22) 짧은 지면에 인권의 역사를 모두 담는 시도는 무모할지도 모른다. 불가능한 작업이기 때
문이다. 실제 글에도 인권 개념과 역사의 중요한 내용임에도 생략된 부분이 없지 않다.
그럼에도 필자가 인권 개념에 대한 개관을 했던 것은 인권을 처음 접하는 독자에게 배경
설명을 제공하여 인권에 대한 보다 깊은 이해를 돕고자 함이다. 참고하시길 바란다.

종교에서 발견하는 인권 개념

"Truth alone is eternal, everything else is momentary. It is more correct to say that Truth is God, than to say that God is Truth. ··· All life comes from the one universal source, call it Allah, God or Parmeshwara."

- Gandhi -

현대 인권 개념은 전 지구적 보편의 지위를 획득했다고 해도 과언이 아니다. 인권의 발전을 주도했던 서구문화권과 더불어 타문화권에서도 인권 개념은 발견되고 있으며, 이는 인권의 보편성을 뒷받침하는 중요한 근거가 되고 있다. 물론 현대 인권 개념의 기원은 서구문화권임에는 의심의 여지가 없다. 신의 질서가 지배한 시대에 감히 인간성 회복을 주장한 것은 가히 혁명적이었다. 인간의 이성과 인문학적 잠재력을 깨우쳐 위대한 문화적 부흥을 견인한 역사적 순간임에 틀림없다.

하지만 이때에도 인간은 신의 영향권에서 독립한 것은 아니었다. 오히려 인간의 존엄에 대한 근거를 신에게서 찾고 있다.

기독교문화권을 포함한 다른 종교와 문화 속에서 인권 개념을 파악하는 것은 문화적 상대주의에 입각하여 인권을 공격하는 것에 대한 대비책일 뿐만 아니라 인권 개념에 대한 논쟁에 유의미한 기여를 할 수 있고, 인권 개념 자체의 정당성과 보편성을 강화하는 중요한 계기가 된다고 볼 수 있다. 때문에 인권 개념과 기성종교의 교리적 체계와의 공통분모를 발견하려는 시도는 중요하다.

기독교의 인권 개념[1]

성경에는 인권에 대한 직접적 언급은 없다. 하지만 기독교인들은 성경과 전통적인 기독교 원리에서 인권을 유추해 낸다. 기독교 전통에서 인권 원칙에 대해 의견의 불일치가 없지 않으나 인권을 지지하는 기본적 입장에는 동의하는 듯하다. 인권의 보편성 획득 과정에서 인권 지지의 분위기는 인권 옹호 활동의 내용과 교회의 관여에 동의하는 방향으로 확산되었다.

기독교는 인권의 정당성을 실정법의 정당한 입법절차에서 찾지 않는다. 예를들면, 기독교는 선거를 통해 합법적으로 구성된 독일 나치 정권의 부정의한 행위들을 증거로 제시하며 실정법의 정당한 권원을 세속의 법률 자체가 아니라 이를 초월한 외적인 영역에서 찾는다.

기독교 전통은 사람이 신의 형상 또는 이미지를 그대로 부여받은 신의 자식으로서의 존재이기 때문에 존엄하다는 입장을 견지한다. 인간

내재적 본성, 인간의 특성, 또는 정부의 행위 자체에 주목하기 보다는 오로지 신의 창조와 구원적 행위에서 인권의 근거를 발견한다. 즉, 인권의 정당성을 자연권론이 아닌 신의 권위 속에서 찾고 있다. 때문에 기독교 전통에서는 신의 존재와 권위를 부정하는 인권 개념과 인권 활동은 용납할 수 없다고 한다.

기독교인들에게 인권은 종교적 신앙과 믿음에서 발생하는 것이고 신과 이웃에 대한 의무를 포함한다. 권리는 신과의 관계에서 비롯된다고 여겨진다. 인간은 독립된 존재로서의 권리 주체가 되는 것이 아니고 공동체의 다른 사람과의 관계에서 그리고 궁극적으로 신과의 관계에서 권리를 부여받게 되는 것이다. 예를 들면, 생명권은 생명을 창조하고 구원함으로써 신이 불어넣었던 생명의 가치로부터 유추할 수 있다. 또, 모든 사람은 신의 사랑을 받기 때문에 다른 사람들의 권리를 존중할 상응하는 의무가 발생한다고 한다.

기독교인들에게 인권의 내용은 정치적 이상의 한계를 초월하며 인권의 3세대, 즉 자유권, 사회권, 연대권을 포괄한다. 요한 바오로 2세 (John Paul II) 가톨릭 교황은 유엔총회의 연설에서 '모든 인권은 인간의 존엄적 존재성과 맞닿아 있고, 인간은 하나의 측면에서만이 아닌 그 자체로 이해되어야 하며, 인권은 인간의 기본적 필요, 자유, 그리고 다른 사람과의 관계를 충족하는 것'이라고 하였다.[2] 대부분의 개신교와 가톨릭 지도자들은 세계인권선언에 정리된 인권의 내용을 대체적으로 지지하고 있다. 역대 교황들도 세계인권선언을 인정하고 지지했다. 또 놀랄만한 것은 교리적 신념에 따라 분열되어 있는 현대 기독교이지만 인권 옹호에 대해서만큼은 한 목소리를 낸다는 점이다.

기독교인들의 입장에서 보면 신은 인간에게 존엄성을 부여했고 따라서 인간은 인권을 보호할 책임이 있다. 인권은 신의 창조적·구원적 현존만큼이나 명확하고 생명 그 자체만큼 중요하다. 오늘날 인권은 기독교 전통과 믿음의 핵심이 되었다.

불교의 인권 개념

불교 문헌에서 현대적 의미의 인권 개념과 동일한 개념을 찾기는 어렵다. 어떤 불교학자는 업(Karma)과 인권 개념의 이론적 공감대를 발견하기 힘들다고 주장하기도 한다. 현대의 인권 개념이 오직 사람만을 권리 향유자와 보호 대상으로 취급하는 반면, 불교 전통은 인간을 인간적 관점이 아닌 이를 초월한 우주적 관점에서 바라볼 때 이해될 수 있기 때문이다.

그러나 불교 철학은 현대 인권 개념이 전제하는 인간 중심적 세계관을 단번에 초월하여 우주적이고 유기적인 세계관을 제공함으로서 인권 논의에 풍부한 기여를 했다.

우선, 불교 전통은 인간을 모든 존재의 일부로 이해하고 있고, 인간과 모든 존재들은 모두 변화하고 영원하지 않다는 점을 강조한다. 변하지 않고 궁극적이며 고립되어 있으면서도 내재적으로 같은 존재는 없다고 본다. 다만 변하고 상대적이며 사회적인 존재만 있을 뿐이다. 다시 말해 상대적으로 보면 모든 존재와 본성은 서로 다르지만, 절대주의적 관점에서 보면 모든 존재는 고정되고 독립된 자성은 없기 때문에 서로 평등하다.

특히 불교 전통은 인간을 포함한 모든 존재의 상호 의존적 관계에 대한 각성을 중요시 한다. 수많은 다른 존재의 작용과 희생덕분에 하나의 존재가 생존한다는 사실의 각성이 권리의 근거가 된다. 인간은 이에 대한 깨달음을 통해 권리가 사람뿐만 아니라 살아있는 모든 존재와 자연에게 근본적인 개념이 된다는 것을 이해한다. 때문에 권리는 정적인 개념이 아니고 매우 역동성을 띠며, 다른 존재 또는 사람의 권리를 존중하기 위하여 자신의 권리를 기꺼이 포기할 의무도 생겨난다. 반대로 타인과 다른 존재(생명체), 그리고 자연의 희생의 대가로 누리는 자신의 권리는 폭력적이다. 오로지 상호 의존성을 이해함으로써 인권은 사회의 평등에 기여할 수 있다.

아울러 불가의 전통은 만물에 불성이 존재함을 인정한다. 처처불상의 개념은 모든 존재에게 깨우칠 수 있는 내재적 가능성을 인정하는 것이다. 그 존재 자체를 온전히 인정하는 철학이다. 인권의 용어로 표현하자면 남녀노소, 장애인, 피부색, 부자와 빈자, 성적 소수자의 여부와 상관없이 모두 성불할 수 있다고 하는 평등과 차별금지의 내용을 담고 있다. 인권의 개념이 현대에 이르러야 평등과 차별금지의 원칙이 보편적으로 적용되었던 역사와 비교하면 불가의 처처불상의 개념은 인권 개념보다 훨씬 앞서 평등의 원칙을 담고 있는 것이다.

불교전통에 기반을 둔 인권옹호의 활동은 유엔 사무총장을 지낸 고 (故) 유 탄트(U Thant)의 경우를 대표적으로 볼 수 있는데, 그는 미얀마(Myanmar, 버마)의 불교도로서 세계인권선언을 인류의 '마그나 카르타(Magna Carta)'라고 칭하며, 그 선언의 세부 내용 중 가족에 관한 권리를 기본적 인권으로 인정하고 인간의 존엄에서 필수불가결한 요소라고 언급하기도 했다.[3] 또 스리랑카 출신의 세계 여성 불교도 협회 회장은 불교는 여성을 존엄과 권리에 있어 자유롭고 평등한 개인으로 인정하는 종교라고 하며, 수세기동안 여성 불교도가 누려온 자유와 권리는 가히 혁명적이라고 주장하였다. 티베트의 달라이 라마는 우리는 모두 공동의 인류이므로 행복해질 동등한 권리가 있고, 아울러 욕망, 권리 그리고 모든 존재의 행복 가능성에 기반을 둔 보편적 책임이 있음을 인정하고 있다.[4]

이슬람교의 인권 개념[5]

이슬람 문화권에서는 이슬람교가 국교이며, 코란의 법, 즉 신법(神法)의 정치·사회적 영향이 크다. 때문에 현대 인권 개념에 대한 보편성 논쟁에서 이슬람 전통은 문화적 상대주의의 입장을 고수해 왔다. 서구권은 이슬람권의 인권 문제를 정치적으로 이용해 왔기 때문에 이에 대한 반발도 만만치 않았다. 이슬람 문화권에 대해 우리가 갖는 편견, 즉 여성 차별, 테러, 폭력 등이 무비판적으로 알려진 것은 아닌지 생각할 문제이다.

사실, 이슬람 사회 내부에서도 인권에 대한 논쟁은 지속적으로 제기되었다. 인권은 신의 선물임을 인정하지 않은 세계인권선언을 정당한 국제인권규범으로 인정할 수 없다는 주장도 존재하고, 코란은 개인의 민을 자유를 부여하고 있다고 주장하며 정당성을 지지하는 부류도 목격된다. 최근 이슬람권 변호사와 법학자들은 이슬람은 항상 인권을 지지해왔다는 주장에 동조하고 있다.

일부 법학자들은 이슬람이야말로 인간의 기본적 권리를 인정한 최초의 종교라고 보고, 이미 14세기 전부터 현재 세계인권선언에 반영된 인권들을 보장하고 있다고 본다. 이슬람은 코란에서 신이 강조한 인간의 존엄에 대한 믿음을 실천하기 위한 조치로서 난민들에게 식량, 식수, 숙소, 의복, 교육과 일자리 그리고 표현의 자유와 정치적 활동에 참여할 권리 그리고 그들의 가족의 안전을 보장해 왔다고 한다. 이슬람은 신이 인간에게 부여한 인간의 존엄성을 보전하기 위하여 도덕성에 기반하고 정의가 실현되는 사회를 건설하고자 하였고 이러한 사회는 인간의 기본적 인권을 보장하지 않고서는 불가능한 것으로 보았다. 이슬람 학자에 따르면, 기본적으로 보장되는 인권의 구체적 내용은 생명권, 종교의 자유, 주거 존중, 망명권 그리고 다른 사람을 보호할 의무를 포함한다.[6]

이슬람에서 인간의 가치는 절대적이지만, 이성적이거나 사회적인 개념이 아니다. 왜냐하면 인간의 가치는 신의 선물이기 때문이다. 인간의 자유는 같은 맥락에서 신 안에서 올바른 것을 할 자유를 의미한다고 한다. 예를 들면, 율법학자들 사이에 코란이 종교의 자유를 허용하는지에 대해 논란이 있다. 이슬람국가의 관행은 종교의 자유를 부인한다. 이슬람 문화에서는 이슬람교도만이 국가의 완전한 시민으로 인정되어 왔다. 이슬람 사회에서 이슬람교도가 아닌 사람에 대한 대우는 나라와 시기에 따라 천차만별이었다. 이슬람을 버린 이슬람교도는 배교의 죄로 사형으로 처벌되기도 했다.

한편, 이슬람에는 양성 평등에 대한 다양한 견해가 존재한다. 역사적으로 이슬람은 평등 원칙에 입각한 종교로서 정치·경제·사회적 영역에서 여성은 남성과 동일하게 대우되었다고 하는 주장이 있고, 이슬람 사회에서 다른 사상적 이유로 여성을 불평등하게 대우했다고 인정하는 견해도 있다. 이는 여성을 보호하기 위한 어쩔 수 없는 선택이었다는 주장이기도 하다.

그러나 현실에서 이슬람법은 이슬람 여성이 비이슬람과 결혼하는 것을 금하고, 이혼할 권리도 인정하지 않고 있다. 가족 보호의 필요성에서 그 정당성의 근거를 찾는다.

그럼에도 이슬람은 인종과 피부색을 이유로 차별하지 않았다. 이는 인간 모두는 아담의 자손이라는 성서적 입장이 반영된 것으로 보인다. 또 사상, 양심 그리고 믿음의 자유도 이슬람법에서 인정 가능한 것으로 보는데 오직 이슬람교의 가르침과 일치하는 선에서 인정된다. 최근에는 이슬람 인권선언과 인권문서에서 세계인권선언의 주류적 인권에 동의하는 움직임도 있었고, 유엔헌장의 원칙과 인권권리장전의 정당성을 인정하고 이슬람의 현대적 시각에서 인권을 실현할 것을 확인하기도 했다.

이슬람의 관점에서 정리하자면, 인권은 모든 인간이 가져야 하는 권리이다. 왜냐하면 인권은 인간성에 깊게 근거하였으므로 인권을 부인하고 유린하는 것은 인간을 인간이게 한 신을 부정하는 것과 마찬가지이기 때문이다. 그래서 종교적 의무 차원에서 인간은 존중된다.

공통 분모

종교의 교리 체계에서 공통으로 발견되는 인권 개념을 발견하기 위한 노력은 유의미하지만 결코 쉬운 작업은 아닌 듯하다. 수백 수천 년 역사의 종교를 연구한다는 것 하나만으로도 벅찬 일이기에 이와 같은 미천한 수준의 분석에 송구하기까지 하다. 그럼에도 인권에 대한 종교 교리적 해석과 그 의미를 알아보는 것은 인권과 종교의 공통분모를 넓혀내는 시작이 될 것이라고 판단된다.

개신교와 가톨릭의 기독교, 불교, 이슬람교의 전통을 살펴본 결과, 성서와 교리적 해석에 관한 문헌에는 현대적 의미의 인권 개념에 대한 직접적 언급은 없는 듯하다. 다만 공통적으로 종교 전통은 인권 친화적 내용을 담고 있다. 인류의 삶과 함께 해온 종교의 기능을 볼 때 어쩌면 당연한 것이다.

구체적으로 보면, 기독교와 이슬람교와 같이 유일신을 신앙하는 종교는 신과의 관계에서 현대적 의미의 인간의 존엄성에 대한 정당성을 발견한다. 어디까지나 신과 설정된 관계 내에서 인간의 존엄성은 보호된다. 동일한 종교 내에서도 종단에 따라 교리에 대한 다양한 해석이 존재하기 때문에 인권에 대한 접근도 다양한 것이 사실이지만, 인권 이슈에 대한 종교의 대응과 입장은 순수하게 교리적 차원에서 결정되지는 않았고 종교가 뿌리내린 사회와 시대의 정치적 상황이 반영되었다. 특히 각 종교에서 드러난 교리 해석의 보수적·안정적 경향은 인간복제나 성적소수자와 같이 새로 제기되는 인권 이슈의 반인권적 입장을 보일 수도 있다는 우려를 낳고 있다.

무신론의 불교 전통에서는 성별과 신분의 차이에 구분을 두지 않고 인간 자체를 불성을 지닌 완성된 동등한 존재로 간주하며, 만물의 생명을 존중하는 오래된 전통, 그리고 인간을 포함한 모든 존재의 변성과 상호 의존성에 대한 각성을 강조하는 무아사상에서 오늘날의 인권 개념보다 더 혁명적인 개념이 자리하고 있음을 발견하게 된다. 인간의 존엄성뿐만 아니라 동물, 식물, 무생물체를 포함한 모든 존재 자체에 대한 존중을 불교 사상에서 발견할 수 있는데, 이는 어느 종교전통에서도 찾아 볼 수 없는 포용력을 보이고 있다.

참고문헌

- 김용해, "인간 존엄성의 근거: 종교적 실존", 「동학학보」 제11권 2호, 2005
- 김진호, "한국그리스도의 인권담론과 신학적 성찰", 「종교문화비평」 Vol.12, 2007
- 이정숙, "한국개신교 여교역자의 인권", 「아시아여성연구」 제42호, 2003
- 안옥선, 「불교와 인권」 (불교시대사, 2008)
- 한국 천주교 주교회의, 「신약성경 · 시편」 (한국천주교중앙협의회, 2006)
- 장석만, "인권담론의 성격과 종교적 연관성", 「종교문화비평」 Vol.12, 2007
- 정상덕, 「마음 따라 사람 꽃이 피네」 (도서출판 한맘, 2010)
- AL GORE, THE ASSAULT ON REASON (Penguin Books, 2007)
- DALAI LAMA, THE UNIVERSE IN A SINGLE STOM: THE CONVERGENCE OF SCIENCE AND SPIRITUALITY (Morgan Road Books, 2005)
- HEON HWAN LEE, "THE CONCEPT OF HUMAN DIGNITY", 「세계헌법연구」 제15권 3호, 2009
- ROBERT TRAER, FAITH IN HUMAN RIGHTS: SUPPORT IN RELIGIOUS TRADITIONS FOR A GLOBAL STRUGGLE (Washington, DC: Georgetown University Press, 1991)

1) TRAER(1991), FAITH IN HUMAN RIGHTS: SUPPORT IN RELIGIOUS TRADITIONS FOR A GLOBAL STRUGGLE, Georgetown University Press, pp.19-48

2) His Holiness John Paul II, in address in the Fiftieth General Assembly of UN, 5 October 1995, available at http://www.vatican.va/holy_father/john_paul_ii/speeches/1995/october/documents/hf_jp-ii_spe_05101995_address-to-uno_en.html

3) U-Thant: Buddhism in Action available at www.walterdorn.org

4) Universal Responsibility in the modern world, available at www.dalailama.com

5) TRAER(1991), id. pp.111-128

6) Id.

인권 속의 종교

> *"Religious freedom is too sacred a right to be restricted or prohib ited in any degree without convincing proof that a legitimate inter est of the state is in grave danger."*
>
> *- Frank Murphy -*

    종교와 인권은 인간의 실존 문제를 다룬다. 두 영역에서 드러난 인간의 실존은 개별적이고 고립된 형태가 아닌 관계적이고 사회적이다. 종교적 실존은 신과의 관계 또는 우주만물과의 관계에서 삶의 근원적 문제에 접근하고 인권영역에서는 개인의 근원적 자유를 사회적 관계성에서 보장한다. 종교는 오랜 세월을 거치는 동안 인간 삶의 본질적 영역이 되었고 인권은 종교 행위를 인간의 본질적 권리로 인정했다. 종교의 자유에 대한 추구가 미국 건국의 토대가 되었음은 주지의 사실이고, 미국 대통령 프랭클린 루스벨트(Franklin Roosevelt)가 1941년

연두교서 연설에서 공포(fear), 궁핍(want), 표현(speech)의 자유와 더불어 종교(worship)의 자유를 인간의 근본적 권리로 인정했던 것은 잘 알려져 있다.[1] 인권이 세계보편성의 지위를 획득하게 된 현재, 종교의 자유는 인권 영역과 담론 속에서 어떻게 자리매김하고 있는지 사례를 중심으로 살펴본다.

인권 속의 종교 풍경 : 종교의 자유

세계인권선언과 시민적 · 정치적 권리에 관한 국제규약(이하 '자유권규약')은 '모든 사람은 사상, 양심 및 종교의 자유'를 가지며 '자신의 종교 또는 신념을 바꿀 자유와 선교, 행사, 예배, 의식에 있어서 단독으로 또는 다른 사람과 공동으로, 공적으로 또는 사적으로 자신의 종교나 신념을 표명하는 자유를 누린다'고 규정한다.[2]

자유권 규약은 더 나아가 '어느 누구도 스스로 선택하는 종교나 신념을 가지거나 받아들일 자유를 침해하게 될 강제를 받지 아니한다'고 하며, 자신의 종교나 신념을 표명하는 자유는 '법률에 규정되고 공공의 안전, 질서, 공중보건, 도덕 또는 타인의 기본적 권리 및 자유를 보호하기 위하여 필요한 경우에만 제한'할 수 있다고 규정하고 있다.[3]

우리 헌법도 '모든 국민은 종교의 자유를 가진다'고 규정하고 있으며 아울러 '국교는 인정되지 아니하며 종교와 정치는 분리된다'고 규정하고 있다.[4] 미국 수정헌법 1조도 정교분리의 원칙과 종교의 자유로운 행사를 보장하고 있다.

종교의 자유는 구체적으로 '신앙의 자유, 종교적 행사의 자유, 종교

적 집회 · 결사의 자유, 선교와 종교 교육의 자유'로 분류한다. 신앙의
자유에는 '신앙 선택, 신앙 변경, 신앙 고백, 신앙 불표현, 무신앙의 자
유'를 포함한다. 종교적 행사의 자유는 '기도나 예배 등과 같이 외부
적 행위로 표현되는 종교 의식'을 말하고 종교적 집회 · 결사의 자유
는 '종교를 목적으로 집회 및 결사를 형성하거나 그러한 집회 및 결
사로부터 이탈할 수 있는 자유'이며, 선교의 자유는 '자신의 종교를
선전하고 신자를 모을 수 있는 자유'를 포함한다. 종교 교육의 자유
는 '학교에서 종교 교육을 실시할 수 있는 자유'인데, 정교 분리의 원
칙과 교육법 5조에 따라 공립학교에서는 종교 교육의 자유가 제한된
다.[5]

종교의 자유 행사와 적법성 판단 사이에는 역사적으로 많은 논란이
있어왔다. 다시 말하면, 법이 종교에 얼마나 개입할 수 있느냐의 질문
인데, 미국 연방대법원은 '법은 개인의 종교적 신념과 의견에 간섭할
수 없지만 행위에는 관여할 수 있다'고 보고 종교적 신념에 의한 행위
라도 '사회생활의 가장 중요한 내용에 관한 행위라면 법이 개입하여
규제할 수 있다'고 판단하였다.[6]

정교분리와 종교교육

정교분리의 원칙은 종교가 정치에 간섭하는 것을 금지하고, 국가에
의한 종교교육이나 종교활동을 금지하며, 국가에 의한 특정 종교의 우
대 또는 차별을 금지하는 원칙이다. 또 국가가 특정 종교를 국교로 하여
서는 안 된다는 원칙도 포함한다. 예컨대 헌법재판소는 우리나라에서

일요일은 종교 의식일이 아니라 일반적 공휴일이므로 일요일에 사법시험을 치루는 것이 청구인의 공무담임권을 침해하였다고 볼 수 없다고 판시하였는데, 이는 기독교가 우리나라의 국교가 아니기 때문이다.[7]

미국 사회에는 국가와 종교, 그리고 종교와 개인간의 종교의 자유에 대한 많은 논쟁을 거치며 우리보다 이론적으로 발전되어 있다.

1970년대의 Lemon 사건에서 미연방대법원은 정교분리에 대한 원칙을 정립하였다. 연방대법원은 종립학교를 포함한 사립학교에게 비종교 과목 교사의 급여 등을 주정부가 지원하도록 허용한 펜실베니아 주법의 위헌성을 판단하였다. 판결에서 펜실베니아 의회가 본 법을 비종교적 목적으로 입법하였지만, 정부의 지원금이 오직 비종교 교육에만 사용되게 하려면 학교에 대한 정부의 지속적인 감독이 불가피하여 정부가 종교에 지나치게 관여하는 결과가 초래되기 때문에, 본 주법은 국교 금지 조항을 위반하게 된다고 보았다. 이를 통해 종교와 관련한 법이 적법하기 위해서는 첫째, 법률이 세속적 입법 목적을 가져야 하고, 둘째, 그 법률의 주요한 효과가 종교를 장려·억압하는 것이 아니며, 셋째, 종교와의 지나친 얽힘이 조장되어서는 안 된다는 'Lemon 원칙'을 정립하였다.[8]

미연방대법원은 다른 사건에서 Lemon 원칙을 적용하였는데, 주정부가 종립학교에 교과서와 시설물을 무상으로 제공한 경우, 교과서의 경우는 허용 가능하지만 시설물의 경우는 객관적으로 특정 종교를 지원하는 것이 되므로 정교분리 원칙에 어긋난다고 판시하였다.[9] 공립학교에서 학생에 의한 자발적 형태일 지라도 기도를 하거나 명상을 하

는 경우에도 위헌이라고 판결하였다.[10]

그러나 나중에 미연방대법원 판례는 정교분리에 대한 새로운 입장을 도입하는데, 소위 '중립이론'이다. 관련 사건을 보면, 버지니아 주립대학교가 학생단체 중 비종교적 색체의 동아리에 보조금을 지급하면서 종교 동아리에는 보조금 지급을 거절한 사건에서, 연방대법원은 대학의 행위는 세속적 세계관의 확산을 지원하면서 종교적 세계관의 확산을 억압하는 것에 해당하는 것이라고 판단하며, 위헌이라고 결정하였다.[11]

또 미연방대법원은 Zelman 사건에서 국가는 종교의 가치를 존중하고 이를 능동적으로 수용해야 한다는 주장을 소개하고, 종교는 시민에게 필요하다는 관점을 부각시켰다. 나아가 종립학교에 대한 정부의 지원이 Lemon 심사기준의 첫째와 둘째 요건에 부합한다면 이를 위헌으로 간주해서는 안 되며, 지원학교를 결정할 때 정부가 종교적 기준을 적용하지 않았다면 이러한 지원은 원칙적으로 종교를 장려하는 효과를 갖지 않는 것으로 보아야 한다고 결정했다.[12]

이렇게 확립된 원칙은 공립학교에서 진화론을 가르칠 경우, 창조론도 가르쳐야 한다고 규정한 루이지에나법에 대해 본질적으로 세속적 입법목적을 위하여 입법되었다고 볼 수 없다는 취지로 위헌판결을 내렸고,[13] 공립 초등학교나 중·고등학교 졸업식, 미식축구경기 등의 행사에서 종교적 기도나 축원들이 행해질 수 없다고 별도의 사건들에서 판시하였다.

우리나라의 종립학교와 종교의 자유

우리나라의 경우, 미국과 같이 정교분리 원칙을 도입하고 있으나 종립학교가 공교육 체계에 편입되어 있는 특수한 상황을 감안할 때, 공립학교와 종립·비종립 사립학교의 구분이 비교적 명확한 미국의 판례를 그대로 비교하기에 부적합하다. 우리나라는 고등학교 평준화 정책에 따라 학교 강제 배정 제도를 시행하고 있고, 종립학교도 교육법상 사립학교의 법적 지위를 갖지만 학교 운영에 있어 국가지원금 의존율이 상당히 높다는 측면에서 공교육 체계에 편입되어 있다고 볼 수 있고, 따라서 종립학교의 종교교육의 자유, 즉 종파적인 종교 행사와 종교과목의 수업에 대한 절대적 자유를 부여하기엔 무리가 있다는 것이 최근의 흐름이다.14)

2004년 종립 사립학교인 대광고등학교에 재학 중이던 강의석군은 강제 추첨으로 배정된 학교에서 일방적인 종교 강요로 종교의 자유를 침해받았다며 소송을 제기했다. 이 소송에서 대법원은 2010년 최종 판결을 통해 학교측이 향유하는 종교교육의 자유 및 운영의 자유와 학생이 누리는 소극적 종교행위의 자유 및 소극적 신앙 고백의 자유가 충돌하는 기본권 충돌의 사안으로 보고 이익 형량과 조화를 시도했다.

대법원은 종립학교의 종교교육이 비판 의식이 성숙되지 않은 학생에게 일방적으로 주입되는 방식으로 행해진다면, 이는 교육 목적과 부합되지 않고, 학생이 입게 되는 피해는 지속적이고 치유되기 어려울 것이라는 점, 종교과목 수업의 대체과목을 개설하지 않고 종교 행사 참여에 대한 사전 동의를 얻지 않은 점, 그리고 종교 행사에 참여하지 않은 학생에게 불이익을 주었다는 점을 고려할 때 대광고등학교의 종교교육은 사회적 용인의 한계를 벗어났다고 판단했다.[15]

강의석군 사건을 통해 정립된 원칙으로 대법원은 종립학교가 평준화 정책에 따라 학생의 신앙과 무관하게 입학하게 된 학생들을 대상으로, 종교적 중립성이 유지된 보편적 교양으로서의 종교교육의 범위를 넘어서서 학교의 설립 이념이 된 특정 종교의 교리를 전파하는 교육을 행하는 경우, 그 종교교육의 구체적 내용과 정도, 종교교육의 지속성 여부, 학생에 대한 사전 설명의 유무와 동의를 받았는지의 여부, 학생들이 불이익을 염려하지 않고 자유롭게 대체과목을 선택하거나 종교교육에의 참여를 거부할 수 있었는지 여부 등을 종합적으로 고려해야 한다고 하였다.[16]

반면 종립 사립대학교에서 대학 예배 참석을 졸업 필수요건으로 학칙을 정한 경우, 서울지방법원은 사립대학의 광범위한 자치의 권한이 인정되는 상황에서 법률이 금지하는 사항이 아니면 학사관리, 입학, 졸업에 관한 사항이나 학교 시설의 이용에 관한 사항을 학칙과 규정으로 일방적으로 제정할 수 있다고 보고, 학생이 사전에 알지 못했다 하더라도 입학과 동시에 관련 사항을 포괄적으로 일괄 승인한 것으로 본다며, 학생이 신앙을 가지지 아니할 자유를 본질적으로 침해한 것으로 볼 수 없다고 판시하였다.[17] 대학생은 성인으로서 중·고등학생보다 합리적인 사고를 할 수 있어 대학교의 종교교육이 학생의 사고와 가치관에 미치는 영향이 덜하다는 점을 고려한 것이다.

종교적 신념과 행사

　종교의 자유는 국가 또는 사인이 개인의 종교적 신념에의 간섭, 즉 특정 종교의 교리와 믿음을 강요하는 것으로부터 자유로울 권리이다. 하지만 개인이 종교의 자유를 행사할 때 그 행위는 외부적으로 표현되어 사회적 성격을 내포하기 때문에 복잡한 법적 문제가 발생하는 경우가 종종 발견된다. 신앙의 자유를 제외하고 종교적 행사의 자유, 종교적 집회 및 결사의 자유, 선교와 종교교육의 자유는 어느 정도 제한이 가능한 상대적 자유이다. 앞서 언급한 종교적 신념에 의한 행위라도 '사회생활의 가장 중요한 내용에 관한 행위라면 법이 개입하여 규제할 수 있다'는 의미와 그 맥을 같이 한다.

　예를 들면, 우리 대법원은 11세인 딸을 살릴 수 있는 유일한 방법이 수혈인 상황에서 자신의 종교적 신념을 이유로 딸의 수혈을 거부하여 그 딸이 사망하자 어머니를 유기치사죄로 처벌했다.[18] 온전한 법적 결정을 내릴 수 없는 미성년을 대신하여 보호자인 어머니에게 자신의 종교적 신념을 근거로 딸의 생명과 의학적 치료를 포기하여 죽음에 이르게 할 정도의 정당성은 없으며, 이 경우 종교의 자유에의 우위를 인정할 수 없다는 취지였다.

　이와는 달리 독일에서는 아내가 출산 과정에서 수혈이 필요한 상황이었지만 아내 스스로가 종교적 신념을 이유로 수혈을 거부하자, 이성적 판단을 내릴 수 있었던 아내의 결정을 존중하여 남편도 아내의 수혈을 거부한 경우 남편에게 형사상 책임을 물을 수 있는지에 대하여, 법원은 일반적 법적 의무와 종교적 신념에 의한 행위의 충돌이 야기된 경우 그를 벌하는 것은 인간 존엄의 과도한 침해라고 보고 남편에게 형벌을 가하는 것은 신앙의 자유를 부당하게 침해하는 것으로 판단하였다.[19]

또 우리나라는 종교적 이유로 인한 양심적 병역거부에 대한 대체복무를 인정하지 않고 병역거부자를 처벌하고 있다. 2004년 헌법재판소는 양심의 자유는 국가가 가능하면 개인의 양심을 보호할 것을 요구하는 권리에 그치며, 양심상의 이유로 법적 의무의 이행을 거부하거나 법적 의무를 대신하는 대체의무의 제공을 요구할 수 있는 권리가 아니라고 판시했다.[20] 특히, 병역의 의무에 대한 예외를 허용하더라도 국가안보라는 공익을 효율적으로 달성할 수 있는지에 대한 판단이 필요한데 헌법재판소는 국가안보를 위태롭게 하지 않고서 양심의 자유를 실현할 수 없다는 판단을 내린 듯하다. (자세한 내용은 4장 참조)

하지만 종교와 양심의 자유를 규정하는 자유권 규약 산하의 인권위원회(Human Rights Committee)는 우리나라의 양심적 병역거부 처벌을 두고 조약상의 의무를 위반하는 행위이고 시대적 흐름에 역행하는 것이라고 규정하며 대체복무의 도입을 권고한 바 있다. 우리나라의 경우 본 사안과 관련하여 입법자의 광범위한 재량을 지나치게 허용하는 측면이 있으며, 종교와 양심의 자유의 침해에 대한 보다 구체적이고 실질적인 기준을 정립할 필요가 있다. 심지어 우리 대법원은 종교상의 이유로 국기에 대한 경례를 거부한 여고생에게 징계 처분(제적)을 내린 학교의 조치가 정당하다고 판결한 사례가 있는데,[21] 군부독재 시절의 국가주의가 강조되었던 그때와는 달리 지금은 다른 판결을 내리지 않을까 한다.

직원의 종교적 요구에 따른 사용자의 업무상 배려의무

종교는 인간 삶의 본질적 측면을 담당하고 있기 때문에 삶의 모든 영역에서 보장되어 한다. 직장 또는 노동의 현장도 예외는 아니다. 우리의 법률 체계는 국가인권위원회법 2조에서 종교를 이유로 고용상의 차별, 즉 우대, 배제, 구별, 불리하게 대우할 수 없다고 부분적으로 규정하고 있을 뿐, 노동관계에서 무엇이 차별인지, 기업 또는 사용자가 종교적 편향을 가질 경우 고용의 자격과 기준으로서 종교를 요구하는 것이 차별인지, 사용자가 여건이 허락하는 한 직원의 종교를 고려하여 근무조건을 마련하고 업무상 배려하는 것을 요구하는 것이 가능한지에 대해 답할 수 없다.

미국의 사례를 통해 어느 정도 판단을 해 보자면, 1972년에 통과된 미국의 인권법은 사용자의 업무상 배려의무를 규정하여, 사용자가 사업운영상 과도한 어려움(undue hardship)을 겪지 않은 선에서 직원의 종교적 요구에 따라 업무상 합리적인 배려를 할 의무를 정하고 있다. 연방대법원은 업무상 조정으로 사용자가 부담해야 하는 비용의 규모와 실행 비용, 조정이 필요한 노동자의 수에 따라 필요한 비용이 최소한의 비용 이상을 요할 경우 사용자는 과도한 어려움을 주장할 수 있다고 판시했다.[22] 사용자는 업무상 배려 의무를 다하기 위하여 근무시간을 유동적으로 조정하거나 업무를 변경 또는 배치전환을 통해 배려할 수도 있다.

또 종교적 복장의 불허용에 있어서는 복장을 통일하여 근무분위기를 조성하고 단합을 추구한다는 이유만으로 적법한 근거가 될 수 없으며, 오로지 근로자의 안전을 위한 목적이 주된 사유가 될 때에만 가능하다고 본다. 고객을 상대하는 서비스업종에서도 근로자의 종교적 요구와 유니폼의 본질적 성격 사이에 조정이 필요하다고 한다.[23]

구체적 판례를 예를 들면, A는 종교적 신념으로 교회의 성일인 매년 6일은 일을 하지 않는데, 사용자와의 단체협약에 따르면 A는 매년 3일 동안 유급휴가를 쓸 수 있고 그 외에는 합리적 일수의 무급휴가를 신청할 수 있었다. 이 경우 휴가일수만큼 급여가 삭감되는 휴가체계였다. 이 때 사용자는 업무상 배려의무를 충족하고 있는지의 쟁점에서, 연방대법원은 배려의무는 합리적 조정을 하면 충분하다고 보고 유급휴일과 무급휴일을 병용하는 것은 합리적 조정이라고 보았다.[24]

또 가톨릭 신자인 경찰관이 낙태를 반대하는 종교적 신념을 이유로 낙태시술병원의 경비를 하지 못하겠다고 시정을 요구하였는데 받아들여지지 않자 종교적 차별이라고 주장한 사건에서, 법원은 사건 경찰관은 낙태병원이 없는 지역으로 전근갈 수 있도록 단체협약상에 배려의무를 이미 보장받고 있고, 경찰관의 종교적 기호에 따라 경찰관의 의무조정을 요구하는 것은 과도한 어려움을 주는 것이라고 판결했다.[25]

인간 그리고 사회속의 종교의 자유

현대 인권 체계는 종교의 자유를 인간의 근원적 권리로 인정하며 보장하고 있다. 종교의 개인과 사회에 대한 역할과 기능을 볼 때 종교는 인간의 삶과 별개의 것으로 볼 수 없기 때문이다.

우선, 종교의 자유는 인간이 자유의지로 갖게 되는 종교적 신념으로 국가와 타인의 부당한 간섭을 배제한다. 세계에는 아직도 종교적 신념을 갖는 것조차도 금지된 곳이 존재한다. 중국은 파룬궁을 불법 종교단체로 규정하고 종교적 탄압을 계속하고 있고, 북한은 종교를 아편으로 간주하며 실질적으로 종교의 자유는 보장되지 않고 있다.

아울러 종교의 자유에는 종교를 갖지 않을 자유도 포함되는데, 이슬람국가에서는 이슬람이 국교로 정해져 있고, 타종교로의 개종은 법으로 금지되어 있어 종교의 자유가 사실적으로 보장되지 않고 있다. 아프리카와 일부 아시아 지역에서는 특정 종교를 갖거나 믿는 것이 천대, 추방, 그리고 법적 처벌의 사유가 되는 곳도 발견된다. 이와 비교하면 다종교사회인 우리나라는 종교의 자유를 광범위하게 보장하는 편이다. 물론 최근 정교분리의 원칙이 무너지고 종교간 갈등이 심화되고 있다는 우려가 없는 것이 아니지만 사회분쟁을 조장하는 수준은 아니라는 점은 다행이다.

반대로 종교의 자유가 오랜 세월 안정적으로 보장된 선진국은 다른 기본권이나 사회 안정의 필요성이 종교 행사와 경합할 때, 개인의 종교행사를 보다 적극적으로 보장하는 경향이 발견되고 있고, 보다 엄격한 의미의 정교분리 원칙이 법제도상으로 실현되고 있다. 우리나라는 특히 종교의 자유 이슈가 우리 사회의 특수한 문제와 결부되어 복잡한 경향이 있는데, 해결에 있어 이슈의 합목적적 사유와 공공복리의 목적과의 이익형량을 통해 종교의 자유보장의 한계를 설정하고 있다.

우리 사회에는 개인, 종교 교단 및 유관단체, 국가 사이에 종교의 자

유와 정교분리를 둘러싸고 긴장관계가 항상 존재해 왔다. 인권 체계는
항상 종교의 자유를 확대보장하기 위한 제언과 노력을 게을리 하지 않
았고 앞으로도 더욱 그러할 것이다.

참고문헌

- 권영성, 「헌법학원론」 (법문사, 2007)
- 송기춘, "직원의 종교적 요구에 따른 사용자의 업무상 배려의무", 「세계헌법연구」 제
  16권 3호, 2010
- 윤진숙, "종교의 자유의 의미와 한계에 대한 고찰", 「법학연구」 제20권 2호, 2010
- 임지봉, "사립고등학교에서의 종교교육과 학생의 인권", 「세계헌법연구」 제17권 2호,
  2011
- 최영호, "교회-국가 관계에서 본 종교의 자유", 「종교문화연구」 제12호, 2009
- 대법원 1995년 7월 6일 선고, 95가합30135
- 대법원 1980년 9월 24일 선고, 79도1387
- 대법원 1976년 4월 27일 선고, 75누249
- 대법원 2004년 7월 15일 선고 2004도2965
- 헌법재판소 2001년 9월 27일 선고, 2000헌마159
- 헌법재판소 2004년 8월 26일 선고 2002헌가1
- 헌법재판소 2004년 10월 28일 선고 2004헌바61 · 62 · 75 법합
- AL GORE, THE ASSAULT ON REASON (Penguin Books, 2007)
- Ansonia Board of Education v. Philbrook, 479 U.S. 60 (1986)
- Edwards v. Aguilard, 482 U.S. 578 (1987)
- Lemon v. Kurtzman, 403 U.S. 602 (1971)
- Meet v. Pittenger, 421 U.S. 349 (1975)
- Reynolds v. United States, 98 U.S. 145 (1878)
- Rodriguez v. City of Chicago, 156 F.3d 771 (7th Cir.1998)
- Rosenberger v. University of Virgina, 515 U.S. 819 (1995)
- Trans World Airlines, Inc. v. Hardison, 432 U.S. 63 (1977)

- Wallance v. Jeffree, 472 U.S. 38 (1985)
- Zelman v. Simmons-Harris, 536 U.S. 639 (2002)

---

1) Franklin D. Roosevelt, in an address of State of the Union in Jan. 4, 1941
2) 자유권 규약 제18조
3) Id. 제4조
4) 대한민국 헌법 20조
5) 권영성(2007), 「헌법학원론」 법문사, pp.482-4
6) Reynolds v. United States, 98 U.S. 145(1878)
7) 2001년 9월 27일 선고, 2000헌마159
8) Lemon v. Kurtzman, 403 U.S. 602 (1971)
9) Meet v. Pittenger, 421 U.S. 349 (1975)
10) Wallance v. Jeffree, 472 U.S. 38 (1985)
11) Rosenberger v. University of Virgina, 515 U.S. 819 (1995)
12) Zelman v. Simmons-Harris, 536 U.S. 639 (2002)
13) Edwards v. Aguilard, 482 U.S. 578 (1987)
14) 임지봉(2011), "사립고동학교에서의 종교교육과 학생의 인권", 「세계헌법연구」 제17권 2호, pp.cxix-xiii
15) 대법원 2010년 4월 22일 선고 2008다38288
16) Id.
17) 1995년 7월 6일 선고, 95가합30135
18) 1980년 9월 24일 선고, 79도1387
19) 최영호(2009), "교회-국가 관계에서 본 종교의 자유", 「종교문화연구」 제12호, pp.65-70
20) 2002헌가1, 2004도2965, 2004헌바61 · 62 · 75 법합
21) 1976년 4월 27일 선고, 75누249
22) Trans World Airlines, Inc. v. Hardison, 432 U.S. 63 (1977)
23) 송기춘(2010), "직원의 종교적 요구에 따른 사용자의 업무상 배려의무", 「세계헌법연구」 제16권 3호, pp.252
24) Ansonia Board of Education v. Philbrook, 479 U.S. 60 (1986)
25) Rodriguez v. City of Chicago, 156 F.3d 771(7th Cir.1998)

종교의 인권활동 역사

"The essence of any religion lies solely in the answer to the ques tion: why do I exist, and what is my relationship to the infinite uni verse that surrounds me? ⋯ It is impossible for there to be a person with no religion (i.e. without any kind of relationship to the world) as it is for there to be a person without a heart. He may not know that he has a religion, just as a person may not know that he has a heart, but it is no more possible for a person to exist without a reli gion than without a heart."

- Leo Tolstoy -

종교는 인간의 구체적 삶 속에 존재한다. 인간은 사회 속에 존재하며 종교도 사회 또는 속세와 무관하지 않다. 오히려 종교는 사회와 끊임 없이 소통하며 새로운 변화를 선도하거나 적응해왔다. 역사적으로 사 회의 안정과 통합에 기여하기도 했고, 반대로 가장 잔혹한 전쟁을 일으키고 크고 작은 분쟁의 씨앗이 되기도 했다.

우리나라의 종교는 정치·이념적, 경제적, 사회·문화적 격동을 온몸으로 견뎌왔다. 일제강점기와 해방 그리고 전쟁, 독재, 산업화, 민주화, 그리고 세계화까지 우리 역사의 아픔을 어루만지며 성장하고 쇠퇴하기를 반복했다. 유입 당시 불평등과 착취 구조의 현실에서 만인은 평등하다는 기독교의 교리는 혁명사상과도 같았고, 일제에 대항하는 독립운동의 사상적 바탕이 되기도 했다. 권위주의 정권에 복무하며 안정적 교세 확장을 보장받기도 했으며, 보수화되었다. 한편에서는 독재에 저항하며 민주화 운동의 든든한 지원 세력이자 버팀목 역할을 하였다. 역사적으로 중요한 시기마다 종교계의 양심적 세력은 항상 민중의 편에서 힘써왔다. 우리 사회의 대표적 종교 종단들이 벌여 온 인권 활동을 살펴본다.

개신교의 인권 활동

19세기 말 조선에 들어온 이후 우리 민족의 역사와 함께 해 온 개신교는 지금 우리나라의 대표적 종교로 자리잡은 지 오래다. 1950년 당시 인구 5% 안팎의 개신교 인구는 1970년대를 거치며 두 배가 되었고, 현재는 전체 인구의 18-20% 정도가 되었다. 세계에서 가장 규모가 큰 50대 교회 중 23개가 한국에 있을 정도이다. 교회의 분포도에 있어서도 서울 시내의 개신교회는 타 종단에 비해 우월한 밀집도를 보이는데 치킨집의 그것과 매우 흡사한 것으로 드러났다. 이는 개신교의 생활밀착형 선교 형태와 분권적 조직 특성 때문인 것으로 판단된다.

유입 당시 개신교의 근대적 성격은 신분 차별과 전통적 억압 요소의 타파, 근대적 기업윤리와 기업 활동, 학교와 의료시설의 설립에 적지 않은 기여를 했다. 교리에 근거한 차별금지와 평등의 가르침은 조선사회에 신선한 충격을 주었고, 교인들 중에는 노비를 해방하여 교리 실천에 앞장서기도 했다는 기록이 남아 있다.[1] 무엇보다 일제강점기에 개신교는 독립운동에 적극적으로 참여했는데 3·1독립운동의 민족대표가 대부분 기독교인이었다는 점은 당시의 상황을 반영한다.

해방이후 개신교는 진보와 보수적 경향의 극명한 분화가 엿보인다. 반독재 민주화와 인권 신장에 헌신한 진보적 일부와 친정권적 보수 성향의 일부가 대조를 이뤘고 다수는 사실상 정치·사회 문제에 침묵했다.

우선, 개신교 일부가 반인권적 권위주의 정권에 적극 대응해 왔다는 사실은 잘 알려져 있다. 교회는 역사적으로 독립운동의 근거지이자 인권운동의 버팀목이었고 민주화 운동 가담자들의 마지막 피난처 역할을 하였다. 많은 교인과 전국적 네트워크가 형성되어 있었던 풍부한 인적·물적 자원이 존재했다는 점과 용공시비에서 자유로울 수 있었던 점은 사회운동의 구심점이 되기에 충분했다.

조직적인 측면에서 볼 때 개신교 인권운동의 구심점은 한국기독교 교회협의회(이하 'KNCC')였다. KNCC는 일제시대부터 존재했던 조직으로 그간 민족과 사회 문제에 적극적으로 개입하여 목소리를 내었다. 유신정권의 폭압정치가 악명을 떨치던 1974년에는 그 산하에 인권위원회를 설치하였다.[2] 인권 선언을 발표하고 인권 문제를 지속적으로 다룰 수 있는 상설기구를 설치한 것이다. 설립 후 현재까지 인권위원회는 정의와 자유의 구현, 민주회복, 시국사범 구속자 석방, 고문 피해자 및 노동자 농민의 권익, 학원의 자유 확보에 관심을 기울이며 사회 변혁과 인권 개선에 노력하고 있다.[3]

KNCC 인권위원회는 주로 국가권력에 의한 인권 유린에 대응하는 인권 활동에 주력해 왔다. 군부독재정권의 민주세력에 대한 폭압을 감안한다면 대단한 신앙과 신념의 발로가 아니고서야 불가능한 일이었다.

1970년대에는 민청학련 사건, 갈릴리교회 사건, 민주구국선언 사건, 동일방직 사건, YH 사건 등에서 선지적 목사 및 교인들이 고초를 겪었고 이들의 인권문제도 부각되어 적극적으로 대응했다. 1987년에는 KNCC 인권상을 제정하고 매년 수상하였다.[4]

1987년 6월항쟁 이후 제도 · 절차적 민주화뿐만 아니라 생활 전반에 민주화 가치가 실현되는 실질적 민주화를 위해 지속적인 노력을 하였다. 우리나라의 국제인권규약 가입을 촉구하고 공권력에 의한 고문 사례를 폭로하면서 인권 회복에 힘썼다. 한국교회인권센터를 개설하는 한편 지역의 인권위원회 설립과 인권활동가 양성, 그리고 국제적 연대 등에 성과를 내었다. 한편 민족화해와 평화통일, 그리고 북한에 대한 인도적 지원 등의 통일운동 이슈에 적극적이었다.[5]

2000년대 이후에도 KNCC 인권위원회는 인권법 제정, 국가보안법 폐지, 사형제 폐지, 외국인 노동자 인권 문제, 반전 평화운동 등의 다양한 인권영역에서 지도적 역할을 하였다.

인권위원회의 성과를 보자면, 첫째, 인권 개념의 보편화와 인권 신장에 앞장섰고, 둘째 교회의 신앙 고백적 차원에서 사회적 책임을 다했고 민주사회로의 발전에 인적·물적·사상적 토대를 마련하는 데 기여했다.

그러나 인권위원회의 활동이 몇몇 사람들의 활동으로 축소되고 교인의 참가가 거의 없다는 점과 인권위원회 활동의 전문성 보완과 체계 정비가 시급하다는 점이 단점으로 파악되고 있다.

한편, 1950년대 이후 보수적 성향의 일부는 정권과 결탁했다. 반공주의자이자 기독교인이었던 이승만대통령의 개신교 편향은 노골적이었다. 당시 고위공직자의 20-30%가 개신교인으로 채워졌고 정교분리의 원칙은 지켜지지 않았다. 때문에 개신교는 4·19혁명에 크게 기여하지 못한 아쉬움이 있었다.[6]

1960년에도 삼선개헌반대와 유신반대 등의 민주화운동 흐름에서도 일부 개신교 지도자들은 삼선개헌과 유신을 지지하여 시대 흐름에 역행했다. 군부정권과 개신교의 결탁을 통해 군부는 정권 정당화 작업에 안정적 동력을 확보하고 개신교는 정권의 비호 속에 급성장하게 되었는데 이를 계기로 대형교회가 등장하게 되었다.[7]

보수진영은 교회가 정치에 개입하지 않는 것이 바람직하다며 비정치화 논리를 주장하였지만 실제로는 반공·친미의 정치이데올로기를 내포하고 있었으며, 군사정권이 자행한 인권침해를 정당화하는 논리로 이용되었음을 부인할 수 없다.

개신교내 보수적 일부는 1989년 한국기독교총연합회(이하 '한기총')를 결성하였고, 근래에 뉴라이트 운동을 통해 정치 세력화하였다. 종교의 정치참여를 비판하며 복음전파를 우선시한다는 명분을 앞세웠지만, 사실적으로는 사학법 개정반대, 미군 철수 반대, 보안법 개정 반대, 노무현 대통령 탄핵 주도 등의 주요 활동 내용에서 볼 수 있듯이 보수적 정치 행보를 보여 왔다.[8] 최근에는 차별금지법 도입 논의에서 이들의 반발로 차별의 근거인 '성적 지향' 조항이 원래의 제안에서 누락되기에 이르렀다.[9]

개신교는 인권활동의 오랜 역사적 경험을 갖고 있다. 한국 종교단체로서는 최초로 1974년에 인권위원회를 두고 활동하였다. 암흑했던 정치적 상황에서 목숨을 내건 이들의 인권활동은 우리 사회에서 인권회복의 버팀목이 되었고 인권침해와 부조리한 일을 당한 사회적 약자의 그늘이 되어 주었다.

천주교의 인권 활동

한국 천주교는 200년의 역사를 통해 우리 사회에 뿌리내렸다. 1784년 이승훈의 영세이후 처음 100년 동안은 혹독한 박해를 받았고 다음 100년 동안은 종교 활동의 자유가 비교적 보장되었다. 천주교 또한 일제강점기와 해방, 전쟁, 독재와 민주화를 온몸으로 겪으며 이 세상에서 하느님의 뜻을 실천하는 선교에 충실하고자 하였는데, 특히 선교가 '구체적으로 인간 삶의 자리와 밀접한 연관 속에서 이루어져야 함'을 강조하였다. 혹자는 천주교회사를 볼 때 천주교회가 사회와 민족의 아픔을 외면하고 내세의 행복만을 강조할 때 도전을 받았고 신자증가율의 둔화로 이어졌다며, 교회의 사명은 민족과 민중의 희로애락

에 동참하는 것이 복음의 참된 정신을 구체적 삶에서 실천하는 것이라 설파하였다.[10]

1885년 당시 1만 3천명이던 천주교 인구는 현재 약 500만으로 전체 인구의 10%를 넘게 되었는데 이는 우연이 아니다. 더욱이 일반시민들의 신뢰를 얻고 있다는 점이 고무적이다. 2010년 12월에 발표된 한국 교회의 사회적 신뢰도 여론조사에 따르면 천주교는 가장 호감있고 가장 신뢰도가 높은 종교로 드러났다. 민족과 민중의 아픔에 함께 했던 천주교의 노력이 그 원인 중 하나이며 그 중심에는 천주교인권위원회를 중심으로 한 인권활동이 있다.

1970년대까지 천주교의 주된 선교방침은 오랫동안 속세의 고통을 잠깐만 참으면 내세의 영원한 행복을 얻을 수 있다는 것이었고, 이는 독재와 폭력의 사회구조에서 불의와 폭력을 용인하는 것임과 동시에 부정의한 지배 권력에 순응하는 것이었다. 때문에 부조리한 사회적 구조에 대한 저항과 인권 옹호 활동은 천주교도인 학생, 노동자, 지식인의 개인적 차원에서 전개되었다.

1971년의 지학순 주교의 부정부패 추방운동을 시작으로 천주교는 본격적으로 사회참여에 관심을 보였다. 김수환 추기경이 정권에게 인간 존엄성과 사회정의에 입각한 국가정책을 수행하라고 촉구하였고 천주교회는 선교방침을 바꾸었다. 한국천주교주교회의정의평화위원회가 유신반대와 같은 대사회적 발언과 민주화와 인권을 위한 사회운동을 전개하고, 가톨릭농민회와 가톨릭노동청년회; 대한가톨릭학생총연합회 등이 조직되어 활동하기 시작했다. 1974년 지학순 주교가 구속되는 사

건을 계기로 1976년 천주교정의구현전국사제단이 발족하게 된다.[11]

1980년대에 이르러 천주교회는 본격적인 사회운동에 나서게 된다. 1984년 천주교사회운동협의회(이하 '천사협') 창설로 조직적 기반이 다져졌다. 천사협의 지역지회가 전국에서 발족되고, 노동자, 농민, 빈민, 청년, 학생부문을 아우르는 천주교 사회운동의 중심이 되었다.

1987년 6월 민주항쟁으로 사회 흐름은 사회 전반에 걸친 민주화와 참여의 확대였고, 여성, 인권, 교육, 환경, 경제정의 등의 영역에서 두드러졌다. 1988년 천주교정의구현전국연합(이하 '천정연')은 이런 변화를 배경으로 결성되었고, 산하에 여성위원회, 장기수가족후원회 등과 같이 인권소위원회가 결성되었다. 인권소위원회의 활동은 시국사건에 대한 법률구조가 많았다. 1991년 천정연과 천사협이 통합되어 천주교정의구현전국연합으로 재창립되고 인권소위원회는 인권위원회로 한 단계 격상되었다. 1994년 인권위원회는 천주교인권위원회로 독립하게 되었다. 조직긴첩긴상규명대책위원회 발족, 한국인권단체협의회 창립, 양심수 석방 활동을 전개했다. 인권법률상담소를 개설하여 매주 무료인권법률상담을 실시하였다.[12]

인권위원회 내부에 양심수소위원회와 동티모르소위원회가 운영되고 사회연대를 통한 인권 보장과 정의 실현 활동을 계속했다. 한편, 인권교육의 지속적 진행과 교재의 발간을 추진하고 인권법 제정과 의문사진상규명 특별법 제정의 요구에 적극 결합했다. 현재는 사단법인화가 되어 있고 사회권위원회, 자유권위원회, 생명평화위원회, 국제연대위원회로 개편되어 있으며, 상담조사실과 인권교육실이 신설되었고

특정 이슈별 대책위도 운영되고 있다.[13]

천주교의 인권활동은 타종단에 비해 체계 정비가 잘 되어 있고 안정적 활동을 해오고 있다. 수년간에 걸친 선배 법조인과 활동가 및 성직자가 희생하고 교회가 배려하는 속에 성장할 수 있었다. 물론 천주교회의 안정을 추구하는 보수적인 주류의 흐름은 있지만, 천주교내의 정의실현과 인권 신장을 위한 선구적 소수의 노력은 국민들로 하여금 천주교를 가장 신뢰성 있는 종단으로 만들고 있다.

불교의 인권활동

불교는 우리 민족의 오랜 역사와 함께 해왔다. 우리나라 인구의 26-28%가 불교신자로 가장 많다. 인간을 포함한 모든 생령을 불성을 지닌 존엄한 존재로 존중하는 불교는 인권 활동에 있어 타종교보다 보다 나은 위치에 있으면서도 선과 깨달음을 강조하는 전통으로 말미암아 불교의 사회 참여에 부정적인 요소로 작용하는 듯하다. 때문에 불교계의 인권 활동은 기대만큼 활발하지는 않았다. 청년·학생 재가불자들의 반독재 민주화 투쟁과 인권 회복 활동은 주로 개인적 차원에서 전개되었고 불교계의 조직적 차원에서는 그렇게 두드러지지 않는다. 불교계의 인권에 대한 관심은 특정 사안을 중심으로 한 한시적 활동으로 표출되었으며, 활동의 지속성과 적극성, 효율성은 미약한 실정이다.

그럼에도 1990년에 한국불교종단협의회가 불교인권위원회를 창립하여 반독재 민주화운동과 인권활동을 벌여온 것은 성과다. 불교인권위원회는 일본군 성노예 피해할머니 인권찾기운동, 비전향 장기수 고향 방문 추진, 청소년 인권 캠프, 북한 어린이 돕기 운동 등을 벌였고, 사형제폐지불교운동본부를 구성하여 사형제 폐지 활동에 불교계의 목소리를 반영하였다.[14] 이주노동자 여수 참사 사태 해결 촉구 및 이랜드 비정규직 여성인권 탄압 저지 운동과 용산 철거민 참사 문제 해결에도 참여했다. 불교생명윤리연구소를 두어 사형제도 및 생명윤리와 관련한 인권 문제를 연구하고, 불교인권상을 수상하고 있다.[15] 현재 조계종 총무원 산하 조직으로 개편된 불교인권위원회는 지금껏 진관스님의 헌신적 노력에 의해 운영되어 왔으나 전문적 인적·물적 토대가 미흡하여 인권 활동의 체계적 구성이 요구된다.[16]

그 밖에 경불련, 좋은벗들, 전국불교운동연합 등이 인권문제와 관련해 활동하는 불교계 단체들이며 그 중에서 좋은벗들은 북한난민문제에 주력하며 상당한 활동력을 보이고 있다. 불교계 곳곳에 인권에 대한 관심이 커지고 인권 옹호 활동을 할 수 있는 토양이 마련되기를 기내한다.

원불교의 인권활동

일제강점기에 개교한 원불교는 물질과 정신이 조화된 문명세계를 인류공동체가 지향해야 할 광대무량한 낙원으로 제시하고, 불교에 그 연원을 두고 있다. 사은과 연기, 그리고 만물유불성의 관점은 불가 전통의 인권관과 그 맥을 함께 한다. 또 정치와 종교를 불가분의 관계, 즉 조화와 병진의 입장을 견지하여 원불교의 사회적 참여에 관한 길을 열어 두었다.

원불교 개교 당시 남녀 차별의 관습을 없애고 교육의 평등을 두루 강조했던 근대성은 시대적 흐름과 일치했다. 개신교와 천주교에게도 신 앞의 남녀평등과 신분제 철폐라는 시대적 진보성이 있었음에도 불구하고, 성직제도내에서는 남녀 차별적 관행이 존재했던 당시와 달리, 원불교가 성직자 제도에서 여성·남성 교무의 차별을 두지 않고 동등하게 대우하고 재가·출가의 공부 성적에 따라 동등하게 대우했던 것은 분명 앞선 것이었다.

하지만 교단은 독립운동, 70-90년대 반독재 민주화운동과 인권 활동에 소극적이었고, 시대적 흐름에 큰 기여를 하지 못하였다. 다만 소수의 선지적 교무와 교도 중심으로 4·19 혁명, 삼선개헌반대와 유신철폐, 87년 6월 민주항쟁 등에 참여했을 뿐이다. 이들의 참여의식과 사회참여에 대한 고민은 90년대 이후 교육, 생명, 환경, 여성, 평화, 인권 분야 등 사회 제분야로 다양화되어 확산되었다.

그 중에서도 교단 차원의 사회 문제에 대한 적극적 발언은 영광핵폐기장 반대 활동이 유일하다. 반핵여론은 초반에 교단적 지지를 얻지 못하다가 영광 성지 수호라는 교단적 문제와 결합이 되면서 핵폐기장 유치반대의 교단적 입장을 결정하게 되었고, 정부의 양보를 얻어내는 성과를 냈다. 반핵과 환경에 대한 여론을 환기시키며 이후 교단 내 본격적인 생명환경운동의 동기를 부여하였고, 최근 원불교환경연대가 출범되어 교단 내 반핵담론을 이어가고 있다.

원불교여성회는 여성의 인권 신장을 위해 2003년에 설립되어 교단 내 대표적 여성기구로 자리잡았다. 양성평등을 위한 교육사업, 북한에

분유보내기, 한울안운동, 아프리카 여성센터 지원, 호주제관련 종교여
성연대활동 등의 사업을 진행하여 왔으며 유엔 경제사회이사회 특별
협위지위를 부여받았다.[17]

인권활동에 대한 교단 내 움직임으로는 민주화 운동 시기 원불교사
회개벽교무단을 중심으로 국가보안법, 의문사 진상규명, 시국사건과
통일운동에 동참해 오다가 2002년 효순이·미선이 사건을 계기로 인
권에 대한 인적·물적 토대의 필요성이 제기되어 2003년 원불교인권
위원회가 설립되었다.[18]

원불교인권위원회는 청소년 인권, 사형제 폐지 운동, 인권교육, 인권
법률 상담 등을 주요 사업으로 정하고, 양심수 석방, 군의문사 진상규
명, 차별적 군종제도 시정, 국가보안법 폐지, 용산 참사 문제, 군 인권,
환경인권 등의 인권문제에 관하여 타인권단체 및 타종단의 인권위원
회 등과 지속적 연대관계를 유지하고 있으며, 교단 내 대안학교를 중
심으로 인권교육을 진행해 오고 있다.[19]

창립 후 열악한 여건 속에서도 교단 내에서는 대표적 인권단체로 자
리매김하였고, 대외적으로도 주요 종교의 인권위원회 및 타인권단체
들과 공동으로 인권활동을 벌이고 있다. 하지만 지속적이고 체계적인
양질의 인권 옹호 활동을 위한 조직 역량, 전문성, 체계와 장기 비전 등
에 있어 보완이 필요한 실정이다.

종교의 사회 참여 한계와 인권 옹호

종교는 사회 속에 그 뿌리를 내리고 있기 때문에 인간의 삶과 사회

변화에 무관할 수 없다. 역사적으로 종교는 사회체계의 안정과 통합에 기여하기도 하고 변화의 원동력이 되기도 했다. 인간 삶의 근원적 물음에 실마리를 제공해 온 종교는 개별적·집합적 인간의 사회적 문제와 소통해 왔다. 부당함을 호소할 곳 없는 사회적 약자와 억울한 이들의 그늘이 되고 이들의 권리회복에 앞장섰다. 이것이 종교의 사회적 기능이다. 종교의 사회적 역할은 개인의 근본적 권리가 침해되었으나 구제받지 못하는 부당한 상황에서 발동하는 인권의 속성과 잘 맞아 떨어진다. 그래서 종교가 인권을 말하고 인권 옹호를 위해 사회적 목소리를 내는 것은 더 이상 이상한 일이 아니다.

그러나 우리 사회 일각에서는 종교의 사회적 참여를 두고 비판하기도 한다. 정교분리의 원칙의 정신을 훼손한다는 것이다. 그러나 정교분리의 원칙이 종교와 세속사회를 완벽하게 분리하는 벽을 쌓는 것인지는 재고할 필요가 있다. 무릇 종교가 진리와 사람을 위한 종교인데 이들의 존엄과 가치가 훼손되는 상황을 외면하는 것은 종교 본연의 기능을 포기하는 것이 되기 때문이다. 정교분리는 종교의 제도권 정치로의 관여와 편향적 영향을 경계하는 한편 정치와 종교의 결탁과 부패를 배격하자는 것이지 종교와 정치의 긍정적 소통까지도 배제하는 것으로 이해되어서는 안 된다. 군부독재시절에 정교분리의 원칙을 내세우며 유신독재와 시민들에 대한 반인권적 폭력에 대해 침묵으로 일관한 것은 사실상 부당한 정권에 복무한 것이나 다름없다. 또 종교계의 사회참여를 비판하며 정교분리를 명분으로 내세우면서도 실제로는 보수적 정치이데올로기를 관철하는 사실상 반인권적 정치활동을 하는 경우는 종교의 본질적인 사회적 기능에 입각한 인권활동과 구별되어야 한다.

참고문헌

- 김성수,「함석헌평전」(삼인, 2006)
- 노치준, "한국개신교회의 사회적 기능",「종교교육학연구」제9권, 1999
- 박광수, "원불교 사회참여운동의 전개양상과 과제",「원불교사상과 종교문화」30집, 2004
- 박일영, "한국 카톨릭 교회의 사회적 기능",「종교교육학연구」제9권, 1999
- 이숙진, "민주화이후 기독교 인권담론 연구 – 차별금지조항 삭제 파동을 중심으로",「종교연구」제64집, 2011
- 천주교인권위원회,「천주교인권위원회 15년사」(천주교인권위원회, 2008)
- 한국기독교교회협의회,「한국교회 인권선교 30주년사 – KNCC 인권위원회」(한국기독교교회협의회, 2005)

---

1) 노치준(1999), "한국개신교회의 사회적 기능",「종교교육학연구」제9권, p.54
2) 한국기독교교회협의회(2005),「한국교회 인권선교 30주년사 – KNCC 인권위원회」한국기독교교회협의회, pp.55-94
3) 이숙진(2011), "민주화이후 기독교 인권담론 연구 – 차별금지조항 삭제 파동을 중심으로",「종교연구」제64집, p.200
4) 한국기독교교회협의회(2005), id. pp.97-278
5) Id. pp.279-532
6) 노치준(1999), id. pp.63-4
7) Id. p.64
8) 이숙진(2011), id. p.202
9) Id. p.198
10) 박일영(1999), "한국 카톨릭 교회의 사회적 기능",「종교교육학연구」제9권, pp.74-5
11) Id. pp.75-8
12) 천주교인권위원회(2008),「천주교인권위원회 15년사」천주교인권위원회, pp.13-82

13) 천주교인권위원회 홈페이지, http://www.cathrights.or.kr

14) 불교인권위원회 창립 20돌 의미와 성과, 법보일보, 2010년 12월 1일, available at
　　http://www.beopbo.com/news/view.html?no=63654&section=1

15) Id.

16) 불교계 인권활동 현황과 전망, 현대불교, 2000년 6월 28일, available at
　　http://www.buddhapia.com/mem/hyundae/auto/newspaper/276/s-4.htm

17) 박광수(2004), "원불교 사회참여운동의 전개양상과 과제", 「원불교사상과 종교문화」
　　30집, pp.242-4

18) Id. pp.244-5

19) 원불교인권위원회 내부자료 참조

萬古日月

종교가 인권을 유린하는 곳

"Religion is regarded by the common people as true, by the wise as false, and by the rulers as useful."

- Seneca the Younger -

<위도 10° (Tenth Parallel)>는 미국 뉴아메리카재단의 선임연구원인 엘리자 그리스월드(Eliza Griswold)가 7년간 적도와 북위 10°사이에 위치한 나이지리아, 수단, 소말리아, 인도네시아, 말레이시아, 필리핀에서 발생하는 종교분쟁을 직접 취재하여 쓴 책이다. 저자는 종교적 갈등이 인구 증가, 종교적 요인, 영토와 자연자원 등에 대한 소유권과 접근권, 식민 통치, 자연재해 등의 많은 요인들이 복합적으로 작용한 결과라고 분석한다. 급진적 종교단체의 수장과 지역민을 인터뷰하고 역사적 고찰을 통해 기독교와 이슬람교의 오랜 평화적 공존관계가 갈등

과 전쟁으로 악화된 원인과 경과를 밝히고 있다.

그에 따르면, 적도와 북위 10°사이의 삶은 평화롭지 못하다. 내 종교가 아닌 다른 종교를 믿기 때문에 폭력, 방화, 살인의 피해자가 되어야 하는 지역민의 삶은 고단하기만 하다. 다른 종교로 개종했다는 이유로 사형을 당하는 곳도 있고, 타종교에 벌인 폭탄테러는 천국행을 보장받는 신성한 행위로 취급된다. 지구촌 일부에서는 종교가 평화 · 헌신 · 행복이 아닌 폭력 · 증오 · 불행의 근원이 되고 있는 것이다. 종교가 전쟁의 원인이 되는 불편한 아이러니는 종교와 평화 그리고 인권에 시사하는 바가 크다.

전쟁과 인권

평화학은 평화를 두 측면에서 본다. 직접적 폭력 또는 전쟁이 없는 소극적 평화와 사회구조적 폭력이 없는 적극적 평화로 구분한다. 평화는 물리적 폭력이 없는 상태에 더불어 빈곤, 차별, 부정의한 사회제도 및 체제 등 평화를 저해하는 구조적 모순과 부조리가 없는 상태까지를 포함한다.[1]

직접적 폭력은 전쟁, 살인, 폭행, 감금 등을 포함한다. 직접적 폭력은 개인적 차원의 형태에서 전쟁과 같은 집단적 · 대규모 형태까지 다양하게 드러난다. 대표적으로 전쟁은 사회구조적 모순과 행위자간의 갈등에서 촉발하여 무력충돌의 폭력적 상황으로 발전되는 현상이다. 종교, 인종, 민족, 피부색, 역사적 경험, 자원, 인구 증가, 빈곤, 자연재해 등을 둘러싼 문제들이 분쟁의 잠재적 원인이 된다. 전쟁과 무력분쟁의 폭력성과 잔인함은 형용할 수 없을 정도로 비인간적이다. 실례로, 전쟁은 어린 아이를 최전방의 살인기계로 내몰고 어린 전사는 자기가 죽인 사람 목숨만큼 돈을 지급받기도 한다. 그리고 어린 소녀들은 전쟁에서 성노예로 취급되는 등 인권이 심각하게 유린된다. 전쟁에서 생존하고 승리하기 위해서는 사람을 더 이상 사람으로 보지 않는다. 인간의 존엄과 가치는 성서와 인권문서에서만 존재한다. 전쟁의 폭력성은 무고한 인간을 죽이고 인권도 함께 죽는다.[2]

구조적 폭력은 간접적으로 사람의 삶을 통제하거나 파괴하고 빈곤을 야기하거나 자주적 삶을 방해하여 행복을 추구할 권리를 박탈한다. 사회제도 및 규칙, 법, 문화, 관습, 환경에 의해 발생하는 폭력의 형태이다. 빈곤한 나라와 개발도상국에서 뚜렷하게 발견되는 독재와 부패 그리고 이를 뒷받침하는 왜곡된 사회구조와 시스템은 국민들의 권익과 복지 향상보다는 지배 권력의 사적 이익 확보에 복무한다. 지나치게 낮은 임금과 강도 높은 노동, 그리고 미흡한 사회 안전망으로 노동자들의 삶은 항상 빈궁하다. 가난으로 인해 교육을 제대로 받을 수 없어 빈곤의 악순환을 극복할 기회가 많지 않다. 이와 같이 빈곤이 다음 세대로 대물림되는 사회구조는 폭력적이다. 또 하루 12시간 노동으로도 식솔의 끼니를 해결할 수 없는 구조와 자연자원의 혜택이 소수에게만 돌아가는 불평등한 자원 분배 구조도 폭력적이며 반인권적이다.[3]

직접적 폭력과 구조적 폭력은 이렇듯 삶과 죽음, 삶의 질, 행복 등 인간 삶의 모든 단계에 지대한 영향을 미친다. 여기에 평화와 인권, 또는 전쟁과 인권간의 연관성이 발견되는 지점이다. 인권 역시 인간 삶의 전

영역에서 시간과 장소에 상관없이 차별 없이 동등하게 적용되는 개념이기 때문이다. 같은 맥락에서 유엔 사무총장이었던 코피 아난은 '인권 없는 평화는 공허한 환상이며 평화 없는 인권은 맹목이다'고 말했다.

인권 없는 평화는 공허하다

인권 없는 평화는 공허한 환상이다. 인권의 구체적 권리 중에서 시민·정치적 권리(1세대)를 중심으로 하는 자유권과 경제·사회·문화적 권리(2세대)를 중심으로 하는 사회권이 지향하는 사회의 모습은 모두 소극적·구조적 폭력이 부재한 평화로운 사회의 모습과 닮아 있기 때문이다. 다시 말하면 인권의 구체적 보장 없이 평화를 실현한다는 것은 불가능하기 때문에 인권 없는 평화는 환상이다.

구체적으로 보자면 우선, 평화 실현은 물리적·직접적 폭력과 구조적 폭력이 부재한 상황과 동일한데, 개인의 신체의 자유, 생명권, 양심·표현·종교의 자유 등이 자유권은 물리적·직접적 폭력이 난무하는 전쟁 상황에서 항상 유보된다. 전쟁 상황은 사회구조의 왜곡을 강제하여 동원체제로 전환하게 만들고 전쟁반대의 여론을 제압하기 위해서라도 자유권의 제약은 필연적으로 나타난다. 전쟁은 개념적으로 그리고 역사적으로 인권침해의 원인이었다.

또 평화는 사회권이 부인되는 상황과 양립할 수 없다. 사회권은 의료, 주택, 의복, 음식 등 생존에 관한 권리, 교육권, 일할 권리 등을 포함하고 구조적 폭력이 만연한 사회에서는 실현 불가능하다. 왜냐하면 구조적 폭력은 바로 사회권의 구체적 내용의 실현을 저해하는 것을 의미하기 때문이다. 즉 사회권 실현과 구조적 폭력이 없는 평화 실현은 동일한 의미이며 인권 없는 평화란 있을 수 없다는 것을 의미한다.

인권 없는 평화가 환상임은 티베트의 인권상황을 통해 쉽게 알 수 있다. 티베트는 20세기 초반 중국에 강제적으로 편입된 후 정치·경제·사회적 탄압과 수탈로 어려움을 겪고 있다. 중국당국은 티베트인들에 대한 차별 정책을 시행하고 티베트로 이주한 한족에게 유리한 대우를 하였으며, 티베트의 역사를 왜곡함으로써 중국의 동화정책을 정당화하고 있다. 달라이 라마가 이끄는 티베트 망명정부는 종교의 자유와 문화적 자치권을 비폭력적으로 일관되게 요구하였으나 중국당국은 거부하였다. 2008년 3월 티베트 승려와 주민들의 비폭력적 집회에 중국공안은 발포를 지시하여 수백 명이 사망에 이르게 했고, 수천 명이 불법 연행, 구금, 고문을 당했다. 이 후 현재까지 승려들의 분신자살이 이어지고 있다. 봉기를 촉발한 비참한 인권상황과 삶의 여건은 구조적 폭력에서 기인한 것과 같다. 중국의 대티베트 정책의 폭력적 구조를 개선하거나 제거하지 않고서는 이들의 인권은 회복될 수 없어 보인다.4)

평화 없는 인권은 맹목적이다

평화 없는 인권은 맹목적이다. 직접적·구조적 폭력이 잔존하는 사회에서 인권은 제대로 보장될 수 없기 때문이다. 우선, 직접적 폭력이 존재하는 사회는 앞서 소개한 대로 전쟁과 물리적 폭력이 있는 사회이다. 무력충돌로 인해 무고한 사람이 죽어가고 난민이 되며, 삶의 터전과 미래가 송두리째 빼앗기는 상황을, 그리고 전쟁 논리로 자유가 억제되고 통제되는 상황을 우리는 인권적이라고 하지 않는다.

구조적 폭력은 개인의 사회권을 부당하게 침해한다. 사회구조적 폭력은 사람의 삶을 파괴하거나 통제하고 자주적 삶의 잠재성을 훼손하여 행복을 추구할 권리를 박탈하는 간접적 폭력으로서 사회권을 심하게 침해한다. 교육을 받을 권리, 적절한 의료 · 주택 · 식량 · 의류 등에 관한 권리, 일할 권리 등이 침해당하게 된다. 사실 국가나 문화권마다 발전 단계가 상이하기 때문에 보편적으로 적용할 기준을 획일적으로 정하는 것은 불합리하며, 최소한 개인의 가능성이 구조적 폭력 때문에 심각하게 부인되고 있는 상황은 평화학에서 규명하는 구조적 폭력에 해당된다고 볼 수 있다. 구조적 폭력이 있는 상황에서 인권이 보장된다는 것은 어불성설이다.

옥스팜(Oxfarm)과 NCCI(NGO Coordination Committee in Iraq)가 공동으로 작성한 2007년 보고서에 따르면 미국의 이라크 전쟁이후 4백만 명이 식량 부족과 인도적 지원이 필요한 상태에 있고, 2백만 명의 이재민이 발생했으며, 200만 명이 넘는 이라크인들이 시리아나 요르단과 같은 인근국가에서 난민 생활을 하고 있다. 현재도 계속되는 폭력적 상황은 기본적 인권 보장과 개선에 있어서 가장 큰 장애로 남아 있다. 이라크인들은 식량뿐만 아니라 피난처, 물, 위생, 건강, 교육, 고용의 심각한 부족상태에 있으며 식량 지원에 의존하는 4백만 명 중에서 60%만이 정부의 배급으로 생존하고 있다. 또 이라크인의 43%가 극심한 빈곤으로 고통 받고 있고 인구 절반은 실업 상태이며, 영양실조에 걸린 아이들은 미국이 전쟁을 일으키기 전에 19%였던 것이 지금은 28%로 늘어났다. 많은 사람들이 자기의 생활터전으로부터 폭력적인 강제추방을 당했다. 또한 충분한 식수를 공급받을 수 없는 사람들은 50%에서 70%로 늘어났다. 특히 안전상의 문제로 국제적 지원의 움직임이 제약을 받고 있어 인도적 지원을 받아 생명을 유지하고 삶을 재건해야 하는 사람들은 더욱 극심한 고통 속에서 살아가고 있다.[5]

이렇듯, '전쟁과 병존할 수 있는 인권' 또는 '평화 없는 인권'은 거짓이다.

종교가 전쟁이 되는 곳

전쟁이야말로 인권에 가장 큰 악영향을 미치는 폭력이다. 전쟁의 파괴성은 문명을 파괴하는 것에 그치지 않고 인간성 자체를 위협하기 때문이다. 전쟁의 요인은 시대와 지리적 여건에 따라 다양하다. 종족, 인종, 종교, 자원, 역사적 경험, 인구 증가, 빈곤 등이 요인이 되고 있다. 그 중에서 종교가 원인이 되는 전쟁은 사실 가장 심각하다. 종교란 무릇 평화의 문화를 확산시켜야 하며 전쟁을 온 몸으로 막고 비폭력을 실천하는 것이 종교의 본질적인 모습이기 때문이다.

불행하게도 현실의 종교는 지구촌 여기저기에서 전쟁과 무력충돌의 직·간접적 원인이 되고 있다. 종교는 역사적으로 폭력의 정당성을 확보하는 가장 효과적이고 편리한 수단이었다. 폭력에 종교적 성스러움 또는 교리적 정당성을 부여함으로써 폭력 자체를 성화하고 종교적 희생이라는 성격을 부여한다. 그럼으로써 폭력은 종교적으로 인용되는 과정을 거치며 이렇게 살인과 폭력은 통상적인 도덕적 제재를 피할 수 있게 되는 것이다.

　종교정치학에 따르면 종교분쟁은 '분쟁당사자가 모두 종교적 정체성을 지닌 집단으로 구성되고, 당면한 대립과 갈등의 종교적 해석과 정당화가 존재하며, 승리를 위해 종교적 자원이 동원되고, 폭력적이고 지속적이며 조직적인 갈등'을 일컫는다.[6] 분쟁은 충돌 분쟁, 대립 분쟁, 잠재 분쟁을 모두 포함한 것이며, 종교분쟁으로 분류된 분쟁은 순수한 종교분쟁부터 민족과 여타 요인과 결합된 형태의 복합 요인에 의한 분쟁도 포함된 것이다.

　한국국방연구원(KIDA)의 세계 분쟁 데이터베이스(WoWW)에 따르면 2011년 10월 기준 전 세계의 73건의 분쟁 중 종교분쟁은 34건으로 전체 분쟁의 46.5%에 이르는 것으로 분석된다. 전체 분쟁 중에서 종교적 요인에 의한 분쟁이 매우 높은 것으로 드러났다. 지역별로 분석해 보면 중동지역이 12건이 분쟁 중 종교분쟁이 9건으로 75%이고, 아시아는 19건의 분쟁 중 종교적 요인으로 인한 분쟁은 8건으로 42.1%에 달한다. 아프리카는 28건의 분쟁 중 5건으로 17.8%에 달한다.[7]

　2011년 10월 현재 집계된 통계에 따르면, 분쟁은 북아일랜드 분리 독립, 아프가니스탄 내전, 인도 내분, 필리핀 내전, 수단 내전, 차드 분쟁, 중국-티베트 독립운동, 에티오피아 내전, 나이지리아 내분, 팔레스타인 분쟁, 인도네시아 분쟁, 인도-파키스탄 분쟁, 이라크 내분, 레바논 내전, 이란-아프가니스탄 분쟁 등을 포함한다.[8] 관련연구를 참고하면, 종교분쟁 중에는 분쟁당사자의 한쪽 또는 쌍방이 이슬람인 경우가 많고 그 다음으로 기독교가 따르고 있다. 두 종교의 비중은 합하여 80%에 육박하는 것으로 드러났으며 이슬람—기독교와 이슬람—이슬람간의 대립이 가장 비중있게 나타났다.[9]

일부 종교학자는 종교분쟁을 크게 종족—종교분쟁, 근본주의운동, 종족—근본주의 분쟁, 복합 종교분쟁으로 분류했다. 이에 따르면, 종교와 종족의 경계선이 일치하면 종족분쟁은 거의 종교분쟁의 성격을 띠며, 근본주의운동은 전통사회의 가치를 회복하고 세속적 세계화의 잠식성에 대응하기 위하여 종교의 근본을 강조하는 과정으로 이해될 수 있다. 오늘날 종교적 근본주의운동은 거의 모든 지역의 거의 모든 종교에서 발생하고 있다고 한다.[10] 한편 이질적 종교문화가 공존하는 '다종족사회에서는 분쟁의 일차적 원인이 종족, 경제, 정치적 요인일지라도, 분쟁으로 말미암아 대규모의 난민이 발생하고 이로 인해 특정지역의 종교—종족적 동질화가 단시간 내에 촉진되어 종교가 대립중인 종족적 정체성을 더욱 강화하고 대립을 정당화하는 사례'가 발견되고 있다.[11] 마지막으로 복합 종교분쟁은 비교적 넓은 영토에 존재하는 다종족 사회에서 주로 발생한다.

종교분쟁이라고 해서 종교적 요인만이 분쟁의 촉발 원인이라고 단정 지을 수는 없다. 현실적으로 정치와 종교의 긴밀한 관계를 전제하지 않고는 종교분쟁을 설명할 수 없다. 즉, 종교분쟁은 종교와 다른 요인, 즉 영토, 자치·독립, 정치, 군사, 종족, 자원 등을 둘러싼 사회적 갈등요소와 결합될 때 비로소 폭력분쟁으로 발전하는 것이다. 보다 깊은 종교분쟁의 이해를 위해서는 '종족—종교집단의 거주 패턴, 국가와 정치의 역할, 다양한 역사적 요인, 분쟁의 국제적 영향, 다양한 미시 · 거시 구조적 요인'을 반드시 고려해야 한다고 한다.[12)

사례연구 : 수단(Sudan)의 종교분쟁

수단의 사례 분석을 통해 종교가 분쟁이 되는 경우를 상세히 살펴보자. 수단은 식민통치에서 독립한 1955년 이후 세계에서 가장 오래된 내전을 겪었다. 아랍계 이슬람인 수단의 북부지역, 즉 현재의 수단과 기독교계 · 민간신앙의 남부 수단 사이에 종교, 자원, 식량, 식수를 둘러싼 부족 갈등에 이르기까지 분쟁이 끊이지 않았다. 200만 명이 넘는 사람들이 내전의 고통 속에서 사망하고, 500만 명이 삶의 터전을 잃었다. 50만 명은 인근국가로 도피해 난민생활을 했으며 수만의 여성과 아동이 납치되어 노예가 되었다. 수단 북부와 남부의 내전으로 수단민은 엄청난 고통을 겪었다.[13)

2005년에 남북이 평화협정을 맺고 수단 남부는 6년간 자치를 경험한 후 국민투표를 통해 2011년 7월 수단으로부터 분리 · 독립하여 남수단공화국이 되었고, 193번째 유엔 회원국이 되었다. 지난 50여 년간의 내전이 종결되는 순간이었다. 하지만 오랫동안의 내전의 아픔을 치유하고 평화공존의 희망을 가꿔가기도 전에 남수단 톤즈에서는 두 종족간의 충돌로 74명이 사망하고 반정부세력이 등장하여 무력충돌의 긴장감이 감돌고 있다. 수단 정부가 남수단 영토에 매장된 석유에 대한 이권을 갖기 위해 남수단공화국의 반군에게 재정과 무기를 지원하고 있다는 소식도 알려졌다. 수단과 남수단공화국은 여전히 분쟁 재발

의 불씨를 머금고 있다.[14]

석유는 과거 수단 내전의 원인 중 하나였고, 장차 수단−남수단 분쟁의 잠재적 요인이 되고 있다. 하루 51만 2000배럴의 석유를 생산해 수십억 달러의 수입을 거두는 유전은 수단과 남수단의 국경지대에 위치하고 있어 과거 수단 정부와 수단 남부의 반군은 석유수입권을 두고 쟁투를 벌여온 것이다. 그 중에서도 석유매장지가 남수단공화국 영토에 집중되어 수단 석유 생산량의 75%가 남수단에서 나고 있다. 수단 정부는 석유에 대한 수익권을 포기해야 했고, 남수단공화국으로부터 수단의 송유관 사용료만을 받기로 합의했었다. 하지만 큰 수입원이 되는 석유를 포기할 수 없었던 수단 정부는 남수단의 반군을 지원하여 정권을 잡기를 바라고 있다. 이는 곧 석유에 대한 우선권을 의미하기 때문이다.[15]

목초지 또한 북부 수단과 남부 수단의 분쟁 요인이다. 양측에 목초지 이용은 아무런 문제가 되지 않다가 10만여 명이 기근으로 죽게 된 1979년 큰 가뭄이 지속되자 한정된 목초지를 두고 다툼이 발생하였다. 북부 아랍계 유목민이 남부의 목초지를 침범하고 폭력과 살인을 일삼았고, 수단 정부는 이에 항의하는 남부 흑인계를 차별하고 오히려 아랍계 유목민과 민병대를 지원하여 다르푸르 주민이 집단 학살되었다. 20만 명이 희생되고 현 북수단 대통령인 오마르 알바시르는 당시 민간인 학살을 묵인 · 지원한 혐의로 국제형사재판소에 기소된 상태이다. 목초지를 둘러싼 부족 간 충돌은 여전히 발생하고 있으며 최근에도 많은 사상자가 발생했다.[16]

자원분쟁은 자원독점권 획득이라는 경제적 이득 이상의 사회·정치적 의미를 함축한다. 석유자원의 독점은 정권의 지속적 유지 또는 반군의 정권 탈취의 성패를 좌우할 막강한 화력이 된다. 돈만 있으면 강하고 충성스런 군대도, 든든한 동맹도, 강고한 통치구조도 만들 수 있다. 석유는 수단 사회의 인위적인 정치·경제·문화적 변화를 초래할 수 있다는 것을 의미한다. 또 가뭄을 포함한 자연재해는 자원의 부족을 야기하고 부족 간의 갈등을 심화시킨다는 점, 나아가 분쟁의 평화적 해결 시스템이 정착되지 못한 사회는 부족 간 갈등에서의 패배는 종족의 멸종으로 이어질 수 있다는 점에서 단순 자원분쟁을 넘어선 사회 전반에 걸친 복잡한 결과를 초래한다. 때문에 수단의 역대정권과 반군의 지도자들은 가능한 모든 인적·물적 자원을 동원해 온 것이다.

　석유와 목초지를 매개로 표출된 수단과 남수단의 갈등은 이슬람과 기독교간의 뿌리 깊은 경쟁과 결사투쟁의 역사에서 발견할 수 있다. 이슬람은 무하마드가 사망한 10년 뒤쯤 처음으로 아프리카에 진출하였다. 당시 동로마제국의 지배를 받던 이집트는 기독교가 장악하고 있었는데 무슬림 군대에 패배하였다. 당시의 전쟁 승리와 정복이 개종을 의미하지는 않았기에 두 종교가 공존할 수 있었다. 7세기 무슬림 군대가 수단에 자리 잡은 고대 기독교 왕국에까지 남진하면서 대립하다가 평화조약을 체결하였다. 이 조약은 영토, 무역로, 향료에 대한 세속적 경쟁심으로 깨지게 되었고, 1504년 전쟁에서 패배한 기독교 왕국은 300년간 수단에서 사라지게 된다.[17]

그 후 이슬람은 19세기까지 아프리카 북단의 1/3을 지배하고 있었는데, 당시 수단은 오스만제국이 멸망하여 1956년 독립을 쟁취할 때까지 이슬람의 지배를 받았다. 19세기에 북부 수단의 이슬람 정권은 영토 확장과 노예 포획을 위해 남부 수단에 진출하려 했으나 남부 수단인들의 저항과 정착할 수 없게 만들었던 혹독한 환경들 때문에 최소한의 교류만 하게 되었다.[18]

한편, 남부 수단인의 정체성은 북부 수단의 아랍·이슬람 문화에 저항하며 형성되었다. 당시 영국은 남부 수단을 식민지화하고 노예와 자연자원을 수탈하는 한편 북부 수단의 남부로의 팽창을 막아내는 방패막이었다. 남부 수단인은 아프리카계 흑인, 기독교, 영어로 정체성을 형성하게 되었다. 영국 정부는 영어를 공식언어로 정하고, 공휴일을 금요일에서 일요일로 옮겼으며, 아랍식 작명과 의류 착용을 금지하였고 수단 선교 활동의 규약 및 조례를 두어 북부 수단 행정구역에 선교 본부를 건립할 수 없도록 정하였다. 또 1920년에는 구역 봉쇄령을 내려 이슬람 무역상이 남부 수단으로 통행하는 것을 금지하였다.[19]

남부 수단에 대한 영국의 정책은 사실상 선교사들에 의해 결정되고 실행되었는데, 학교와 병원의 건설·운영을 통해 선교 활동을 하였다. 이후 남부 수단은 수천 개 기독교 단체의 사역지가 되었는데, 특히 아랍·이슬람 접경지역에 많은 선교단이 세워지게 되었다.[20]

1956년 독립과 함께 북부 수단 정부가 남부 수단의 이슬람화와 국가적 통합을 명분으로 내세우면서 50년간의 긴 내전이 시작되었다. 수단 정부와 남부 반군은 1972년 남부 수단의 자치를 허용하는 평화협정에 합의하였으나, 1983년 수단 정부 대통령이 이슬람법을 국법으로 일방적으로 선포함으로써 내전은 재발했다. 1985년 이슬람 엘리트 그룹인 무슬림 형제단이 주축이 된 전국이슬람전선(National Islamic Front, NIF)의 군사쿠데타를 일으켜 정권을 잡게 된다.[21]

1983년 내전이 재발하면서 남부 · 북부 수단은 종교적 정체성을 강화하게 되었다. 북부 수단은 이슬람이 신앙을 넘어 삶의 방식이 되고, 문화적 · 인종적으로 아랍의 정체성에 가까워졌다. 남부 수단에게는 이슬람은 단순히 종교에 그치지 않고 아프리카 흑인, 기독교인, 토착 신앙으로의 자신들의 정체성을 부인하는 인종 · 종족 · 문화적 현상으로 받아들였다. 1987년과 1989년에 두 번의 쿠데타가 발생하여 혼란이 가중되는 가운데 내전은 최악으로 치달았다.[22]

북부 수단의 관점에서는 남부 수단은 영국과 기독교 선교사에 의해 불법적으로 점유되었던 것을 아랍 · 이슬람이 정당한 영향권에 되찾아진 것으로 보고, 기독교와 서구문화의 뿌리는 쉽게 이슬람 문화로 대체될 것으로 예상되었다. 이에 따라 수단 정부는 남부 수단에 공식 공휴일을 일요일에서 금요일로 옮겼으나 남부 수단의 학교는 파업으로 맞섰고 다시 수단정부는 관련 주동자를 처벌함으로써 보복하였다.[23]

또 수단 정부는 사회선교법(Missionary Societies Act)을 도입하여 특정 종교를 가진 자에게 선교 활동하는 것에 제약을 두고, 미성년자에게 부모의 동의 없이 선교 활동을 금하였으며, 관련 관공서의 허가 없이 고아를 데려다 보호할 수도 없도록 조치했다. 그리고 수단 정부는 남부 수단에 활동 중이던 모든 외국선교사들을 추방했다. 이들이 종교라는 이름으로 남부 수단인들의 마음에 북부 수단인들에 대한 증오와 공포를 심어줌으로써 남부 수단의 분리·독립을 지지하여 나라의 통합을 억제한다는 이유에서였다.[24]

수단 정부의 아랍·이슬람 정책은 남부 수단과의 괴리감을 부추기는 결과를 낳고 분쟁이 가속화되었다. 종국에는 인종적·종교적 요인에 의한 집단학살의 지경에 이르게 된 것이다. 사실 남부 수단이 강해지면 강해질수록 북부 수단은 위협을 받고 아랍·이슬람 정체성을 더욱 강화하게 되는 경향을 보였다.

수단은 지구상에서 가장 슬픈 곳

수단 내전은 종교분쟁으로 정의되기 위한 충분한 조건이 목격된다. 우선, 남부 수단은 기독교와 민간신앙이 주를 이루고 북부 수단은 아랍·이슬람으로 종교적 정체성이 뚜렷하고, 남부·북부 내전의 정당성을 종교적으로 부여해 왔다. 그리고 종교와 사회의 모든 역량을 무력 충돌과 승리를 위해 동원해 왔으며, 200만 명이 넘게 희생되는 폭력성과 50년간 지속된 수단 정부와 남부 반군의 조직적 갈등이었다는 점 때문이다.

석유와 목초지 확보를 위한 자원전쟁 차원을 넘어서 인종·종교·정치적 분쟁의 성격을 포함하고 있다. 종교와 종족의 경계선의 일치되는 점과 내전이 격화되면서 체제 내의 근본주의성격이 더욱 강화되었다는 점은 인종 분쟁이자 종교 분쟁임을 증명하고 있다. 아랍·이슬람계가 주류인 북부 수단과 기독교 · 민간신앙 · 아프리카계가 주류인 남부 수단의 경계선은 지금 수단과 남수단공화국의 경계가 되었다. 더욱이 남부 수단에 지하자원이 집중되어 이에 대한 소유권 분쟁은 항상 잠재해 있다.

이와 같이 어떤 종교는 특정 공간에서 수백 년 동안 분쟁의 원인으로, 살인과 폭력의 정당성을 부여하는 수단으로, 사리사욕을 채우는 도구로, 그리고 이성적 사고와 평화적 삶을 방해하는 구조로 역할 하여 왔다.

평화로워야 하는 종교가 전쟁이 되는 곳은 세상에서 가장 슬픈 곳이다.

참고문헌

– 강인철, "지역분쟁과 종교", 「종교연구」 Vol.29, 2002
– 정주진, 「평화학자와 함께 읽는 지도 밖 이야기」 (아르케, 2012)
– 엘리자 그리스월드, 「위도10°」 (시공사, 2011)
– 유왕종, "수단 분쟁의 중재와 평화에 관한 연구", 「중동문제연구」 제5권, 2005
– 최동주, "나일 유역 분쟁과 수단 내전: 수자원 갈등을 중심으로", 「아프리카학회지」 제19집, 2005
– Francis M. Deng, Sudan – Civil War and Genocide: Disappearing Christians of the Middle East, The Middle East Quarterly, 2001

---

1) 정주진(2012), 「평화학자와 함께 읽는 지도 밖 이야기」 아르케, pp.194-202
2) See 김기남(2008), "평화의 개념", 「평화지기 자료실」 평화의친구들, available at www.peacefriends.org
3) Id.
4) See 김기남(2008), "인권과 평화", 「평화지기 자료실」 평화의친구들, available at

www.peacefriends.org

5) Id.

6) 강인철 (2002), "지역분쟁과 종교", 「종교연구」 Vol.29, p.196

7) See 한국국방연구원(KIDA) – 세계분쟁 데이터베이스(WoWW), www.kida.re.kr/woww

8) Id.

9) 강인철(2002), id. pp.200–3

10) Id. pp.203–8

11) Id. pp.208–225

12) Id.

13) 〈울지마 톤즈〉는 여전히 통곡 중, 시사in, 2012년 3월 14일 available at www.sisainlive.com

14) Id.

15) Id.

16) Id.

17) 엘리자 그리스월드(2011),「위도10°」시공사, pp.101–63

18) Id.

19) Id.

20) Id.

21) Id.

22) Id.

23) Id.

24) Id.

종교와 인권의 최대공약수

"Only the individual can think, and thereby create new values for society, nay, even set up new moral standards to which the life of the community conforms. ⋯ The ideals which have lighted my way, and time after time have given me new courage to face life cheer fully, have been Kindness, Beauty and Truth."

- Albert Einstein -

종교가 인권과 만나는 지점

종교의 개념을 신학적 입장에서 보느냐 아니면 철학적 · 이데올로기적 입장에서 보느냐에 따라 종교를 초자연 · 신성에 대한 믿음 체계로 정의하거나, 세계관 또는 세계관에 입각한 인간의 삶의 조직화 등으로 보기도 한다. 종교의 정의가 불가능하거나 불필요하다는 견해도 있다. 유물론적 · 과학주의적 입장에서는 그 노력을 부정적으로 평가한다.

진화론자들은 종교를 미숙한 과학이라고 보며, 마르크스는 허위의식 또는 아편으로 표현했다.[1]

종교의 개념은 개개인의 세계관 차이만큼 다양하게 정의내릴 수 있다. 여기서 종교의 개념에 대한 개념적·실체적 정의를 내리지는 않겠으나, 어떻게 개념정의를 내리든지 그 개념의 역사적 함의는 시대에 따라 변하였고 시대정신은 항상 특정한 시대의 현실과 이에 대한 문제의식으로부터 출발하였다. 때문에 종교에 대해 정의를 내리는 작업은 인류 역사에 대한 통찰력 있는 평가여하에 따라 그 질적 수준이 달라진다고 봐도 무방하겠다.[2]

우리 사회는 교통·통신의 발달에 따라 지구촌화·세계화가 가속화된 가운데 신자유주의적 세계 자본주의 체제에 편입되어 개인은 무한경쟁과 물질만능주의에 종속되고 소외되었다. 아울러 사회 양극화 심화와 환경 파괴, 그리고 인간성 상실과 파괴를 겪었다.

이에 대한 반작용으로 인간성 회복을 위한 시도는 자연주의, 신비주의, 전통주의, 포스트모더니즘, 신과학주의 등의 다양한 영역에서 진행되어 왔다. 실제적으로는 세계시민사회가 개발, 환경, 인권, 민주주의, 생명, 평화, 교육 등의 다양한 영역에서 등장하여 주류적 체계와 흐름에 대한 반성적 대안을 제시하고 풀뿌리 실천을 통해 의미있는 변화의 성과를 일구고 있다.

반작용의 궁극적 지향은 물질문명의 맹신화를 사람의 가치가 존중되고 보호되는 문명으로 전환하는 것이다. 종교의 사회적 역할이 강조되는 지점이기도 하다. 새로운 가치관과 세계관 정립 그리고 도전에 대한 적극적 대응이 필요한 현대인에게 종교가 수구 · 반동적 또는 형식적 · 매너리즘적 대응으로 일관한다면 종교는 설자리가 좁아질 수밖에 없다.

이런 측면에서 종교가 고민해야 할 지금의 시대정신은 물질문명의 폐해를 지적하고, 대안을 제시하며, 소외된 이들의 삶과 함께 하는 것이 아닐까 한다. 이곳이 종교가 인권과 만나는 지점이기도 하다.

진리가 너희를 자유롭게 하리라

종교를 정의내리는 것이 어렵지만 동의할 수 있는 것은 모든 종교가 진리를 추구한다는 것이다. 진리에 대한 수사와 추구의 방법은 다를 수 있지만 궁극적인 진리의 원리는 그 맥을 함께 하고 있다는 것이 일반론이다. 소위 깨달은 성인들은 진리의 절대적 자유성을 설파하였고 대부분의 종교적 가르침과 문헌에 공통적으로 드러나 있다.

진리는 과연 존재하는지, 진리를 과연 언어로 표현할 수 있는지, 진리를 전달할 수 있는지, 전달할 수 있다면 어떻게 가능한지에 대한 논의는 차치하고, 종교의 일반적 특성을 관찰하면 '초일상성, 절대적 행복, 이웃에 대한 봉사'가 공통적으로 드러난다.[3]

진리를 깨친 사람은 육체적 · 현실적 · 일상적 삶으로부터 초월한 삶을 영위한다. 초일상성은 천국과 극락, 그리고 현실과 자연의 적극적인 긍정으로 표현되기도 한다. 또 진리는 '무한한 자유, 영원한 행복, 절대적 기쁨'을 준다. 종교적 진리를 깨친 사람에게는 죽음의 공포도, 삶과 죽음의 차이도 존재하지 않고, 언제 어디서나 행복하다. '진리가 너희

를 자유롭게 하리라'는 성경의 구절은 적절한 표현이 아닐 수 없다.4)

무엇보다도 진리는 깨달은 사람으로 하여금 실천하도록 하는데, 이는 이웃에 대한 봉사의 형태로 드러난다. 행동으로 표현되지 않은 진리는 미완성의 진리라고 간주된다. 봉사는 직접적인 행동, 명상, 학문적 업적 등의 다양한 형태를 보일 수 있다. 예수가 죄인인 인간을 구원하기 위해 대신 십자가를 짊어지었고 석가가 고통에 시달리는 중생을 위해 사바세계에 다시 돌아왔다는 사실은 이와 관련이 있다.5)

결국 진리는 인간이 일상적인 삶에서 벗어나 절대적 행복과 자유를 갖도록 돕는 '정언명령'의 특성을 갖는다고 정리할 수 있고, 인간에 대한 휴머니즘적 색채가 짙게 묻어나는 이것은 인권의 궁극적인 목적과 그 맥을 같이한다.

인권은 인간이 최소한의 존엄을 지키고 최소한의 사람다운 삶을 보장받을 권리이며, 인간의 존엄과 사람다운 삶을 제약하는 억압·차별·박탈로부터 인간을 해방하는 것을 목적으로 한다. 인권적 의미의 인간 해방과 종교적 진리에서 말하는 인간의 절대적 자유와 행복이 개념적으로는 다르지만, 종교적 진리의 발현으로서의 실천적 행위는 곧 인간 해방을 위한 인권의 구체적 실천과 동일한 측면이 많다.

더불어 인권에 종교적으로 접근하는 것은 인권 개념의 당위성 논의에 풍부함을 더해 줄 수 있다.

종교와 사회의 관계

종교와 사회 간의 상관관계에 대해 일반적으로 세 가지 입장이 존재한다.6) 첫째, 종교는 사회에 독립적 · 자율적이라고 보는 관념론적 입장이다. 이는 종교와 사회의 배타적 · 존재적 고유성을 인정하고 이 둘 사이의 활발한 소통을 부인하는 입장이다. 종교는 오직 교리적 원리와 체계에 의하여 운영되어야 하며 사회와 일정한 거리를 유지해야 한다고 믿는다. 때문에 종교의 정치 참여는 물론 사회 참여에도 부정적이며 종교주의자와 신비주의자 등의 많은 신앙인이 취하는 입장이다.

둘째, 종교가 사회에 종속적 · 파생적이라고 보는 유물론적 입장이 있다. 이는 종교가 사회의 여러 구성요소 중 하나일 뿐이며 종교가 사회의 변화에 절대적인 영향권에 있다는 입장이다. 종교가 개인의 불안과 무력감 그리고 욕구불만의 심리적 도피처를 제공함으로써 인간의 자유와 독립성을 오히려 제약하고 역사적으로도 언제나 정치적 지배세력과 결탁하여 체제와 권력 유지에 이용되었다고 보는 관점도 있다.7) 과학주의자, 사회주의자, 자본주의자 등의 비신앙인이 일관되게 주장한다. 종교는 근본적으로 배타적이고 독선적이라고 보며 패권적이고 비타협적이라고 인식한다.

셋째, 종교와 사회는 상호 의존적이라고 보는 변증법적 입장이 있다. 종교와 사회는 정반합의 소통을 통해 상호 발전하여 왔다고 보는 입장으로 종교 교리의 진리성보다는 종교발생의 사회적 조건과 종교의 사회적 기능에 대해 관심을 기울인다. 특히 기능주의적 관점은 종교가 개인적으로는 집단적 의례와 종교 의식을 통해 소속감과 정체성을 제공함으로써 심리적 안정과 삶의 의미를 제공하고, 사회적으로는 사회체제의 가치와 이념을 지지함으로써 불만을 최소화시켜 사회통합과 안정, 그리고 체제 유지에 기여한다고 본다.[8] 때문에 종교는 사회 변화에 반동적이라는 비판도 존재한다.

종교와 사회의 상관관계에 관한 세 가지 입장 모두 타당한 측면이 없진 않지만, 종교의 사회학적 의미와 기능에 주목한다면 이 둘 사이의 상관관계는 변증법적이라고 보는 것이 합당하고 바람직하다. 종교의 초육체적 · 초현실적 · 초일상적 지향은 세속 사회 속 인간의 육체적 · 현실적 · 일상적 특성과는 이질적이지만, 종교 역시나 사회에 뿌리를 내리고 있는 하나의 행위자 또는 구성 요소임에는 틀림없으며, 이 둘은 동시적 공존만으로도 상호 변수로 자리매김하게 된다. 종교 교리적 지향과 실천은 결국 인간의 행위에 의해 완성되는데, 인간 존재의 사회적 특성으로 인해 종교도 사회적 의미를 갖게 되기 때문이다.

역사적으로 종교는 사회의 변화를 주도하기도 했고, 수용하기도 하여 상호 의존성을 유지했다. 과거 독재정권의 체제 유지에 복무하기도 했으며 독재정권 청산과 민주화에 앞장서기도 했다. 종교 교리에서 도덕적 정당성을 부여받은 세속적 법률이 통과되어 사회의 변화를 반영하거나 이끌기도 하며, 종교의 자유 행사는 세속법의 합법적 경계를 존중하여야 하고 초법적 자유를 향유할 수 없게 되었다.

종교의 사회적 기능

그렇다면 종교의 사회적 기능은 무엇인가. 기능주의적 관점은 종교의 고유 기능이 사회의 분열보다는 통합에 있다고 보며 일반적으로 긍정적인 태도를 취하고 있다. 이데올로기 비판적 접근은 종교의 역기능에 주목하여 특정 사회에서 제도화된 기성종교들의 개인과 사회에 대한 현상유지적 안정 기능과 관련하여 비판적이다. 종교가 정치적 지배세력과 결탁하여 체제와 권력 유지에 복무하고, 속성상 패권주의적 헤게모니를 지향할 수밖에 없기 때문에 비타협적이며 사회 분열적이고, 이의 배타적·독선적 성향은 현대사회의 다원주의적·개방적 민주체제에 악영향을 미치고 있다는 것을 근거로 종교는 보수·반동의 경향을 보인다는 것이다.[9]

그러나 종교의 사회적 기능을 통합이냐 분열이냐 아니면 진보인지 보수·반동인지로 판단하는 학술적 의미는 많이 퇴색되었다. 어떤 종교를 막론하고 그 특성에는 혁신적 요소들과 보수·반동적 요소들이 다양하게 존재하고 있으며, 교리적 내용과 구성원의 계층적 소속 또는 처지에 따라 종교의 사회적 기능은 다양하게 나타날 수 있다. 그러므로 종교를 이분법적으로만 분류 하는 것은 기계적이고 편파적일 수 밖에 없다.

오히려 열린사회와 민주체제의 정착이라는 공동의 목표를 달성하기 위해서 종교는 종교적 배타성을 극복하고 종교다원주의로의 방향 전환을 이뤄내는 자기 변혁의 노력이 필요하다고 할 때, 종교내의 다양한 목소리의 의견개진과 활동을 보장하는 것은 매우 중요하다. 이의 노력 결과에 따라 종교의 사회적 기능은 결정되고 사회의 인권 감수성과 보장 수준은 다르게 드러나기 마련이다.

혹자는 정교분리의 엄격한 적용을 주장하며 종교의 사회 참여를 반대하기도 한다. 그 사회 참여의 범주에는 인권 활동도 포함되는데, 인권옹호 활동을 하다보면 정권에 대한 비판 활동을 불가피하게 해야 하기 때문이기도 하겠다.

그러나 인권옹호 활동이 정치적 색채를 띠는 것처럼 보이지만 인간이기에 당연히 갖는 권리가 침해당해 이의 회복을 위한 노력으로서의 활동이 정치적 색채를 띠는 것과 전통적 의미의 권력 쟁취를 위한 정치활동과는 그 개념이 다른 것이다.

또 사회 참여와 정치는 분리되는 개념이다. 정교분리의 원칙에서의 정치는 정부와 정당을 포함한 전통적 정치권력을 의미하는 것이지 시민사회와 사적 영역까지 포함하는 것은 아니다. 사회 참여는 이 모든 영역에서 공공성의 성격을 띠는 활동을 두고 칭하는 것으로 봐야 한다.

따라서 종교단체, 성직자, 신앙인의 인권 옹호 활동과 관련한 사회참여 활동은 정교분리 원칙을 근거로 부인할 수 있는 것이 아니다.

인권의 종교에의 기여

종교는 그 성향과 시대적 상황에 따라 정치 · 사회 · 이데올로기적 특징의 다양성이 현저하기 때문에 종교의 인권에 대한 관점도 다양할 수밖에 없다. 사회 체제에 옹호적이고 타종교에 배타적인 기성종교일수록 종교의 보수적 경향은 강하고, 인권 개념과 인권 옹호 활동에 대해 부정적 또는 무관심하다. 그리고 사회 체제에 비판적이고 타종교에 개방적 · 관용적인 종교일수록 사회참여에 적극적이고 인권과 사회적 약자 보호에 호의적이다. 이와 같은 다양한 스펙트럼에도 불구하고 종교와 인권은 공통적으로 좋은 삶의 본질을 다루고 있고, 각자는 서로에게 규범적인 영향을 끼쳐왔다.

흔히 법은 최소한의 도덕이라고 한다. 법적 권리도 도덕적 관점과 가치에 근거하고 있다는 의미이다. 도덕적 관점과 가치가 진화하고 이에 따라 권리도 진화한다. 예를 들면, 고문이 법적으로 도덕적으로 용인되던 시기가 있었다. 그러나 지금은 국내·국제법적으로 불법으로 인식되고 있고, 고문에 해당하는 행위의 범주도 점차 확대되고 있다. 인권 감수성이 높아지고 인권 존중에 대한 사회적 분위기가 대중화되면서 예전의 기준으로는 가혹행위에 해당되는 것이 이제는 고문 자체로 인정되는 것이다.

인권이 이렇게 진화하는 것처럼 사회의 도덕적 가치에 대한 해석도 시대적 흐름에 따라 변하고 있다. 같은 방법으로 종교적 견해에 입각한 도덕적 성찰도 현실화되고 법과 권리로 전환되는 것이다. 여기에 인권이 종교에 기여할 영역이 발견된다. 인권은 시대와 공간의 특수성을 극복하고 보편성의 지위를 확보하고 있기 때문에 종교의 시대적 재해석 과정에서 전환적 최소기준으로서의 역할을 제공할 수 있다.[10]

예를 들면, 20세기의 개신교 여성들이 교회와 사회에서 활동을 할 수 있게 된 것은 여성 본성과 역할에 대한 새로운 해석의 노력에 기인한 것이다.[11] 천주교회가 여전히 금지하는 여성 안수 제도를 인정하게 된 개신교는 여성들에게 교회제도 속에서 남성과의 대등한 지위를 부여하고 여성에 대한 편견과 차별을 제거하는 데 기여하고 있다.

이러한 노력은 여성에 대한 태도를 변화시켜 성차별적 관행의 해소에 기여하고 있다. 남녀평등과 차별금지의 보편적인 인권적 가치가 개신교의 여성의 본성과 지위에 대한 재해석에 최소한의 기준으로 작동한 대표적 사례이다. 인권의 보편성은 종교가 근원적인 권리들과 합치하는 방향으로 해석되고 실천될 수 있도록 지구적 준거 체계를 제공할 수 있음을 보여주는 사례이다.

참고문헌

- 고미송, "불교수행자의 관점에서 본 사회참여", 「불교학보」 Vol.59, 2011
- 김비환, "가치다원주의 시대의 인권규범 형성", 「정치사상연구」 제15집 1호, 2009 봄
- 김용해, "인간 존엄성의 근거: 종교적 실존", 「동학학보」 제11권 2호, 2005
- 김진호, "한국그리스도의 인권담론과 신학적 성찰", 「종교문화비평」 Vol.12, 2007
- 류은숙, 「인권을 외치다」 (푸른숲, 2009)
- 이정숙, "한국개신교 여교역자의 인권", 「아시아여성연구」 제42호, 2003
- 장석만, "인권담론의 성격과 종교적 연관성", 「종교문화비평」 Vol.12, 2007
- 정종호, "종교의 개념과 기능 – 그 과제와 전망", 「정신과학연구」 Vol.8, 2001
- 조효제, 「인권을 찾아서」 (한울, 2012)
- 황필호, "진리란 무엇인가", 「종교문화비평」 Vol.06, 2006
- NAZILA GHANEA · ALAN STEPHENS · RAPHAEL WALDEN, DOES GOD BELIEVE IN HUMAN RIGHTS?: ESSAYS ON RELIGION AND HUMAN RIGHTS (Martinus Nijhoff Publishers, 2007)

---

1) 정종호 (2001), "종교의 개념과 기능 – 그 과제와 전망", 「정신과학연구」 Vol.8, pp.39-40
2) Id.
3) 황필호(2006), "진리란 무엇인가", 「종교문화비평」 Vol.06, pp.210-5
4) Id. pp.210-1
5) Id. pp.211-2
6) 정종호 (2001), id. p.42
7) Id. p.46

8) Id. p.43

9) Id. pp.44-7

10) GHANEA · STEPHENS · WALDEN(2007), DOES GOD BELIEVE IN HUMAN RIGHTS?: ESSAYS ON RELIGION AND HUMAN RIGHTS, Martinus Nijhoff Publishers

11) 이정숙(2003), "한국 개신교 여교역자의 인권", 「아시아여성연구」 제42호, pp.118-42

원불교,
인권을 말하다
Won-Buddhism &
Human Rights
02

원불교에서
발견하는
인권

일원상의 진리와 인권

"유는 무로 무는 유로 돌고 돌아 지극하면 유와 무가 구공이나 구공 역시 구족이라."

- 소태산 대종사 -

인권의 보편화는 지역과 문명을 초월한 현상이다. 서구문화권에서 기원한 현대 인권 개념은 이제 전 지구적으로 인정되고 있다. 지역과 문화에 따라 인권담론의 구체적 내용과 인권 보장의 수준은 다르지만 인권이 인류의 삶에 깊숙이 자리 잡고 있다는 사실은 부인할 수 없게 되었다.

그러나 인권 개념의 확산 과정에서 특정 지역의 고유한 문화와 충돌이 없지 않았다. 문화적 상대주의 입장은 인권의 보편적 확산을 문화제국주의로 규정하고 방어적 공세를 취했다. 아시아의 일부 독재정권은 인권담론을 정권의 위협으로 간주하고, 아시아적 가치를 강조하여 인권의 보편성을 희석하려 했다. 아랍국가의 경우도 현대 인권 개념의 보편성에는 동의하면서도 그 구체적 해석과 실천에 있어서는 문화·사회적 특수성을 강력하게 주장해 왔다.

최근 현대 인권 개념이 인류의 문화유산에 공통적으로 내재된 가치라는 주장이 설득력을 얻고 있다. 지역의 전통문화와 가치에서 인권의 기본 개념과 원칙을 찾는 작업은 인권의 개념, 해석, 그리고 실천적 담론을 더욱 풍부하게 하여 인권의 보편적 지위를 강화하는 데에 일조하고 있다. 전 세계의 철학자, 정치학자, 시인, 소설가들은 '인권의 용어들은 비교적 근대 유럽발전사의 산물일지라도, 인권의 원천은 그들 모두 전통들에 존재한다'고 확인했다.[1]

종교계에도 이러한 노력은 시도되고 있다. 앞서 살펴본 바와 같이 기독교, 이슬람, 불교 등은 교리 해석에 있어 인권적 접근을 시도하고, 교단 조직 및 운영에서 인권 친화적 모습으로 탈바꿈하려는 노력이 계속되고 있다. 우리도 원불교 교리를 인권의 관점에서 재해석하고 인권 친화적으로 교단 운영을 해 나갈 시기가 되었다.

인권적 해석의 의의

원불교의 핵심적 교리는 일원상의 진리이다. 소태산 대종사는 대각을 이루고 '만유가 한 체성이며 만법이 한 근원'이고 '이 가운데 생명 없는 도와 인과보응 되는 이치가 서로 바탕하여 한 두렷한 기틀을 이루었다'고 하였다.[2] 한 두렷한 기틀(◎)로 표시되는 일원상의 진리는 원불교의 근원적 진리로 신앙의 대상이자 수행의 표본으로서 청정 법

신불이다.

소태산은 석가모니불을 성인 중의 성인이라 칭하고 자신의 연원을 석가모니에 두면서도 유교와 도교 등 타종교와 철학사상을 폭넓게 수용하여 수양·연구·취사의 일원화는 물론, 영육쌍전(靈肉雙全)과 이사병행(理事並行)의 원리를 채택하였다.3) 영육쌍전은 인간의 정신과 육신을 조화와 균형 있게 발전시켜가자는 것이고 이사병형은 대소유무의 이치를 깨치고 시비이해를 정당하게 처리하여 개인으로는 이상적 인격을 이루고 사회적으로는 이상세계를 건설하자는 것이다.

일원상의 진리를 인권적으로 재해석하는 것은 '미래시대는 천권보다 인권을 더 존중' 하는 사회가 될 것으로 예견한 소태산의 종교적 가르침을 체계화하는 일이고,4) 인권 개념과 그 실천적 시대정신을 통해 일원상 진리의 진리적 근원성과 보편성을 재확인할 수 있는 계기가 될 것이며, 아울러 교단의 인권 감수성 향상과 인권의 적극적 옹호활동의 정당성을 획득하는 작업이 될 것이다.

아울러 일원상의 진리에서 일체생령권의 이념적 근거를 발견함으로써 인권을 인간의 권리에 한정하고 있는 현대 인권의 개념적 협소성을 극복할 수 있는 단초를 제공할 수 있을 것으로 보인다.

일원상의 진리를 인권으로 재해석하는 것은 결국 인간의 존엄성과 가치에 대한 존중이 더욱 깊어지고 평화 실현에 대한 인류의 실천이 한껏 진실 되게 하는 것이며, 현대 인권 개념의 보편적 지위 획득에 기여하는 것이다.

일원상 진리의 인권적 해석

원불교 소태산 대종사는 일원상의 진리를 아래와 같이 밝혔다.

> "일원은 우주 만유의 본원이며, 제불 제성의 심인이며, 일체 중생의 본
> 성이며, 대소 유무에 분별이 없는 자리며, 생멸 거래에 변함이 없는 자
> 리며, 선악 업보가 끊어진 자리며, 언어 명상이 돈공(頓空)한 자리로
> 서, 공적 영지의 광명을 따라 대소 유무에 분별이 나타나서 선악 업보
> 에 차별이 생겨나며, 언어 명상이 완연하여 시방 삼계가 장중에 한 구
> 슬같이 드러나고, 진공 묘유의 조화는 우주 만유를 통하여 무시광겁에
> 은현 자재하는 것이 곧 일원상의 진리니라."5)

주요 의미별로 일원상의 진리를 인권적으로 해석해 보면, 우선 일원
은 '우주 만유의 본원'이다. 우주 만유는 우주안의 모든 존재를 가리키
며, 동물과 식물, 그리고 광물 등을 포함한 우주만물 또는 삼라만상을
포함한다. 본원이라 함은 본래의 자리를 뜻한다. 곧 일원상의 진리는
우주의 모든 존재의 본래의 자리라는 의미이다. 또 우주의 모든 존재
를 회통(會通)하여 존재하는 일원상 진리의 근원성 아래서 일체생령은
근본적으로 동일하다고 해석할 수 있다. 사람과 사람, 사람과 자연, 자
연과 자연 사이의 차별 없는 평등함을 의미한다.

여기서 주목할 점은 사람 사이의 평등함에 그치지 않고, 우주 만물의
존귀함을 인정하고 이를 사람과 똑같이 존중하고 있다는 점이다. 즉,
일원상의 진리는 현대 인권 개념의 보호영역인 인간의 권리보다 훨씬
광범위하게 보장한다. 때문에 일체생령권이라고도 불리며, 파란 고해
의 일체 생령을 광대무량한 낙원으로 인도하고자 한 원불교 개교의 동

기에서 확인할 수 있다.[6]

이는 지구촌이 현재 직면한 환경파괴와 생태계 위기 그리고 기후변화에 대한 근본적 인식의 전환에 유의미한 역할을 담당할 수 있다. 하나의 유기체로서의 자연과 생태계, 그리고 그의 일부인 인간과 동·식물을 똑같이 보호되어야 할 존재로 인정하는 자세는 지금껏 자연과 동물 등에 대한 착취를 당연하게 여겼던 현대문명의 한계를 근본적으로 극복하고, 모든 존재가 상생할 수 있는 사상적 토대가 될 수 있을 것이다.

둘째, 일원은 '제불제성의 심인'이다. 모든 부처와 성인이 깨쳐 실천한 자비로운 마음을 의미한다. 제불제성이 깨달아 실천한 마음은 인권의 정신 또는 근본이념과 그 맥을 함께 한다. 진리를 깨달은 사람은 무한한 자유와 절대적 행복을 얻게 되는데, 이들은 고통에 처한 세속사회의 사람들과 삶을 함께 나누었다. 석가모니가 중생을 위해 사바세계에 돌아온 것, 예수가 인간을 구원하기 위해 십자가를 짊어진 것, 그리고 소태산이 대각 후 원불교를 개교한 것 모두가 같은 맥락에서 볼 수 있다.

특히 소태산은 과학문명이 발달함에 따라 인간이 물질의 노예가 되는 것을 경계하고 정신을 개벽하자고 주창하면서, 일반대중의 삶을 고단하게 만들었던 구시대의 모순과 폐해를 과감히 혁파해 나갔다. 그는 신분과 지위, 남녀노소의 차별 없이 모든 존재를 성불의 씨앗을 머금은 부처로 존중하고, 이의 원칙을 원불교 교리와 교단의 운영상에 상당히 반영하였다.

이는 모든 인간의 존엄과 가치를 인정하고, 사람답게 살아갈 권리를 보장하는 인권의 기본 이념과 유사하며, 특히 사회적 소수자와 약자의 보호에 헌신해 온 제불제성과 모든 종교의 초창기 모습과 많이 닮아 있다. 제불제성의 심인은 평화 실천이라는 종교 본연의 사회적 기능과 책임을 도외시 하고 교세확장에만 전력투구하는 기성종교의 행태를 비판하고 성찰을 촉구하는 중요한 의미를 함축하고 있다. 지구촌 곳곳에는 종교가 극단적 대립과 전쟁의 당사자가 되는 사례 또는 교조주의적 편협성에 빠지거나 종교만을 위한 종교로 전락하는 사례가 발견되고 있는데, 이것은 제불제성이 깨친 처음의 마음과는 부합되지 않는다.

셋째, 일원은 '일체 중생의 본성'이다. 일체 중생은 인간을 뜻한다. 일원상의 진리는 우리 인간의 본성과 같다고 하여 모든 인간에게 깨달음의 씨앗, 즉 불성이 있다고 인정한다. 이와 같은 본성의 진리성으로 말미암아 개별 존재간의 차별은 존재할 수 없으며, 따라서 사람을 남녀노소, 피부색, 인종, 민족, 정치적 견해 등을 이유로 한 차별도 무의미한 것이 되며, 평등하게 대우하여야 한다는 의미를 담고 있다.

이는 인간은 태어날 때부터 자유롭고 그 존엄과 권리에 있어 동등하며, 양도할 수 없는 권리를 가진 존재로 인정하는 세계인권선언을 비롯한 국제인권법의 인권 개념과 유사하다. 아울러 '모든 사람은 인종, 피부색, 성별, 언어, 종교, 정치적 또는 기타의 견해, 민족적 또는 사회적 출신, 재산, 출생 또는 신분과 같은 어떠한 종류의 차별 없이' 대우받아야 한다는 세계인권선언(2조)의 정신에도 부합한다.

넷째, 일원은 '대소유무에 분별이 없는 자리'이다. 대(大)란 우주 만유의 근본적인 본체를 말하고, 소(小)란 천차만별 또는 형형색색으로 나타나 있는 현상을 일컫는다. 육도사생, 남녀노소, 빈부귀천, 동·식물 등의 존재와 현상은 모두 소(小)의 작용의 결과이다. 또한 유무(有無)란 우주의 조화 또는 변화를 뜻한다. 밤과 낮의 변화, 인간을 포함한 만물의 생로병사, 춘하추동의 사시변화, 역사의 흥망성쇠 등이 유무에 해당된다. 따라서 대소유무의 분별없는 자리는 우주 만유의 진리적 본성과 각기 세상에 드러난 다양한 양태 그리고 이들의 현상적 변화는 곧 다름이 없다는 것이다.

형형색색 드러난 존재의 형태는 외형적 차이에 불과할 뿐 성불의 씨앗을 머금은 존재로서 서로 다르지 않으므로 이를 이유로 차별하여서는 안 되며, 존재의 현상적 변화 또는 자연적 순리의 도정에 있다는 이유로 차별하거나 존재 의미를 부정하여서는 안 된다는 의미를 담고 있다. 이는 현대 인권 개념의 차별금지와 평등권의 내용과 일맥상통한 측면이 많다. 특히 사회적 약자와 소수자는 그 존재 자체의 진리적 본성으로 말미암아 있는 그 자체로 또는 처해진 상황 그대로 존중되어야 함을 포함한다.

예를 들면, 성별, 나이, 빈부, 피부색, 인종, 성적 지향, 정치적 견해, 장애, 이주 등 인간 삶의 거의 모든 형태를 소(小)로 해석하여 차별하지 말 것을 의미하고, 존재 각각의 순리적 작용으로 말미암아 나타나는 현상을 이유로 (예: 나이 많음과 적음을 이유로) 차별하지 말 것임을 포함하고 있다.

다섯째, 일원은 '생멸거래에 변함이 없는 자리'이며 '선악업보가 끊어진 자리'이고 '언어명상이 돈공한 자리'이다. 생멸거래는 만물의 태어나고 죽어 없어지며 가고 오는 것을 일컫는다. 생멸거래의 변함이 없음은 곧 불생불멸의 원리를 밝힌 것이다. 또 선악업보가 끊어진 자리는 일원이 선과 악이라는 우리 사회의 일반적 도덕과 윤리 관념상 선과 악의 이분법적 구분에서 초월한 것임을 말하고 있다. 아울러 언어명상이 돈공한 자리는 일원이 언어, 이름, 사물의 형상 등이 모두 텅 비어 의미가 없어지는 자리라고 하였다. 그러므로 일원상의 진리는 모든 존재는 본질적인 측면에서 모두 차별이 없고 각자의 형상적 모습 그대로의 존재성에서 진리적 평등성을 머금고 있다고 보는 것이다.

여섯째, 일원상의 진리는 '공적영지의 광명을 따라 대소 유무의 분별이 나타나서 선악 업보에 차별이 생겨나며, 언어 명상이 완연하여 시방 삼계가 장중에 한 구슬같이 드러나고, 진공묘유의 조화는 우주만유를 통하여 무시광겁에 은현자재 하는 것'이라고 한다. 이는 우주의 모든 존재가 일원의 진리의 작용으로 나타난 것이고, 현상 세계는 '일원상 진리의 화현이자 진리 그 자체의 생생약동하는 모습'이라는 것이다.[7] 인간 또는 인간의 삶도 진리의 화현으로 인정하면 인간의 존엄성을 존중하지 않을 수 없고 외형적인 모습을 이유로 차별할 수 없게 된다.

위와 같은 일원상의 진리는 본체적 입장에서 인권의 보편적 가치인 자유, 평등, 박애와 공유하는 측면이 많다. 특히, 인간을 포함한 존재를 현상에 근거하여 차별하는 것은 진리적 관점에서 있을 수 없는 일이며 철저하게 금지된다.

현재 지구촌 곳곳에서 발생하고 있는 인권 침해는 일원상 진리의 변화의 관점에서 보면 매우 자연스러운 진리의 작용들이다. 진리는 변하지 않는 고정적 틀로 규정할 수 없고 유토피아적 상상의 세계 속에 존재하지 않는다. 다만 모든 존재는 시·공간에 걸쳐 끊임없이 생생약동하게 진급과 강급을 반복하며, 그 결과 평화도 투쟁도 존재하는 것이다.

이런 세상의 현상을 있는 그대로 인정하고, 사실에 근거하여 해결하자는 것이 무엇보다 중요하다. 차별 없는 진리의 본래성에 바탕하고 인권의 가치인 자유와 평등이 충분히 보장되도록 개인의 노력은 물론 제도의 정비가 끊임없이 이루어져야 하는 것이다.

일원상의 진리에 바탕한 보편적 인권 실현

일원상의 진리가 모든 존재의 진리적 본체성을 인정하고 있다면 사은(四恩)은 모든 존재간의 관계를 규정하고 있다. 사은은 기본적으로 모든 존재가 없어서는 살 수 없는 은혜(恩惠)로운 관계임을 밝히는 것으로 불교전통의 연기(緣起)사상과 유사하다.

사은(四恩)은 천지은, 부모은, 동포은, 법률은을 포함한다. 천지은은 우주의 지극히 밝고, 공정하며, 순리적인 운행으로 만물이 그 생명을 유지하며 살게 되는 은혜이다.[8] 부모은은 나를 낳아 길러주시고 사람의 의무와 책임을 가르치신 은혜이다.[9] 동포은은 사(士)·농(農)·공(工)·상(商) 및 금수와 초목의 도움, 의지, 공급으로 삶을 유지하고 생존할 수 있게 하는 은혜이다.[10] 법률은은 사회의 모든 법과 규범 그리고 도덕과 윤리의 작용으로 사회의 안녕과 질서가 유지되고 우리가 그

안에서 보호받는 은혜이다.[11]

일찍이 소태산은 '사은의 내역을 말하자면 곧 우주 만유로서 천지만물 허공법계가 다 부처 아님이 없다' 라고 하여[12] 서로 없어서는 살 수 없는 은혜로운 관계 속의 존재 하나하나가 모두 존엄하며 본질적으로 평등하다고 보았다.

한편, 원불교는 개인이 일원상의 진리를 실생활에서 활용하는 방법으로 일원상을 대할 때마다 견성성불의 화두로 삼고, 일상생활에서 원만한 수행의 표본으로 삼으며, 우주만유 전체의 사실적 권능을 알고 진리적으로 믿는 대상으로 삼을 것을 강조하였고,[13] 더 나아가 사요(四要)를 통해 평등세계를 건설하기 위한 진리적 실천 내용을 밝히고 있다. 원불교의 신앙은 개인적 차원에 그치지 않고 진리생활과 성불의 길에 장애로 작용하는 사회 구조적 모순을 적극적으로 개혁할 것을 강조하는 것이다.

사요(四要)에는 자력양성, 지자본위, 타 자녀 교육, 공두자 숭배가 있다. 먼저, 자력양성은 의뢰·종속생활에서 탈피하고 자력생활을 도모하여 인권이 공평하게 보장되는 사회를 이루자는 것이다.[14] 예컨대, 과거 여성에 대한 사회적 차별, 즉 결혼 후에는 남편에게, 늙어서는 자녀에게 의지할 수밖에 없었던 사회적 관습과 남자와 대등하게 교육도 받지 못하고 재산의 상속권과 사교의 권리도 얻지 못하였던 과거 사회의 차별적 폐단을 시정하여 남녀평등을 이루고, 여성에게 남성과 대등한 사회적 권리를 보장할 것을 권장하고 있다. 원불교 초기 소태산이 남녀의 평등을 강조했던 '남녀권리동일' 을 나중에 자력양성으로 개념적 확대 계승의 과정을 거치게 되는데, 평등의 문제를 성별에 국한하지 않고 모든 구성원에 대한 평등실현의 문제로 확대하여 본 결과이다.[15] 이는 현대 인권 개념의 핵심원리인 차별금지 및 평등권 실현을 모두 포괄하는 내용으로 볼 수 있다.

둘째, 지자본위는 신분(반상), 출생(적서), 나이(노소), 성별(남녀), 종족에 근거한 불합리한 사회적 차별에 이끌리지 말고 어느 분야든지 그 방면에 지식이 자기 이상이 되고 보면 스승으로 알아 배워 결국 지식평등을 이루자는 것이다.[16] 불합리한 차별의 근거로 반상, 적서, 노소, 남녀, 종족에만 국한되지 않고, 현대 인권 규범에서 규정하는 차별금지의 근거인 피부색, 민족, 언어, 성적 지향, 정치적 견해 및 기타 사회적 지위를 이유로 하는 차별에까지 확대해석할 수도 있다. 지식평등을 이루는 과정에서 불합리한 사회적 차별에 이끌려 배우지 못하는 것을 우려하고 적극적으로 회피하자는 지자본위의 본래적 의미를 감안할 때 더욱 그러하다.

셋째, 타 자녀 교육은 자타의 경계 없는 보편적 교육을 제공하여 모든 인류가 문명의 혜택을 두루 누릴 수 있는 교육평등을 이뤄가자는 것이다.[17] 본 조목은 과거 정부와 사회가 교육에 대한 적극적 의무를 다하지 못하고, 교육에 있어 여성과 천민의 교육받을 권리를 보장하지 못하였으며, 학비를 부담할 수 없는 무산자의 자녀에 대한 교육을 보장하지 못한 과거 사회의 결함을 지적하고, 남의 자녀라도 사정이 허락하는 대로 교육하고 국가와 사회가 교육기관을 증설하여 교육을 장려할 것을 촉구하였다. 이는 현대 인권 규범이 교육받을 권리를 모든 사람, 특히 모든 아동에게 차별 없이 인정하여 보장하고자 한 정신과 동일하고, 국가에게 교육에 대한 폭넓은 의무를 부과하는 것과도 일치한다.

넷째, 공도자 숭배는 공익을 위해 헌신하는 사람을 존경하고 숭배하는 문화를 조성함으로써 더욱 많은 사람이 자력양성, 지자본위, 타 자녀 교육 등의 공익을 위해 일할 수 있도록 장려하여 모든 사람이 골고루 잘사는 사회를 건설하자는 것이다.[18] 공도자 숭배는 인권이 실현되는 사회를 건설하기 위한 노력의 일환으로 이해할 수 있을 것이다.

원불교 인권관의 정립

식민 지배와 사회 계급적 차별의 병폐가 심각했던 1910년 전후의 한국 사회는 암흑의 시대였다. 일원상의 진리를 깨우친 소태산은 원불교를 개교하여 불법의 시대화, 생활화, 대중화 시대를 열었다. 불상을 없애는 일은 일종의 종교혁명이었고, 누구나 쉽게 불법을 배우고 모든 대중이 일상에서 진리생활을 할 수 있도록 하였다. 이는 대자대비의 성자 정신과 다를 바 없다.

원불교 인권관은 우주 만유는 근본적으로 한 몸 한 기운이며 평등하다고 본 일원상의 진리에서 찾을 수 있다. '처처불상 사사불공(곳곳이 부처님이요 일마다 불공하라)'[19]에는 인간을 포함한 우주만물의 존엄성이 인정되고 평등하게 존중받는다는 의미가 내포해 있다.

일원상 진리의 평등사상에 의하면 사회적 약자와 소수자라 하여 차별해서는 안 되고 이들을 평등하게 대우해야 한다. 나아가 사회의 불합리한 차별적 구조를 혁파하여 사회적 약자를 보호하고 소수자를 있는 그대로 인정하는 사회를 만들어 나가고, 대(大) 자유를 깨달아 어떤 경우에도 인간의 기본권을 보장하며, 시대의 변화에 따라 요구되는 평화, 환경, 개발에 관한 새로운 권리도 인정해야 한다. 일원상 진리에 드러난 원불교 인권관은 인간 존재의 근원성과 자유와 평등, 생명 존중과 인류애를 모두 포괄하고 있는 것이다.

나아가 일원상 진리에서의 존엄성은 인간에 국한하지 않고 곤충·미물에도 적용된다. 이는 일체생령권의 사상적 근거가 되고, 인간의 권리뿐만 아니라 자연, 생태계, 대우주의 권리를 인정할 수 있게 되어 인류가 직면한 심각한 문제의 해결에 새로운 접근을 가능하게 한다.

또, 일원상의 진리에 의하면 인간은 본래 대(大)자유와 대(大)평등, 대(大)생명력을 지닌 존재이다. 그러나 현실세계는 인간을 그에 걸맞게 대우하지는 않는다. 사회는 인간을 진리의 화현 또는 화신으로서 있는 그대로 인정하지 못하고, 즉 차이를 사실적으로 보지 못하고 차별한다. 무지와 편견에 휩싸인 인간의 차별적 시선과 타자화, 그리고 차별이 구조화된 사회는 진리의 화현을 그 진리대로 대우하지 못하는 것이다.

따라서 일원상 진리에 근거한 인권의 실현은 사람을 차별하고 억압하는 사회·문화 구조를 진리의 화현인 인간이 그 본성을 실현할 수 있도록 하는데 초점이 맞춰져야 한다. 모두가 평화롭고 있는 그대로 존중받으며 자유롭고 평등한 사회가 바로 일원상 진리가 추구하는 인권실현의 방향이다.

때문에, 한국사회에서 차별에 저항하고 인권을 수호하고자 하는 인권운동 또는 인권활동은 곧 일원상의 진리를 실천하는 것이 된다. 사람을 존엄하고 온전한 존재로서 존중하여야 할 법·제도 및 사회·문화는 반드시 제 기능을 다하는 것은 아니다. 사람의 양심의 자유를 억압하는 국가보안법, 비인간적이고 굴욕적인 방법으로 사람의 생명을 앗아가는 사형제도, 평화 또는 종교적 신념에 따라 집총을 거부하는 양심적 병역거부자를 처벌하는 법률 등의 각종 제도와 법률에 문제제기를 하고 개선의 노력을 경주하는 것은 일원상의 진리를 실천하는 일이다. 아울러 장애인, 성적 소수자, 이주민 등 사회 소수자 및 약자의 권리를 인정하고 지켜내는 것 또한 일원상 진리를 실천하는 방법이다. 그리고 인권침해문제를 고발하고 문제해결을 위해 인권 현장에서 실천 활동을 벌여나가는 것 역시 그러하다.

이와 같이 원불교 인권관에 기초하여 시대의 흐름과 부합하는 인권 개념을 올바로 이해하고 인권교육을 통해 인권감수성을 회복하는 일, 그리고 사은사요의 정신에 입각한 자유와 평등, 그리고 궁극적으로 평화를 체득하고 더불어 사는 사회를 건설하는 주인으로 살아가는 것이 곧 일원상의 진리를 실천하는 삶이다.

참고문헌

– 김비환, "가치다원주의 시대의 인권규범 형성",「정치사상연구」제15집 1호, 2009 봄
– 노권용, "일원상의 진리관",「인류문명과 원불교사상」1991
– 박혜훈, "소태산의 여성관과 원불교 여성교무의 현재",「신종교연구」제22집, 2010
– 안옥선,「불교와 인권」(불교시대사, 2008)
– 원불교정화사 편찬,「원불교 전서」(원불교출판사, 2002)
– 장신자, "원불교 정녀제도와 성적 통제",「여성학논집」제21집 2호, 2004

– 조효제, 「인권을 찾아서」 (한울, 2011)

– _____, 「인권의 풍경」 (교양, 2008)

– 최 현, 「인권」 (Vita Actia, 2009)

1) 김비환(2009), "가치다원주의 시대의 인권규범 형성", 「정치사상연구」 제15집 1호, p.22-3

2) 「원불교 전서」 "제2부 대종경 제1 서품 1장", p.95

3) Id. "제2 교의품 1장", p.111-2

4) Id. "제8 불지품 13장", pp.273-4

5) Id. "제1부 정전 제2 교의편 제1장 일원상 제1절 일원상의 진리", p.23

6) Id. "제1부 정전 제1 총서편 제1장 개교의 동기", p.21

7) 박혜훈(2010), "소태산의 여성관과 원불교 여성교무의 현재", 「신종교 연구」 제22집, p.61

8) 「원불교 전서」 "제1부 정전 제2 교의편 제2장 사은 제1절 천지은", pp.27-31

9) Id. "제2절 부모은", pp.31-3

10) Id. "제3절 동포은", pp.33-6

11) Id. "제4절 법률은", pp.36-9

12) Id. "제2부 대종경 제2 교의품 4장", p.113

13) Id. "제2 교의품 8장", pp.115-6

14) Id. "제1부 정전 제2 교의편 제3 사요 제1절 자력양성", pp.39-41

15) 장신자(2004), "원불교 정녀제도와 성적 통제", 「여성학논집」 제21집 2호, pp.12-4

16) 「원불교 전서」 "제1부 정전 제2 교의편 제3 사요 제2절 지자본위", pp.41-2

17) Id. "제3절 타 자녀 교육", pp.42-4

18) Id. "제4절 공도자 숭배", pp.44-6

19) Id. "제1부 정전 제3 수행편 제10장 불공하는 법", p.80

원불교의 평등사상과 차별금지법

"...나는 남녀권리동일 과목을 내어 남녀에게 교육도 같이 시키고 의무 책임도 같이 지우며 지위나 권리도 같이 주어서 피차 위로심을 철폐시키고 자력을 장려하여 여자는 남자 아니라도 살만하고 남자는 여자 아니라도 살만한 힘을 얻게 함이요..."

- 소태산 대종사 -

　사회의 민주화와 함께 한국의 인권상황은 급격히 개선되었다. 2001년 국가인권위원회가 국가독립기구로 출범하여 국가적 차원에서 인권보호와 침해구제 활동에 힘쓰고 있고, 시민사회의 인권단체들도 여성, 노인, 의료, 이주노동자, 장애인, 성적 소수자 등 다양한 이슈에 전문성을 갖고 활동하고 있다. 최근 우리나라는 장애인권리협약(2007)에 가입하고, 장애인차별금지법(2008)을 도입하였으며, 경기도(2010), 광주광역시(2011), 서울특별시(2011)에 학생인권조례가 도입되었다. 우리 사회에서 인권은 이제 아주 일상적인 어휘가 되었다.

하지만 우리 사회의 인권담론은 보수와 진보의 이념적 · 정치적 편향에 자유롭지 못하다. 현대 인권 개념의 보편성은 그대로 인정되는 것으로 보이지만 구체적 적용범주, 시기, 방법에 대한 논란이 끊이지 않았다. 근래 국가인권위원회가 입법권고한 차별금지법 제정을 둘러싼 우리 사회의 논란은 바로 그 예다. 차별의 근거에 대한 세부항목으로 보수적 종교계는 성적 지향에 따른 차별을 극렬하고 조직적으로 반대하였고, 법무부도 근거목록에서 제외하였으며, 사회적 합의가 도출되지 않았다는 이유로 제정 추진을 유보했다. 차별금지법을 시행하고 있는 호주를 비롯한 몇몇 선진국과 차별근거별 개별법령을 도입하여 인권 신장을 꾀하고 있는 외국의 사례들과 대조된다.

원불교 교리는 차별금지법에 관한 담론에 어떤 혜안을 제시할 수 있는가? 원불교 교리에서 발견되는 평등사상의 개념과 내용을 보편성을 획득하고 있는 국제인권규범의 틀 속에서 발견할 때보다 적절한 해답을 구할 수 있을 것으로 보인다.

평등과 차별금지에 대한 국제인권규범

세계인권선언은 모든 사람은 태어날 때부터 자유롭고 존엄하며 평등하다(1조)고 하고, 인종, 피부색, 성별(젠더), 언어, 종교 등 어떤 이유로도 차별받지 않는다(2조)고 천명했다. 시민적 · 정치적 권리에 관한 국제규약(이하 '자유권 규약')은 모든 사람은 인종, 피부색, 성별, 언어, 종교, 정치적 · 기타의 의견, 민족, 사회적 출신, 재산, 출생, 기타 신분을 이유로 차별을 받지 않으며, 규약에서 인정되는 권리들을 향유할 권리가 있다(2조)고 하면서 모든 권리 보장에 있어 남녀의 동등한 대우를 약속(3조)하고 있다.

또 모든 사람은 법 앞에 평등하고 차별 없이 대등한 법적 보호를 받을 권리가 있고, 인종, 피부색, 성별, 언어, 종교, 정치적 또는 기타 의견, 민족, 사회적 출신, 재산, 출생 또는 기타 신분 등을 이유로 한 차별에 대하여 평등하고 효과적으로 보호할 것(26조)을 규정하고 있다. 평등과 차별 금지 조항의 적용범위에 대하여 자유권규약위원회(Human Rights Committee)의 26조에 관한 일반의견(General Comment)은 규약에 규정된 시민 · 정치적 권리에 한정되지 않고 경제 · 사회 · 문화적 권리의 범위를 초월하여 적용된다고 해석하였다.[1]

자유권 규약의 평등은 반드시 동일한 취급을 의미하지는 않고, 대우를 달리하는 또는 차별하는 기준이 합리적인 경우 본 규약의 의도와 목적에 반하지 않는 한 반드시 차별적인 것으로 간주하지는 않는다. 소외계층을 배려한 고용할당제와 입학할당제 등과 같은 소수자우대정책(affirmative action)은 합리적인 차별적 대우에 해당된다. 역사적으로 차별받아 온 계층의 사회적 처지를 원상회복하려는 의도로 도입된 제도로서 차별적 대우의 합리성이 인정되어 차별적인 것으로 간주되지 않은 것과 같은 이치다.

일반적으로 자유권 규약 26조의 평등은 실질적 평등을 의미하며, 기회의 평등과 사실상의 평등을 보장하고 사회의 모든 영역에서 사실상의 평등을 보장하기 위하여 차별 금지원칙을 포괄적으로 적용함을 말한다.

아울러 자유권 규약은 비상사태에 대한 특별조치시 인종, 피부색, 성별, 언어, 종교, 사회적 출신을 이유로 한 차별 금지(4조), 생명권 보장 및 임신부에 대한 사형집행금지(6조), 고문 및 잔인하고 비인간적 · 굴욕적 대우 혹은 형벌금지(7조), 노예금지(8조), 거주이전 · 선택의 자유(12조), 법 앞에서 인간으로 인정될 권리(16조), 가정 및 혼인의 보호(23조), 미성년자의 보호조치권(24조), 공무담임권 및 선거권(25조) 등에서 남녀평등에 관한 규정을 두고 있다.

경제적 · 사회적 · 문화적 권리에 관한 국제규약(이하 '사회권 규약')에서도 자유권 규약 2조와 3조와 동일한 차별 금지를 명시하고 있고, 더불어 노동할 권리(6조), 노동여건의 남녀평등보장(7조), 사회보장을 받을 권리(9조), 혼인 · 가정 · 출산여성의 보호(10조), 신체 · 정신적 건강을 향유할 권리(12조), 교육에 대한 권리(13조) 등에서 남녀평등을 규정하고 있다.

그밖에 평등과 차별 금지의 내용을 담고 있는 이슈별 협약과 선언으로는 여성차별철폐협약, 인종차별철폐협약, 아동권리협약, 장애인권리협약, 이주노동자권리협약, 원주민권리선언 등이 대표적이다. 여성차별철폐협약에 따르면 여성차별은 시민 · 정치적 및 경제 · 사회 · 문화적 영역을 포함한 모든 영역에서 결혼 여부와 무관하게 남녀평등의 기초위에 인권과 기본적 자유를 인식 · 향유 또는 행사하는 것을 저해하거나 무효화하는 효과 또는 목적을 가지는 성별에 근거한 모든 구별 · 배제 또는 제한을 의미(1조)한다. '남녀의 기회의 평등(형식상의 평등)과 더불어 결과의 평등(사실상의 평등)을 지향하고, 개인, 단체, 기업의 여성에 대한 차별을 금지하며 사회에 있어서의 관습과 관행에 의한 여성차별도 철폐' 하도록 규정한다.[2]

최근의 경향은 여성차별의 근거로 남녀의 생물학적 차이에 근거한 성별(sex) 개념에 한정하지 않고 사회적 지위와 관습에 의한 차별까지 포괄하는 젠더(gender)의 개념이 일반화되었다는 것이다. 구체적으로, 인권과 기본적 자유를 남녀에게 동등하게 보장하는 것과 성별에 의한 차별을 금지하는 것뿐만 아니라 젠더를 이유로 한 차별, 즉 임신·출산, 육아, 혼인상의 지위, 가족 내의 지위, 가사노동과 가족에의 의무와 책임등에서의 차별을 금지하게 되었다. 때문에 젠더 이슈는 인권영역과 개발, 환경, 거주 및 전쟁과 난민 보호의 관점에서도 중요하게 고려되고 있다.[3]

인종차별철폐협약에 따르면 인종차별은 특정 인종 또는 종족의 집단이나 개인이 인권과 기본적 자유를 인식·향유·행사하는 것을 저해하거나 무효화하는 효과 또는 목적을 가지는 인종에 근거한 모든 구별, 배제 또는 제한(1조)을 말한다. 아울러 협약은 특정 인종 또는 종족의 집단이나 개인의 적절한 개선을 도모하기 위한 목적으로 도입된 특별한 조치가 그러한 집단이나 개인이 인권과 기본적 자유의 동등한 향유와 행사를 확보하는데, 필요한 것일 때에는 인종차별로 간주하지 아니한다. 다만 그 조치가 결과적으로 특정 인종집단에게 별개의 권리를 영구적으로 부여하는 결과를 초래해서는 아니 되며, 소기의 목적이 달성된 후에는 중단되어야 한다고 한다. 여성차별철폐협약과 많은 부분 유사하나 협약당사국에게 보다 강력한 의무를 부과한다는 점에서 다르다. 가령 인종차별철폐협약은 협약당사국에게 인종차별의 원인이 되는 법률을 개정 · 폐기 · 무효화하는 효율적 조치를 취할 의무와 모든 형태의 인종차별을 금지 · 폐지할 의무를 부과함으로써 보다 높은 구속력을 담고 있다.

뿐만 아니라 아동권리협약은 아동, 아동의 부모, 아동의 법적보호인의 인종, 피부색, 성별, 언어, 종교, 정치 및 기타 의견, 국가 · 민족 · 사회적 기원, 재산, 장애, 출생신분에 상관없이 어떤 차별도 없이 동등하게 대우(2조)하도록 규정하고 있다.

장애인권리협약은 장애인의 존엄과 자치, 선택의 자유, 독립된 존재로의 존중, 차별 금지 및 기회의 균등, 남녀평등 등을 규정하고 있고, 법 앞의 평등과 차별 금지, 법의 평등한 보호를 규정하고 있다. 장애를 이유로 한 모든 차별을 금지하고 대등하고 효과적인 법적 보호를 보장하며, 협약체약국에게 차별철폐와 평등의 확산을 위해 적절한 조치를 취할 의무를 부과(5조)하고 있다. 또 여성장애인과 아동장애인에 대한 특별보호규정(6조 · 7조)을 두고 있다.

이주노동자권리협약은 이주노동자가 성별, 인종, 피부색, 언어, 종교, 유죄선고, 정치 및 기타 의견, 국가 · 인종 · 사회적 기원, 국적, 나이, 경제적 수준, 재산, 혼인상태, 출생 및 기타 지위의 구별없이 협약의 모든 권리를 보장(7조)받고 있다.

원주민권리선언은 원주민 집단과 개인은 다른 사람들과 동등하고 자유로우며 원주민의 출신과 정체성에 근거한 어떠한 차별도 받지 않을 권리가 있음(2조)을 확인하였다.

이와 같이 인간의 인권과 기본적 자유를 규정한 국제인권규범은 공통적으로 남녀평등과 차별 금지의 원칙을 확인하고, 금지하는 차별의 근거로 인종, 피부색, 성별, 언어, 종교, 정치 및 기타 의견, 국가·민족·사회적 기원, 재산, 장애, 출생신분, 혼인 여부 등을 나열하고 있다. 차별근거의 범위는 나열된 항목에 한정하여 적용할 것이 아니라 나열되지 않은 모든 차별에도 적용된다. 우리나라는 앞서 언급한 협약 중 이주노동자권리협약을 제외한 모든 협약에 가입하였고, 협약상 의무를 지고 있다.

원불교 교리에 드러난 평등사상

1916년에 개교한 원불교의 핵심적 교리는 일원상의 진리이다. 진리를 표현·전달하는 것이야 불가능하겠지만 진리를 가장 근접하게 형상화한 것으로서 일원상(◎)은 원불교 신앙의 대상이자 수행의 표본이다.

일원은 우주의 모든 존재(우주만유)의 근원이며, 모든 부처와 성인(제불제성)의 깨쳐 실천한 자비로운 마음이며, 사람을 포함한 모든 존재(일체중생)의 본성이다. 미처 성불에 이르지 못한 일체중생에게도 진리를 깨달은 부처의 마음과 본질적으로 동일한 본성이 있고, 그 본질(일원상의 진리) 안에서는 모든 개별 존재 사이의 차별과 중생과 부처의 분별도 있을 수 없으며, 모든 존재는 궁극적으로 평등하다는 의미이다. 모든 존재는 부처의 본성을 지닌 존엄한 인격체(처처불상)로 서로 존중하고 존중받아야 할 대상이다(사사불공). 때문에 인간과 인간, 인간과 자연, 자연과 자연 사이의 차별은 없으며, 인간을 남녀노소, 인종, 피부색, 민족, 출생, 신분 등을 이유로 차별하는 것은 있을 수 없다.

우리 눈으로 보는 현상의 세계는 일원상 진리의 '화현'이어서 여러 형태로 구별되는 모습에도 불구하고 그 자체로 역시나 진리의 본질을 내포한다.[4] 이러한 맥락에서 인간은 그 자체로 외면적 특징과 차이를 이유로 차별할 수 없게 되는 것이다.

현대 인권 개념에서의 인간의 존엄과 일원상 진리에 구현되는 그것은 서로 다르지 않으며, 오히려 인간뿐만 아니라 우주의 모든 존재를 진리가 체화된 존재 그 자체로 인정하며, 존엄하고 대등한 존재로 차별을 두지 않고 존중하는 원불교 교리의 폭넓은 외연을 확인할 수 있다.

한편, 사은은 존재 간의 관계를 밝힌 것으로 모든 존재는 서로 의존하고 살아가며 천지·부모·동포·법률의 은혜를 입기도 하고 베풀기도 하는 연기적 관계에 있다고 본다. 개별존재가 생명을 유지하고 생존할 수 있는 이유는 바로 다른 존재와의 관계 속에 있기 때문에 가능하다는 것이고, 사은 속에서 서로가 본질적으로 평등한 관계로 규정될 수 있다.

또한 사요는 원불교 신앙의 방법이자 사회적 불공의 방법을 제시하는 교리로서, 자력양성, 지자본위, 타 자녀 교육, 공도자 숭배 등 네 가지 덕목이다.

그 중에서 자력양성은 타인에게 의존·의뢰하는 생활에서 벗어나 자생 능력을 갖추자는 내용으로서 무엇보다 여성이 부모·남편·자녀에게 의존하던 당시의 풍속을 지적하고, 여성도 남성과 대등하게 교육받고 여성을 차별하는 사회구조와 관습을 개선하여 남성과 대등하게 대우하도록 장려하였다. 원불교 초기 교서에는 '남녀권리동일'로 되었던 것이 나중에 자력양성으로 변경된 것으로 초기에는 여성의 권리신장에 더 초점을 두고 있었다.

또 타 자녀 교육은 자타의 경계 없는 보편적 교육을 제공하여 모든 인류가 문명의 혜택을 두루 누릴 수 있는 교육평등을 이뤄가는 내용을 담고 있다.

사은사요에 드러난 인권의 핵심적 내용은 평등사상에 기초한다. 원불교 개교 당시 신분(반상), 출생(적서), 나이(노소), 성별(남녀), 종족의 다름을 이유로 한 불합리한 차별이 사회전반에 만연한 상황에서 서로 없어서는 살 수 없는 관계임을 자각하고 다중의 관계 속에서 사람이라는 존재의 존엄과 인권을 보장하고자 하였으며, 무엇보다 차별구조를 개선하고 사람이 사람답게 살아갈 수 있는 사회를 지향하였다.

이러한 원불교의 남녀평등 사상에 대한 실천은 타종교 종단보다 앞섰다. 소태산은 여성을 남성에게 종속된 불완전하고 종속된 존재가 아닌 온전하고 독립된 인격적 존재로 인정하고, 개교 초기부터 여성들이 남성과 동일한 지위와 책임을 부여받는 성직자로 활동할 수 있도록 교육하고 훈련시킴으로써 여성 교무가 교당에서 설교하고 강연하고 책임자가 되도록 하였다. 여성에게 남성과 동일한 성직의 길을 열어 준 것은 당시의 시대 상황과 사회적 관습을 고려할 때 가히 혁명적이다고 볼 수 있겠다.

역사적으로 종교가 여성에게 가부장적 남성중심 사회의 억압에서 벗어나기 위한 새로운 공간을 제공했던 것은 불교 초기의 여승과 가톨릭 수녀들의 사례에서도 동일하게 드러난다. 하지만 여성주의의 관점에서는 이러한 여성들은 곧 종교내의 가부장적 질서에서 갇혀 다시 종속되었다고 본다.5) 이들과 비교할 때 원불교 여성교무의 교단 내 지위와 처우는 훨씬 낫다고 볼 수 있다.

미혼 여성 교무(정녀)뿐만 아니라 결혼 경력이 있는 여성도 교무(숙녀)가 될 수 있었고, 교단 내의 최고 의결기구인 수위단회 조직에서부터 하부조직에 이르기까지 남녀가 평등하게 참여할 수 있도록 했다.

물론 일부에서는 개교 초기 평등사상을 혁신적으로 실천했던 것과는 달리 교단이 제도화되는 과정에서 불평등한 상황들이 드러나고 있음을 우려하고 있다. 남성교무의 90%이상은 결혼을 하지만 여성교무는 관례상 결혼을 할 수 없으며, 결혼을 하려면 교무를 그만 두어야 하는 것이 현실이다. 원불교학과 지원시 여성지원자에게 정녀지원서를 의무적으로 제출하도록 하여 여성교무의 결혼선택권을 원천적으로 차단하게 하고 있다. 이것은 정녀를 강요하는 시스템이 구축된 것으로써 결혼에 있어 남녀교무를 차별하는 것이다. 숙녀와 정녀의 대우에 있어 차별적이다는 우려도 있으며, 여성교무의 옷차림과 머리모양은 남성교무에 비해 지나치게 제약이 심하다는 의견도 있다. 징계와 발령에 있어 남녀교무의 차별이 존재하고, 결혼한 남성 교무와 미혼인 남성 및 여성 교무 사이의 급여 차별도 존재하고 있다.

이렇듯 원불교의 평등사상에 어긋난 불평등하고 불합리한 관행은 존재한다. 교단 초기 소태산 대종사가 실천했던 평등사상은 오늘날 후진들에 이르러 실천하지 못하고 후퇴된 것으로 평가할 수 있다.

차별금지법과 원불교 평등사상

국가인권위원회가 입법권고한 차별금지법 도입을 둘러싼 우리 사회의 논쟁에서 일부 보수적 종교단체의 편향적 모습은 우려할 만하다. 차별금지법이 금지하게 될 차별의 근거 중 성적 지향에 대한 부분을 의도적으로 누락시키려는 일부의 의도와 활동, 그리고 정부의 인권 철학 및 의지의 부재는 차별금지법을 반쪽짜리 법으로 전락시킬 우려가 있다.

물론 차별금지법은 국회 심의나 통과가 완료된 상황이 아니어서 개선의 여지가 충분하다는 점은 다행이나, 이 논쟁을 통해 우리 사회의 인권담론의 수준을 가늠할 수 있게 되었다.

원불교의 인권사상 중 평등 및 차별 금지는 교단 내의 일부 반인권적 관행이 존재함에도 불구하고 우리 사회의 차별금지법 도입과 관련한 사회적 논쟁에 유의미한 기여를 할 수 있다.

일체중생을 부처의 본성을 지닌 존엄한 존재로 대등하게 대우하는 원불교 평등사상은 우선 차별금지법 도입의 당위성 확보에 기여할 수 있다. 또 차별근거의 구체적 항목을 결정함에 있어서도 특정한 성적 지향의 경향을 갖는다하여 차별하는 것은 원불교의 일원상 진리에 바탕한 인권관과 일치하지 않는다. 성적 지향은 우리 눈으로 보이는 현상세계에 나타난 진리의 화현일 뿐이다. 따라서 차별금지법의 차별 금지 사유에 포함시켜야 한다는 주장을 뒷받침하게 된다.

참고문헌
- 고미송, "불교수행자의 관점에서 본 사회참여", 「불교학보」 Vol.59, 2010
- 박정원, "인권조약하에서 이해되는 차별금지원칙의 성질", 「최신외국법제정보」 8월

호, 2008
- 박혜훈, "소태산의 여성관과 원불교여성교무의 현재", 「신종교연구」 제22집, 2010
- 이승화, "국제법상 여성의 인권과 문화상대주의의 한계", 「국제법학회논집」 제53권
   제3호, 2008
- 이정숙, "한국개신교 여교역자의 인권", 「아시아여성연구」 제42호, 2003
- 정상덕, 「마음따라 사람 꽃이 피네」 (도서출판 한맘, 2010)
- 장신자, "원불교 정녀제도와 성적 통제", 「여성학논집」 제21집 2호, 2004
- UN Doc. CCPR/C/21/Rev.1/Add.1, 21 November 1989

---

1) U.N. Doc. HRI/GEN/1/Rev.1 at 26 (1994)
2) 박정원(2008), "인권조약하에서 이해되는 차별금지원칙의 성질", 「최신외국법제정보」
   p.113
3) 이승화(2008), "국제법상 여성의 인권과 문화상대주의의 한계", 「국제법학회논집」 제53권
   제3호, pp.159-60
4) 박혜훈(2010), "소태산의 여성관과 원불교여성교무의 현재", 「신종교연구」 제22집, pp.61-2
5) 장신자(2004), "원불교 정녀제도와 성적 통제", 「여성학논집」 제21집 2호, pp.9-11

원불교,
인권을 말하다
Won-Buddhism &
Human Rights
03

| 생명권 |

생명복제와 생명권

"Ignorance more frequently begets confidence than does knowl edge: it is those who know little, not those who know much, who so positively assert that this or that problem will never be solved by science."

- Charles Darwin -

영화 속 생명복제

<아일랜드(Island)>는 인간복제를 소재로 한 영화로 2019년 인간복제가 상업화된 미국사회를 배경으로 하고 있다. 개인은 엄청난 돈을 지급하고 인간복제회사로부터 자신이 필요한 장기를 제공받는다. 특히 불치병을 앓고 있는 사람들에게는 생명연장을 위한 일종의 보험인 셈이다. 고객과 계약이 성사되면 인간복제회사는 고객의 DNA를 이용하여 복제인간을 생산한다. 복제인간은 인조자궁에서 성장하여 태어

나는데, 실제 인간의 발육속도보다 훨씬 빠르다. 이들은 모두 의식과 감정을 지니고 있고 이성적 사고를 할 수 있는 능력도 있지만 세뇌교육을 받아 자신이 복제된 인간인지도 모르고 대기하다가 회사의 고객, 즉 체세포제공자가 장기가 필요한 상황에 다다르면 자신의 장기를 내어주고 폐기처분된다. 주인공인 복제인간이 복제회사의 시설을 탈출하여 체세포제공자를 만나는 과정에서 모든 사실을 알게 되고 나중에 회사의 시설을 해체하고 복제인간들을 해방시킨다는 내용이다.

<멀티플리시티(Multiplicity)>도 인간복제를 소재로 한 영화다. 사회생활이 너무 바빠 가정생활을 제대로 병행할 수 없게 된 주인공은 자신과 똑같은 복제인간을 만들어 자신은 아내와 아이들과 함께 시간을 보내고, 복제인간은 회사에서 일을 하도록 만든다. 영화는 이 과정에서 발생하는 사건들을 중심으로 스토리가 전개된다. 복제인간이 자신의 일을 대신할 수 있다는 설정은 재미있으면서도 적지 않은 우려도 낳는다.

이렇게 복제인간을 소재로 하는 영화를 통해 우리는 인간복제에 대해 다시금 생각하게 된다. 영화 속 설정은 허구이지만 인간복제와 관련한 많은 질문을 던지는 데에 충분한 정보를 제공한다. 인간복제가 무엇이고 허용되어야 하는지, 복제인간은 인간인지, 아니라면 무엇이고 존엄한 존재인지, 체세포제공자와의 관계는 어떻게 되는지 등 수많은 질문이 있을 수 있으며 실제 과학, 종교, 정치계의 논쟁이 있어 왔다.

생명복제의 개념

인간배아복제는 일반적으로 수정란이 수정된 후 원시선(primitive streak)이 형성되는 14일 이전까지 수정란을 생성·성장시키는 것을 의미한다. 정자와 난자가 결합된 수정란은 14일간 세포분열을 계속하면서 배반포(blastocyst)에 이르는데 이를 전배아(pre-embryo)라고 한다. 배반포에 원시선(나중에 척주의 기원이 되는 자리)이 생긴 후 8주가 되기 전까지 모든 신체기관과 장기가 형성되는 데, 이를 배아(embryo) 한다. 이후 배아기에 형성된 모든 장기가 양적 성장을 하는 시기를 태아(fetus)라고 한다.[1]

기술적으로 수정란 배아분할과 체세포 핵이식으로 나뉘는데, 전자는 수정란의 분열과정에서 배아세포(또는 생식세포)를 분리하여 다른 세포와 결합하는 것으로서 최소한 정자와 난자가 결합된 하나의 배아가 요구된다. 후자는 핵이 제거된 난자에 다른 체세포의 핵을 이식하여 만들어진 융합세포에 전기 자극을 주고 일정한 과정을 거쳐 수정란과 같이 자궁에 착상시키는 방법이다. 일반적으로 체세포복제가 이용되고 있고 복제양 돌리(Dolly)가 이와 같은 방식으로 탄생하였다. 체세포핵이식을 통해 복제된 인간은 원본인간과 유전적으로 동일할 뿐 신체와 의식은 다르며 별개의 인격체가 된다.[2]

복제 목적에 따라 완전한 생명체를 복제하는 생식목적의 인간복제(reproductive cloning)가 있고, 특정조직과 장기를 생성하기 위한 연구복제(research cloning) 또는 치료복제(therapeutic cloning)가 있다. 치료복제는 질병 치료에 필요한 신경·뇌·피부·심장세포를 생성시키기

위해 특정 핵을 난자의 모세포에 치환하여 배아를 생성시키고 이로부터 배아줄기세포를 추출하고 배양한다.[3]

생명복제를 둘러싼 인권논쟁

생명복제를 둘러싼 논쟁은 합의된 결론을 내리지 못하고 있다. 종교계와 일부 시민사회는 생명복제를 원천적으로 반대하고 있고, 과학·의료계는 다소 실용적 접근을 하고 있다.

우선 인간개체복제는 인간의 존엄성을 침해하기 때문에 금지되어야 한다는 데에 국제적 합의가 이뤄졌다. 유엔총회는 2005년 인간배아복제를 금지하는 선언을 다수결로 채택했고, 1997년 유네스코(UNESCO)는 인간게놈과 인권에 관한 보편선언(Universal Declaration on Human Genome and Human Rights) 11조에서 인간개체 복제행위를 명시적으로 금지하고 있다.[4] 세계보건기구(WHO)는 1997년 총회에서 인간개체 복제는 윤리적으로 허용될 수 없고 인간의 존엄에 반한다는 결의안을 채택하였다. 그리고 유럽연합의 기본권 헌장(Charter of Fundamental Rights of the European Union) 3조는 인간개체 복제를 명시적으로 금하고 있고, 우리나라를 비롯한 대부분의 국가가 독자적인 법률을 통해 인간개체복제를 금지하고 있다.[5]

한편 치료복제에 대하여는 국가마다 다양한 양상을 보이고 있다. 임신이외의 연구목적을 위한 복제를 금지하는 국가와 이를 부분적으로 허용하는 국가도 존재한다. 우리나라는 생명윤리및안전에관한법률 17조에서 불임치료와 더불어 희귀·난치병 치료 목적을 위한 연구를 허용하고 있어 다소 관용적인 편이다.

생명복제를 둘러싼 논쟁은 생식을 위한 개체복제와 치료·연구 목적의 배아복제로 구별하여 진행되고, 논쟁의 초점은 생명윤리와 인권의 측면에 맞춰져 왔다. 비록 개체복제는 금지하는 것이 국제적 흐름이지만, 허용될 경우에 예견되는 문제를 중심으로 논의를 소개한다.

배아의 생명권

생명복제 논쟁에서 가장 핵심적 사안은 배아의 생명권이다. 연구·치료목적의 배아복제는 줄기세포를 추출하는 과정에서 배아를 파괴해야 하는데, 배아를 생명체로 인정한다면 배아의 생명권이 침해되는 것이다.

우선, 수정란의 법적 지위에 대해 착상전의 수정란도 인간생명체로 또는 인간생명의 상징으로 존중되어야 한다는 견해와 생명의 시기를 수정란이 착상한 때로 보아야 하므로 권리주체의 실체는 아니지만 인간으로서의 존엄을 존중해야 하는 대상이라고 보는 견해가 있다.[6] 이러한 견해는 수정란으로 시작되는 발생학적 과정을 연속적인 과정으로 보고, 어느 한 단계를 기준으로 그 이전은 생명이 아니고 그 이후는 생명이라고 주장하는 것이 자의적이라고 비판한다. 그리고 탄생할 개체가 인간이라면 수정 또는 이에 준하는 핵치환의 시점에서도 인간생명체로서 존중되어야 한다고 본다.[7]

반면 배아가 생명체가 아니라는 견해는 배아를 단순한 단백질 덩어리로 간주한다. 원시선이 발생하는 수정 후 14일부터, 즉 착상이 이뤄진 뒤에야 비로소 생명은 시작된다는 주장이다. 원시선 발생 전에는 쌍생아가 될 수 있는 가능성도 있어 개체의 동일성을 인정하기 어렵다고 한다.[8] 본 입장에서는 복제된 배아를 인간배아가 아닌 복제로 생성된 구조물로 보는 경향이 없지 않다. 다시 말해, 줄기세포(stem cell)를 추출하여 치료·연구에 활용해도 무방하다는 견해를 정당화한다.

이와 같은 논쟁은 하나의 결론으로 귀결되지 않았다. 치료·연구를 위한 배아복제를 허용하는 국가와 그마저도 법적으로 금지하는 국가로 구분되고 있다. 배아의 생명체를 인정하느냐에 따라 배아복제에 대한 국가정책이 다른 양상을 보이고 있고 종교계에서는 생명을 중시하는 전통에 입각하여 수정란을 생명체로 인정하고 배아복제에 대한 연구조차도 반대하고 있다.

복제인간의 존엄과 가치

일부에서 개체복제의 경우 복제된 배아에서 탄생한 인간의 존엄성에 문제를 제기하였다. 원칙적으로 어떤 행위가 인간의 인격권을 심하게 침해한다면 허용되지 말아야 하는데 복제인간은 체세포의 핵을 제공한 사람과 동일한 유전정보를 가짐으로써 유일무이한 존재로서의 존엄성이 파괴되기 때문에 허용되어서는 안 된다는 주장이다.[9]

복제된 배아는 일반적으로 수정된 배아와 같이 일반적 발생·성장의 과정을 거쳐 완전한 생명체가 된다. 또 복제된 인간은 체세포제공자와 다른 사회·문화적 환경에서 성장하게 되기 때문에 DNA, 즉 유전정보를 제외하고는 성격과 행동, 사고방식 등 모든 면에서 유일한 인격체를 지닌 인간으로 성장하게 될 것이다.

그러나 새로운 인간으로서 복제인간은 원천적으로 인권침해의 위치에 놓일 수밖에 없다고 한 하버마스의 주장은 귀기울일만하다.[10] 모든 인간은 자신의 허락 없이 타인으로부터 자유롭고 평등한 법적 지위와 인격을 침해받지 않을 불가침의 권리가 있는데, 복제인간은 출생이전에 이러한 권리를 근본적으로 침해받을 수밖에 없다는 것이다. 인간은 '자신의 미래에 대한 무지의 권리'(H. Jonas) 또는 '미래 개방의 권리'(J. Feinberg)를 가지는데 복제인간에게는 그 자율성이 훼손된다는 것이다.[11] 이미 특정 유전자에 따라 살아온 삶의 전형이 존재함에도 '복제하는 자가 복제될 인간의 유전적 암호를 계획적으로 확정'하여 본래적 자유를 제약한다는 것이다.[12]

사생활권(privacy)

불임부부에게 개체복제(의학적으로 가능하다면)를 통한 자녀출산은 자신의 피붙이를 생산하기 위한 유일한 방법이다. 이를 결정하는 자기결정권은 인권의 중요한 내용이며, 사생활권으로도 분류된다.

일반적으로 사생활에 대한 권리는 간섭받지 않을 권리이다. 사생활 영역은 신체뿐만 아니라 개인정보, 감정, 애정관계 등 일체의 사적영역을 포함한다. 또 결혼, 출산, 피임, 가족관계, 자녀 양육 및 교육 등에서 국가나 외부의 부당한 간섭을 배척하고 자유롭게 결정할 수 있는 권리가 포함되는 매우 광범위한 개념이다.

특히 사생활 보호에 대한 법리가 발달한 미국의 사례를 보면 연방대법원은 Eisenstadt 사건에서 미혼자에게 피임약 판매를 금지하는 법이 위헌이라고 판결하면서 기혼이든 미혼이든 상관없이 임신과 임신 유지 및 종료, 그리고 출산 여부에 대한 판단은 개인의 몫이며 그 판단에 있어서 정부의 부당한 침해로부터 자유로워야 한다고 하였다.[13]

같은 맥락에서 어떠한 방법으로 자녀를 출산할 것인지도 사생활에 포함되는 사항이다. 특히 체내수정과 체외수정(시험관 아이)으로는 임신이 불가능한 불임부부에게 체세포이식을 통한 자녀 출산은 자신과 동일한 유전자를 가진 자녀를 얻기 위한 유일한 방법이다. 이들에게 입양은 도덕적 선택사항이 될 수는 있어도 법적 의무로 강제할 수는 없다.[14] 때문에 이들에게는 유일한 선택이 되고, 사회적으로는 하나의 생식방법이 될 수 있다.

전통적인 생식방법만을 법적으로 강제하는 것 또는 특정 생식방법이 도덕·윤리적으로 비정상적이라는 이유로 법적으로 금지하는 것은 인간의 생식 또는 재생산에 대한 권리를 제한하는 것이 된다.

다만 기본적 제한은 여타 기본권과 마찬가지로 공공이익과 안전, 타인의 기본권 보장과 관련하여 일정하게 가능하다. 유전정보의 사용과 남용의 우려, 인간복제가 미치게 될 사회적 영향을 고려하여 인간복제에 대한 개인의 권리는 반드시 사생활 영역에 머물지 않는다고 판단된다면 일정하게 제한될 수 있다는 것이다.

학문의 자유
생명복제 논쟁에서 복제된 인간의 존엄에 대한 생명윤리적 논의는 활발한 반면 생명복제를 연구하는 연구자의 권리에 대한 논의는 미흡한 편이다.

생명복제를 연구하는 연구자에게도 학문의 자유는 보장되어야 한다. 학문의 자유는 연구의 자유를 포함한다. 우리 헌법 22조는 학문의 자유를 명시하고 있으며, 인격권과 생명권보다 열등한 가치를 지닌 권리가 아니다. 권리간 서열은 있을 수 없으며 동등한 가치로 대우되어야 한다.

우리 헌법 37조 2항은 기본권 제한을 다루는데, 연구의 자유는 대사회적 소통이 비교적 희박하기 때문에 '신앙과 양심의 자유에 준할 정도의 고도의 헌법적 보장을 받을' 수 있으며, 이를 제한하고자 할 때에는 표현의 자유에 관하여 확립된 '명백하고 현존한 위험이 존재하여야' 하는 원칙이 존중되어야 한다.15) 따라서 개체복제와 관련하여서는 명백하고 현존하는 위험이 존재한다고 인정할 수 있다는 것이 일반의 의견이며, 치료 · 연구 목적의 배아복제는 명백하고 현존하는 위험이 비교적 낮아 폭넓게 인정될 수 있다는 의견도 다수 존재한다.

난치병 환자의 생명권과 행복추구권

치료 · 연구 목적의 배아복제 허용을 찬성하는 주장은 희귀 · 난치병으로 고통받는 환자들에게 건강하게 살 권리와 행복추구권이 있다는 점을 주목한 것이다.16) 난치병 환자는 자신의 생명연장과 치유방법을 찾기 위해 가능한 모든 수단을 동원할 자유가 있다. 하지만 그 자유의 행사는 타인의 생명권을 침해하여서는 안 되며 실정법의 한계 내에서 행사되어야 한다.

한 사람의 생명을 희생하여 다수의 난치병 환자를 구하자는 공리주의적 발상도 없는 것은 아니나, 한 사람의 생명의 가치를 우주만큼 귀하게 대하는 인권 정신을 고려할 때 적절한 타협점이 모색되어야 할 것이다.

난자제공인의 인권

생명복제에 난자의 제공이 필수적이다. 배아복제기술의 수준이 높지 않은 상황에서 난자의 수요는 많을 수밖에 없다. 난자매매와 난자제공의 강제는 모두 불법이며, 수요를 충족하기 위해서 연구자는 자발적 난자제공을 기대할 수밖에 없다.

그 과정에서 여성은 배란유도를 위한 호르몬제를 투여 받게 되는데 불임의 부작용이 우려되고, 난자적출 과정에서 수반되는 전신마취로 인해 건강손상의 염려가 있다. 때문에 매우 조신스럽게 접근하여야 하고, 특히 난자제공자의 자기결정권 보장은 반드시 보장되어야 한다.[17]

생명복제 논쟁과 원불교의 기여

종교계는 생명복제에 대하여 대체적으로 우려를 표명하고 있다. 유신론적 입장을 견지한 기독교는 생명복제를 인간창조의 주체인 신의 권능과 질서에 도전하는 행위로 간주하고 비판해 왔고, 불교는 비교적 차분한 분위기속에서 생명복제가 생명경시문화로 확산되는 것을 우려하고 있다.

생명복제를 둘러싼 생명윤리논쟁에서 종교계의 화두는 삶과 죽음에 관한 근본적 물음과 다르지 않다. 가령, 복제인간은 진짜 인간인가, 체세포를 제공한 사람과 복제인간은 부모자식의 관계인가, 생명의 시작은 언제인가, 죽은 사람의 체세포로 생성된 복제인간은 이미 죽은 사람인가 새로운 사람인가 등의 물음이 그것이다. 원불교와 불교 사상은 논쟁에 어떤 단초를 제시할 수 있는가?

원불교에서 생명은 불생불멸과 인과보응의 법칙으로 존재한다. 생사가 둘이 아닌 불생불멸의 궁극적 진리가 각양각색으로 나타났다 소멸되며, 그 가운데 존재의 자유의지에 따라 사건들이 전개된다. 그 사건은 인과보응의 법칙에 따라 전개된다.

원불교에서 '자아(我)'는 주변 환경과 고립된 정적인 존재가 아니고 사은(四恩), 즉 천지·부모·동포·법률과의 은적 관계에 있다. 사은과의 적극적인 소통을 하는 주체로서의 존재이며, 은(恩)적 공물(公物)이라고도 규정된다.[18] 한 생명은 독자적인 별개체가 아니고 우주만유와 항상 소통하며 작용하는 상응관계에 있는 존재로서 복합적이고 중층적인 교감작용 없이는 결코 존속할 수 없는 생명인 것이다.[19]

또한 존재 자체에는 고정된 실체성이 없고 인연화합에 불과한 것이라고 본다. 때문에 본질적으로 인간은 여러 요소의 구성물에 불과한 관계적 소산으로 파악된다. 그렇다고 존재에 정체성이 없다는 것이 아니고 정체성이 실체적이지 않다는 것을 의미한다.

따라서 배아를 인간개체로 간주하는 것도, 인간개체가 아니라고 하는 것도 옳지 않다. 인간을 구성하는 개별적 요소 하나하나를 인간이라고 정할 수는 없지만 그렇다고 전혀 인간과 상관없는 것으로 간주하기도 어렵다. 같은 맥락에서 배아도 태어난 인간과 같은 존재는 아니지만 인간이 될 가능성을 충분히 잠재한 존재이기 때문이며, 그런 의미에서 인간이라고도 또 아니라고도 할 수 없다.

분명한 것은 첫째, 모든 존재가 불성을 지닌 대등한 존재라는 측면에서 배아는 처해진 상태와는 별개로 존중받아야 하는 존재라는 점이다.

둘째, 생명의 시작이 정자와 난자의 수정과 전생의 업력(중유)이 서로 결합한 시기인데, 중유가 결합되는 시기는 개체별로 다양해서 생명의 시작을 획일적으로 산정할 수는 없기 때문에 배아를 언제 생명체로 인정할 수 있는지를 정확하게 알 수 없다. 나아가 어느 한 시점을 기준으로 배아복제의 허용시점을 결정할 수는 없는 측면도 있다.

셋째, 생명은 과거·현재·미래의 윤회과정에 있는 그 본질상 어느 특정 시점과 실체를 정하기 어려운 순환적 관계의 연속적 과정에 있다는 점에서 배아복제의 대상이 되는 배아 또는 태아에 가해진 업은 그대로 복제행위자에게 돌아간다.

넷째, 배아보호와 배아연구를 통해 고통 받는 인간을 구제하고자 하는 자비심이 충돌할 때, 더 효율적이고 보다 더 큰 자비의 실천을 위하여 배아연구를 허용할 수 있다고 하여, 배아연구에서 배아자체의 지위를 자비의 원칙과 함께 바라보려는 경향도 있다.[20]

배아복제에 대한 원불교적 견해는 생명존중과 불성의 존재론적 평등성에 기반을 둔다고 볼 수 있다. 이 견해는 권리의 법적·실체적 보장과 존중을 추구하는 현실의 인권담론과는 괴리감이 존재할 수 있으나 배아복제에 대한 담론에서 인간의 생명권을 좀 더 보장하고자 하는 흐름에 기여할 수 있을 것으로 보인다.

참고문헌

- 김상득, "인간복제, 생식의 자유 그리고 윤리학", 「동서철학연구」 제31호, 2002
- 김순금, "원불교의 은사상과 생명윤리", 「원불교교수협의회 하계세미나 자료」 1995
- 김진우, "인간배아복제의 규제에 관한 국제적 동향", 「법조」 Vol.617, 2008
- 박구용, "초인과 인간복제", 「니체연구」 2003
- 배병일, "인간복제와 법", 「영남법학」 제9권 1호, 2002
- 윤종갑, "인간배아복제에 대한 불교적 관점", 「한국불교학」 제41집, 2004
- 이준일, 「인권법-사회적 이슈와 인권」 (홍문사, 2007)
- 장 훈, "인간복제와 안락사", 「교육교회」 2005
- 정승석, "생명복제에 대한 불교적 반성", 「동서철학연구」 제30호, 2003
- 황무임, "인간복제에 관한 헌법적 고찰", 「복지행정연구」 17집, 2001
- Eisenstadt v. Baird, 405 U.S. 438 (1972)

---

1) 이준일(2007), 「인권법-사회적 이슈와 인권」 홍문사, pp.182-3
2) 김진우(2008), "인간배아복제의 규제에 관한 국제적 동향", 「법조」 Vol.617, pp.379-82
3) Id.
4) Id. pp.382-91
5) Id.
6) 배병일(2002), "인간복제와 법", 「영남법학」 제9권 1호, p.185
7) Id.
8) 이준일(2007), id. pp.190-1
9) 황무임(2001), "인간복제에 관한 헌법적 고찰", 「복지행정연구」 17집, pp.19-20
10) 박구용(2003), "초인과 인간복제", 「니체연구」 p.182
11) 김상득(2002), "인간복제, 생식의 자유 그리고 윤리학", 「동서철학연구」 제31호, p.148
12) Id.
13) Eisenstadt v. Baird, 405 U.S. 438 (1972)

14) 이준일(2007), id. pp.188-9

15) 황무임(2001), id. p.24

16) 이준일(2007), id. pp.191-2

17) Id. p.192

18) 김순금(1995), "원불교의 은사상과 생명윤리", 「원불교교수협의회 하계세미나 자료」, p.83

19) 정승석(2003), "생명복제에 대한 불교적 반성", 「동서철학연구」 제30호, pp.301-5

20) 윤중갑(2004), "인간배아복제에 대한 불교적 관점", 「한국불교학」 제41집, pp.264-75

안락사와 존엄하게 죽을 권리

*"You matter because you are you. You matter to the last moment of
your life, and we will do all we can, not only to help you die peace
fully, but also to live until you die."*

- Dame Cicely Saunders, founder of Hospice -

안락사의 문제는 우리나라를 비롯한 많은 나라에서 사회적 논란이
되어왔다. 우리 사회의 사례를 보면, 10년간 경추탈골증후군이라는 희
귀병을 앓아 오다가 전신마비 증세로 거동을 전혀 하지 못하게 되고
자력호흡도 불가능한 상태가 되어 인공호흡기에 의해 생명을 유지하
던 아들을 아버지가 인공호흡기를 제거함으로써 사망에 이르게 한 사
건에서 법원은 살인의 유죄를 인정하였다.[1]

그리고 불치병인 뒤셴근육퇴행위축증에 걸려 식물 상태로 중환자실
에 입원 중이던 아들의 인공호흡기를 제거하여 집으로 데려와 숨지게

한 아버지도 유죄가 인정되었으나 회생가능성이 거의 없는 절망적 상황에 놓인 아들의 고통을 덜어주기 위한 행위였다는 점을 고려하여 법원은 집행유예를 선고하였다.[2]

또 우리에게 잘 알려진 2008년 '김할머니' 사건은 식물인간이 되어 중환자실에서 인공호흡기를 부착하고, 인공영양·항생제·수액 공급을 통해서 생존하던 김할머니의 가족이 법원에 치료중단, 즉 연명치료 중단을 청구한 사건으로 대법원은 이를 허용한 바 있다.

안락사에 대한 국민정서도 부정적이지 않은 것으로 드러났다. 2008년 실시한 우리 국민의 안락사에 대한 설문조사 결과에 따르면,[3] 회복가능성이 없는 말기암환자의 요청에 따라 의사의 약물투여 등 인위적 조치로 생명을 단축시키는 이른바 적극적 안락사에 대해 66.7%가 찬성했고, 본인이 인공호흡기에 의존해야 하는 상황에 처할 경우, 생명 연장을 중단하는 선택을 할 것인가의 질문에 77.8%가 '그렇다'고 대답했다.

한편 유럽에서는 자살여행이 있다. 불치병환자나 말기암환자들은 안락사를 법적으로 금지하는 자국을 떠나 안락사가 법적으로 허용된 스위스에 문을 연 조력자살 센터인 '디그니타스 클리닉(Dignitas Clinic)'을 방문하여 인생의 최후를 준비한다. 통계에 따르면, 1998년부터 2008년까지 총 947명이 이 클리닉에서 생을 마감했다. 그 중에 독일인이 가장 많고, 영국인이 그 다음으로 115명에 이른다고 한다. 이중에는 통상적인 치료가 가능한 사람도 포함되어 있다고 한다. 영국에서는 자살여행을 도운 사람도 자살방조죄나 자살지원죄 등으로 처

벌되어야 하는지에 대해 사회적 논란이 오랫동안 지속되었다.4)

안락사는 사람생명의 인위적 종결과 관련된 이슈이기 때문에 사적 영역에 그치지 않고 사회적 성격을 지닌다는 점에서 생명윤리적, 정치적, 법적, 종교적 논란이 끊이지 않았다.

안락사의 개념

안락사(Euthanasia)는 편안한 죽음 내지는 안락한 죽음을 뜻하는 것으로 'Euthanasia'의 그리스어원을 번역한 것이다. 영미권에서는 'mercy-killing'이라고도 하고 최근에는 죽을 권리(right to die)라는 표현도 사용되고 있다. 우리말로는 자비사, 존엄사, 연명치료중단 등 다양한 개념이 혼돈되어 사용되고 있다.

안락사는 생명 종결행위의 적극성에 따라, 환자의 의사에 따라, 종결행위의 특성에 따라 다르게 정의내릴 수 있다. 때문에 안락사에 대한 개념정의는 학자마다 제각각이다. 공통적으로 드러난 요소를 중심으로 살펴보면, 안락사는 고통 속에 힘들어 하는 사람의 고통 완화를 위해 환자의 요청으로 제3자가 고의로 의료행위를 중단하거나 죽음을 앞당기는 행위라고 정의된다.5)

안락사는 자연적 죽음이 아닌 인위적 죽음, 즉 형법적으로 일종의 살인이다. 환자 스스로가 자신의 생명을 해하는 것은 자살이며, 제3가가 대신 생명을 종결하는 것은 살인이 된다. 안락사는 극심한 고통 속에 있는 환자의 요청으로 생명이 종결된다는 점에서 형법상 촉탁살인에 가깝다.6) 이런 이유에서 자비사(mercy-killing)라고 정의하기도 한다.

안락사를 유형별로 분류하면 우선 적극적 안락사와 소극적 안락사로 나눌 수 있다. 적극적(active) 안락사는 불치병과 난치병에 걸린 환자 또는 말기암환자에 약물을 투여하여 생명을 인위적으로 중단하는 형태이다.[7] 행위주체로서 제3자, 주로 의료진과 약물 또는 제3자의 행위가 추가적으로 개입되는 것으로 직접적 안락사와 개념적으로 유사하다. 간접적 안락사는 진통제나 마취제의 부작용 또는 과다 투여로 환자의 생명이 단축되어 사망에 이르는 것을 말한다.

소극적(passive) 안락사는 생명유지에 필수적인 치료·투약을 중지하거나 생명유지 장치(예: 인공호흡기)를 제거하여 환자의 생명이 종결되는 것을 칭한다.[8] 생명유지를 위한 적극적 행위를 하지 않은 부작위(不作爲)적 특징이 있으며, 생명 종결과의 인과관계가 있을 것이 요구된다.

적극적·소극적 안락사의 개념적 구분은 적극적 행위의 존재여하에 달려있다. 즉, 극심한 고통에 처한 환자의 생명을 인위적으로 단축하는 의도적 행위가 있었다면 적극적 안락사로 구분하고 적합한 의료적 행위를 통해 생명지속을 도모할 선택의 여지가 있었음에도 불구하고 환자가 그냥 죽도록 방치하였다면 소극적 안락사로 구분한다. 이는 도덕적·법적 평가를 달리하는 근거가 된다.

그리고 안락사는 자발적 안락사와 비자발적 안락사로 구분할 수 있다. 자발적(voluntary) 안락사는 환자 본인의 요구와 같은 명시적 의사표현을 근거로 행하여 진 경우를 말한다.[9] 의사표현은 극심한 고통 속에서 내린 결정이 아니라 환자의 판단능력이 온전할 때 내린 것이어야 하며, 환자가 의식이 없는 상황 또는 식물인간의 상황이 이른 경우에는 관련 이슈에 대한 환자의 발언, 평소 신념, 종교 등을 종합적으로 따져 추정하기도 한다. 환자의 의사표현은 유언장이나 사전지시서 등의 서면 또는 가족·친지·친구의 증언으로 객관성이 증명될 수 있으면 족하다.

비자발적(non-voluntary) 안락사는 환자의 직접적 동의 없이 타인의 의사결정에 따른 안락사를 말한다.[10] 이는 가족과 친지의 의사결정에 따라, 또는 환자 본인의 직접적 의사에 반하여 결정되는 경우이다.

이와 같은 유형별 분류에 따르면 조력자살(assisted suicide)은 적극적 안락사에 해당된다. 조력자살은 주로 질병으로 고통을 받고 있는 말기환자가 가족 또는 친구 등의 도움을 받아 자살을 하는 경우이다.[11] 의사에게 조력을 받아 자살을 하는 경우 의사조력자살이라고 한다. 조력자살의 경우, 영국의 경험이 흥미롭다. 1961년 자살법(The Suicide Act 1961)이 입법되어 자살이나 자살미수에 대해 처벌하던 그간의 관행을 없앴다. 그러나 타인의 자살 또는 자살 미수행위를 조장하거나 조력하는 자의 형사책임을 두어 처벌하고 있다. 이는 스위스 디그니타스 클리닉에 자살여행을 도왔던 가족을 처벌하는 근거가 되어 사회적 논란이 되었다.

최근에 안락사와 더불어 존엄사라는 용어가 많이 쓰인다. 존엄사(death with dignity)는 무의미한 연명치료를 중지하여 품위 있고 인간다운 죽음을 맞이하는 것을 말한다. 품위 있고 인간다운 죽음을 맞이할 권리로서의 존엄사는 회복불가능한 말기환자의 생명유지치료를 중지함으로써 고통완화에 역점을 둔 안락사와는 미세한 차이가 있다.[12] 존엄사를 자연사(natural death) 혹은 죽을 권리(right to die)라고도 한다. 학자에 따라 존엄사를 소극적 안락사와 동일하게 보기도 하고, 안락사를 자비사와 존엄사로 구별하기도 한다. 근래에는 존엄사와 소극적 안락사를 구별하지 않고 존엄사를 바로 소극적 안락사로 이해하고 안락사는 적극적 안락사만을 의미한다고 보는 견해가 늘고 있다.[13]

존엄사 개념 등장의 이면에는 국가에 의한 무조건적 생명보호가 말기환자에게는 인간의 존엄과 가치를 오히려 해할 수 있으며, 삶을 연장시키는 것이 아니라 죽음의 길이를 고통스럽게 늘이는 것일 수도 있으며 편안한 삶의 마무리가 환자에게 더 나을 수도 있다는 논리가 내재돼 있다.

이상과 같이 안락사의 개념이 다양하게 나타난 것은 의학기술의 발전으로 사망을 호흡정지에서 심장의 정지로, 이제는 뇌기능 정지를 사망으로 정의하게 되었기 때문이다.[14] 생명연장장치와 같은 의료기술이 발달하면서 예전에는 사망하였을 환자가 식물상태로 또는 다른 형태로 생존하는 경우가 많아지면서 죽음의 형태에 대한 고민도 다양해진 까닭이다.

나라별 실태

국제인권법은 안락사에 대한 직접적 언급도, 관련 조약도 없다. 그리고 나라에 따라 다양한 실태를 보인다. 적극적 안락사는 스위스, 네덜란드, 룩셈부르크, 미국 오리건주·워싱턴주(의사조력자살) 등에서 허용되고 있다. 특히 네덜란드는 세계 최초로 적극적 안락사를 허용했다. 네덜란드에서 안락사에 관여한 의사가 형사처벌을 면하려면 점검 리스트의 28개 항목을 충족해야 한다.[15] 항목에는 ① 안락사의 최종 판단이 전적으로 환자 자신의 자유의지에 의한 것일 것, ② 환자가 이성적으로 사고하였을 것, ③ 안락사나 의사조력사망 외에 다른 방도에 대한 정보 제공을 받고 상담과 상의를 하였을 것, ④ 결심에 지속적으로 변함이 없을 것, ⑤ 참을 수 없는 고통이 있을 것, ⑥ 주치의가 최소한 한명이상의 안락사 전문가와 자문할 것, ⑦ 환자가 서명한 공시보고서를 관련기관에 제출하여 승인받을 것 등이 포함되어 있다.

소극적 안락사는 미국, 유럽 및 그 밖의 많은 국가에서 허용되는 추세에 있다. 그 이유에는 '생명권 보장의 예외적인 경우로 자기결정권에 의한 생명단축이 인간의 존엄성, 행복추구권 및 잔인하고 비인도적인 굴욕적인 처우를 받지 않을 기본적 인권의 실현으로 보는 사회적 합의와 법 제정이 이뤄졌기 때문이다.[16] 최근 미국에서 말기환자의 자기결정권의 행사가 거의 모든 주에서 시행되고 있으며 치료중단, 즉 존엄사와 의사조력자살의 구분은 엄격하게 구분되고 있다.

우리나라의 경우 안락사나 존엄사에 관해 입법된 법률은 아직 없다. 다만 형법상 적극적 안락사는 살인죄, 환자의 부탁이나 승낙을 받아 살해한 경우에는 촉탁·승낙살인죄, 말기환자의 자살을 도운 경우에는 자살방조죄가 적용된다는 것이 다수의 입장이다. 그리고 우리 법원은 적극적 안락사를 인정하지 않고 있다. 생명을 함부로 다루어서는 안 된다는 절대적 생명보호의 법적 원칙과 이를 인정할 경우 생명의 신성불가침성이 무너지게 되고 남용의 위험이 상존한다는 이유 때문이다.

한편 법원은 소극적 안락사 또는 존엄사를 인정하고 있다. 2009년 5월 '김할머니' 판결은 진료중단이 생명과 직결되기 때문에 생명존중의 헌법이념에 따라 신중히 판단해야 한다고 하면서도 환자가 조만간 사망할 것이 명백한 경우에는 회복 불가능한 단계에 들어선 것으로 볼 수도 있고, 이 경우 환자의 의사결정을 존중해 연명치료를 중단하는 것이 인간으로서의 존엄과 행복추구권을 보호하는 것이라고 하였다.[17]

연명치료중단에 대한 기준으로 법원은 '이미 의식의 회복가능성이 없고 인격체로서의 더 이상의 활동을 기대할 수 없으며 자연적으로 이미 죽음의 과정이 시작되어 회복 불가능한 사망의 단계에 이른 후에는, 연명치료를 환자에게 강요하는 것이 의학적으로 무의미한 신체침해행위에 해당하여 오히려 인간의 존엄과 가치를 해하게 하는 것이므로, 이 같은 예외적인 상황에서는 환자의 의사결정을 존중하여 환자의 인간으로서의 존엄과 가치 및 행복추구권을 보호하는 것이 헌법정신에도 어긋나지 않는다' 라고 하였다.[18]

본 판결은 환자의 자기결정권을 중시한 판결로 볼 수 있으며, 환자의 사전의료지시가 없는 상태에서는 환자의 평소 가치관이나 신념 등을 고려하여 연명치료를 중단하는 것이 객관적으로 환자의 최선의 이익에 부합한다고 인정되는 경우에 그 연명치료 중단에 관한 환자의 의사를 추정할 수 있다고 보고 있어 존엄사의 인정범위를 정하고 있다.

추가로 2010년 '연명치료중단 제도화 관련 사회적 협의체' 논의를 통해 합의된 사항을 보면 ① 연명치료 중단의 대상은 말기환자로 제한하고, ② 지속적 식물인간인 환자는 대상에서 제외하되 말기상태이면 포함시키기로 하였으며, ③ 수분·영양공급 등 말기환자에 대한 일반 연명치료는 계속하고, ④ 심폐소생술·인공호흡기 부착 등 특수연명 치료에 한해 중단할 수 있도록 합의하였다.[19]

인권 이슈

영국의 Dianne Pretty는 운동뉴런증으로 오랫동안 고통을 받았고 비인간적이고 굴욕적인 죽음을 앞두고 있었다. 그녀는 타인의 도움 없이는 자살도 할 수 없는 상태였고, 영국 자살법상 자신의 자살을 조력하는 사람(여기서는 남편)은 처벌대상에 해당되었다. 남편이 처벌받기를 원치 않았던 그녀는 본 사건에 공소권 행사 여부에 재량권이 있던 영국 검찰을 상대로 남편이 자신의 자살을 조력할 경우 남편을 처벌할 것인지 확인해 달라고 요청했다. 검찰이 공소권을 행사할 것이라고 하자, 2002년 그녀는 검찰의 결정이 유럽인권협약에 보장된 자기결정권(2조), 비인간적이고 모멸적인 처우금지(3조), 사생활권(8조), 양심의 자유(9조), 차별 금지(14조) 등을 위반했다며 영국대법원과 유럽인권재판소에 소송 제기한 바 있다.[20]

Pretty는 결국 본 소송에서 패소하였지만, 안락사를 인권의 관점으로 접근하여 적지 않은 관심을 받았고 사회적 논쟁을 불러 일으켰다. 안락사와 관련 있는 인권이슈는 다음과 같다.

우선, 존엄하게 죽을 권리가 있다.[21] 인간은 존엄하고 인간답게 살 권리가 있고 그 권리는 죽음을 맞는 순간에도 존엄하고 인간답게 죽을 권리를 포함한다. 불치병·난치병 또는 말기환자는 고통스럽게 삶을 연장하며 살아가기보다는 스스로 존엄하고 평화롭게 죽을 수 있어야 한다는 의미이다. 죽음에 대한 자기결정권이라고도 한다.

둘째, 신체에 대한 자기결정권(self-determination)의 이슈가 있다. 환자의 의사에 반하는 의료진의 결정에 따른 생명연장시술은 환자가 갖는 신체에 대한 자기통제권과 인격적 존엄성에 대한 자기결정권을 침해하는 것과 다르지 않다는 논리이다. 시민적·정치적 권리에 관한 국제규약은 모든 사람은 자결권을 가진다고 명시하고 있다. 자결권의 실현은 개인의 인권을 효과적으로 보장하는 것과 같고 인권 증진에 필수적인 조건으로 간주된다. 인권규범에서 매우 중요하게 보장하고자 하는 내용이다.

셋째, 인권이슈로 생명권(right to life) 보장이 있다.[22] 생명권은 안락사 찬성과 반대 진영 논거로 모두 사용된다. 안락사 반대론자들은 죽을 권리는 생명권과 충돌되는 것이어서 허용될 수 없다고 본다. 생명권은 인간의 존엄과 자결, 그리고 다른 권리의 근원이 되기 때문에 국제법은 안락사를 논의조차 하지 않다고 보는 견해이다. 반면에 안락사 찬성론자들은 생명권을 사람답게 살 권리라고 해석하며 환자의 결정권을 보다 중요시하는 견해이다.

안락사에 대한 원불교의 태도

안락사를 둘러싼 가장 근본적인 물음은 인간이 자기의 죽음을 결정할 수 있는가의 문제로 집약된다. 이에 대한 각 종교들의 반응도 다양하다. 천주교와 개신교는 안락사가 부분적으로 허용된다는 입장에 있다. 기독교적 관점에서 원칙적으로 생명에 관한 권능은 오로지 신에게 속한 것으로 생명을 중단시키는 죽음에 관한 결정은 결코 인간이 스스로 내릴 수 없는 것이라고 본다. 그러나 극심한 고통을 겪는 환자의 입장을 고려하여 엄격한 조건에서 극히 예외적인 경우 안락사를 허용할 수 있다는 현실적 태도를 보이기도 한다.[23)]

원불교는 죽음을 단지 옷 갈아입는 변화에 불과한 것과 같다고 본다.[24)] 윤회에 대해 소태산 대종사는 잠자고 깨는 것과 같다고 하면서 업을 따라 한없이 다시 나고 죽는다고 하였다.[25)] 원불교에서 죽음의 기준은 육체의 기운과 호흡이 끊어지고 영혼이 뜨는 것이라 하여, 심장사와 뇌사가 모두 진행되는 것을 죽음의 단계로 인정하는 듯하다.

불법을 주체삼고 석가모니에 연원을 두었던 원불교는 불교의 윤회사상을 그대로 계승하였다. 불교전통의 절대적 생명과 권리에 대한 부정은 생명을 개인이 처분할 수 있다는 논리와 배치되어 보이지 않는다. 다만 행위에 대한 책임은 순전히 행위자의 몫으로 남는다.

윤회는 업(業, Karma)에 따라 이뤄지고 업은 의식(意識)의 활동으로 만들어 지며 이에 따른 활동으로 과보를 받게 된다. 행위자의 동기가 선하면 선의 과보를 받고 악하면 악의 과보를 받게 된다. 의식작용은 의지와 분별력이 수반되기 때문에 죽음에 대한 자기결정권 행사에 있어서 자율성을 매우 중요하게 평가한다. 그러나 한번 업이 형성되면 이에 대한 과보는 행위자가 해탈한다 하여도 반드시 받게 된다고 하여 결과에 대한 책임을 엄격히 적용하고 있다.

적극적 안락사의 경우, 극심한 고통을 회피하기 위한 목적으로서 결정내린 것이라면 이에 따른 업을 받게 된다고 본다. 그러나 희생과 같은 고차원적 동기로 적극적 안락사를 결정했다면 다른 윤리적 판단의 결과에 이를 것이다. '진정한 자유를 획득해서 선과 악의 경향성을 조절할 수 있는 사람은 진리와 허위, 선과 악을 있는 그대로 이해할 수 있을 것이고, 이러한 경지에서 선택하는 죽음은 오히려 도덕적인 가치를 가질 수 있고, 숭고한 것으로 숭앙될 수도 있다' 는 의미가 내재되어 있다.[26]

소극적 안락사 또는 존엄사의 경우, 무의미한 연명치료를 거부하겠다는 의사표시는 업을 형성하고 이의 과보는 온전히 자신에게 돌아온다. 무의미한 연명치료를 거부하는 동기가 선하면 선의 과보를 받고, 악하면 악의 과보를 받게 되는 것이다.

식물인간상태의 환자가 미리 본인의 의사를 밝혀놓았다면 그 결정에 따른 과보는 모두 환자 본인의 몫이다. 원불교 공익복지부와 불교계가 장기기증서약 캠페인을 진행하는 이유 중의 하나도 이와 같은 맥락에서 이해할 수 있다.

그러나 그렇지 않은 상황에서 존엄사의 결정이 가족 또는 친지에 의해 내려진다면, 결정의 동기에 따른 과보는 이 결정에 참가한 사람들의 몫이다. 의식불명의 환자가 의사표현능력이 있었다면 아마도 연명치료의 중단을 원했을 것이라고 추정한 결정자의 의사 또는 의식이 업보의 대상이 된다. 이 경우에 장기기증으로 다른 사람의 생명을 살린 선한 과보는 의식불명의 환자자신이 아니라 환자의 의사를 추정하여 결정한 결정자가 받게 된다.[27]

정리하자면 원불교를 포함한 불교전통은 환자가 미리 명백하게 연명치료중단의 의사표현을 한 경우라면 이를 존중하며, 이를 도운 의료진과 가족들을 비난할 수 없다. 또 의사표현이 불가능한 의식불명의 환자의 의사를 추정하여 결정내리는 존엄사의 경우도 존중된다고 볼 수 있다.

참고문헌

– 김도공, "원불교의 죽음교육과 생사관", 「신종교연구」 제24집, 2011
– 김종덕, "적극적 안락사의 정당성에 관한 형법이론적 고찰", 「법학연구」 제40호, 2010
– 김명수, "인간의 존엄성 – 생명권, 안락사 등을 중심으로", 「세계헌법연구」 제15권 2호, 2009
– 김순금, "죽음의 원불교적 해석", 「원불교사상과 종교문화」 36집, 2006
– _____, "죽음의 원불교적 해석학", 「원불교사상과 종교문화」 46집, 2009
– 방건웅, "신과학과 생명윤리", 「원불교사상과 종교문화」 33집, 2005
– 박충구, "현대 기독교 생명윤리의 관점에서 본 안락사", 「한국기독교신학논총」 67집, 2009
– 이정훈, "소극적 안락사, 법과 종교의 경계에 선 성찰", 「법철학연구」 제12권 제1호, 2009
– 이종갑, "존엄사와 안락사에 관한 연구", 「법학연구」 제18권 제2호, 2010
– 이주희 · 조한상, "영국의 안락사: 조력자살과 관련된 주요사건과 입법동향을 중심으로", 「형사정책연구」 제21권 제21호, 2010
– 이준일, 「인권법: 사회적 이슈와 인권」 (홍문사, 2007)
– 장복희, "안락사에 관한 국제법 및 비교법적 고찰", 「법조」 Vol.653, 2011
– 최경석, "자발적인 소극적 안락사와 소위 존엄사의 구분가능성", 「한국의료윤리학회지」 제12권 제1호, 2009
– 최지윤 · 권복규, "안락사와 연명치료중단에 관한 우리나라의 최근 동향", 「한국의료윤리학회지」 제12권 제2호, 2009

- Sunghyun Shin, "Buddhist Ethical Discussion on Euthanasia", 「종교교육학연구」
  제31권, 2009
- 대법원 2009년 5월 21일 선고 2009다17417
- 서울지방법원 서부지원 2004년 1월 15일 선고 2003고합323

---

1) 서울지방법원 서부지원 2004년 1월 15일 선고 2003고합323

2) 연합뉴스, 2008년 01월 25일

3) 이화여자대학교 생명의료법연구소 권복규 교수가 암 환자 91명, 말기환자의 보호자 96명, 의사 140명을 대상으로 조사가 실시됐다. 데일리메디, 2010년 4월 19일

4) Guardian 2009년 6월 22일자

5) 이종갑(2010), "존엄사와 안락사에 관한 연구", 「법학연구」 제18권 제2호, pp.360-4; 최경석(2009), "자발적인 소극적 안락사와 소위 존엄사의 구분가능성", 「한국의료윤리학회지」 제12권 제1호, pp.62-4

6) 이종갑(2010), id. p.360; 최지윤외(2009), "안락사와 연명치료중단에 관한 우리나라의 최근 동향", 「한국의료윤리학회지」 제12권 제2호, pp.129-31

7) 최경석(2009), id. pp.64-6

8) Id.

9) 이준일(2007), 「인권법: 사회적 이슈와 인권」 홍문사, p.31

10) Id.

11) 이주희외(2010), "영국의 안락사: 조력자살과 관련된 주요사건과 입법동향을 중심으로", 「형사정책연구」 제21권 제21호, pp.381-4

12) 이종갑(2010), id. pp.362-4

13) Id.

14) 장복희(2011), "안락사에 관한 국제법 및 비교법적 고찰", 「법조」 Vol.653, p.224; 최지윤외(2009), id. p.128

15) See 김명수(2009), "인간의 존엄성 – 생명권, 안락사 등을 중심으로", 「세계헌법연구」 제15권 2호

16) Id.

17) 대법원 2009년 5월 21일 선고 2009다17417

18) Id.

19) http://www.newswire.co.kr/newsRead.php?no=485450

20) 이주희외(2010), id. pp.388-9

21) 이준일(2007), id. p.32

22) 이준일(2007), id. pp.31-2

23) See 박충구(2009), "현대 기독교 생명윤리의 관점에서 본 안락사", 「한국기독교신학논 총」67집

24) 「원불교 전서」제2부 대종경 제9 천도품 9장, p.291

25) Id. 12장, pp.291-2

26) 이정훈(2009), "소극적 안락사, 법과 종교의 경계에 선 성찰", 「법철학연구」제12권 제1 호, pp.113-4

27) Id. pp,111-2

낙태와 여성의 선택권

"*No woman can call herself free who does not control her own body.*"

- Margaret Sanger -

"*If a mother can kill her own child - what is left for me to kill you and you to kill me - there is nothing between.*"

- Mother Teresa -

보건복지부에 따르면 2011년 우리나라 낙태율은 15.8%이다. OECD 주요국 중에서 미국 18.7%(2008), 프랑스 17.6%(2007), 영국 16.8%(2009), 일본 10.3%(2008) 등과 단순비교해도 높은 수준에 속한다. 그러나 인구대비 낙태율을 따지면 미국에 비해 6배 정도 많다. 더욱이 미국, 프랑스, 영국은 낙태를 허용하는 국가이고 우리나라는 낙태를 허용하지 않는 국가임을 감안할 때 우리 사회의 낙태율은 상당히 높은 것이다. 연간 200만 건, 하루에 4천 건의 낙태시술이 이뤄지고 있고, 20초마다 1번의 낙태가 시술되고 있는 것이다.[1]

낙태가 불법행위로 규정되고 그 실태가 심각한 상황임에도 불구하고 낙태죄의 기소 및 처벌은 현저히 낮다. 인구 100,000명당 낙태죄 판결 확정 건수는 2000년 39명과 2003년 22명, 검거건수가 2000년 37명, 2003년 18건으로 매우 낮다. 낙태하는 여성은 많지만 낙태에 대한 처벌은 거의 없는 것이다.[2]

또 낙태경험이 있는 여성 중 기혼여성이 57.1%, 미혼여성이 42.9%로 드러났는데, 낙태이유로는 원치 않은 임신, 즉 피임의 실패(35%), 경제적 여건상 양육의 어려움(16.5%), 태아의 건강문제(15.9%), 미혼(15.3%) 순으로 나타났다. 31.7%의 여성이 자신의 경제·사회적 이유로 낙태를 선택하는 것이다.[3]

이와 같이 우리 사회에 만연한 낙태실태의 이면에는 낙태를 피임의 한 방법쯤으로 간주하는 생명경시현상이 자리 잡고 있고 이에 대한 사회 각계의 우려도 높다. 한편에서는 낙태가 여성의 자기선택권 행사의 문제라며 다른 각도에서 바라보기도 한다. 낙태문제에 대한 논의 자체를 꺼려하는 사회적 분위기가 지배적인 우리나라와는 달리, 미국에서 낙태는 대선과 연방대법원장 임명 등 주요공직자 선출과정에서 매번 치열한 공방의 이슈가 되어왔다.

낙태담론에서 드러나는 '생명권(pro-life)'과 '선택의 자유(pro-choice)'의 변증법적 소통과 긴장에서 우리는 인권의 본질을 다시금 확인할 수 있다.

낙태의 개념

낙태(abortion)란 임신의 상태를 종료하기 위한 목적으로 산모의 자궁으로부터 태아를 인위적으로 배출시키는 행위를 말하며, 의학용어로 인공임신중절이라고 한다.[4]

낙태시술의 방법은 임신주기에 따라 다르게 적용된다. 임신 5-6주에는 진공흡입술을 적용한다. 강한 압력으로 태아를 빨아내는 방법이다. 임신 9-12주에는 소파술을 적용하는데 큐렛이라는 기계로 자궁에 착상된 태아를 긁어내는 방법이다. 또 임신 12-16주가 되면 제거술을 적용하며, 임신 20주 이상이면 유도분만술을 통해 낙태를 시행한다. 이 경우에 잘 되지 않으면 태아를 조각조각 빼낸다고도 하며, 태아가 살아서 나오기도 한다고 한다.[5]

실제로 한 산부인과 의사가 임신 28주 상태의 태아를 약물에 의한 유도분만의 방법으로 낙태를 시술하였으나 태아가 살아서 미숙아 상태로 나오자 염화칼륨을 주입하여 태아를 사망하게 한 사건에서 낙태죄의 성립을 인정하였던 대법원 판결이 있다.[6] 그러나 대부분 낙태는 전체의 96.3%가 임신 12주 미만에 이루어진다는 점을 볼 때 유도분만을 통한 낙태가 많지는 않다고 보여 진다.[7]

우리나라는 원칙적으로 낙태를 금지하지만 그 실태는 다른 나라보다 심각하다. 그럼에도 처벌은 거의 전무하다. 우리와는 달리 외국은 낙태를 제한적으로 허용하는 대신 위반 시 엄격히 처벌하고 있다. 대부분 임신 10-14주까지는 낙태를 허용하는 것이 일반적이다. 구체적으로 스위스 10주, 독일 · 덴마크 · 룩셈부르크 · 남아프리카공화국

12주, 포르투갈 16주, 노르웨이 18주, 스페인 22주, 영국 · 쿠웨이트 · 대만 24주 등 다양하게 나타난다.[8]

우리나라의 낙태 규제

우리나라 형법 269조 · 270조는 낙태를 원칙적으로 금지한다. 이를 위반하는 경우 낙태죄 등으로 처벌하도록 규정하고 있다. 우리 형법은 자기낙태죄와 동의낙태죄에 대하여 1년이하의 징역이나 200만원 이하의 벌금형을 규정하고 있다.

그러나 형법은 재물손괴죄를 3년 이하의 징역이나 7백만원 이하의 벌금형을 정하고 있으면서도 낙태죄의 법정형을 재물손괴죄보다 낮게 정하는 것은 생명권을 가장 높은 가치의 법익으로 보장하는 형법의 기본 취지에 어울리지 않은 점이라 볼 수 있다.

태아를 온전한 사람으로 취급되지 않은 현실에서 태아의 생명권은 절대적으로 보장되는 것이 아니다. 일정한 경우에 한해 모자보건법은 태아의 생명권 침해를 정당한 것으로 보고 있다.

모자보건법은 낙태허용의 예외적인 조건으로 임신 24주 이내에 한정(시행령 15조)하고, ① 본인이나 배우자가 우생학적, 유전학적 정신장애나 신체질환이 있는 경우, ② 본인이나 배우자가 대통령령으로 정하는 전염성 질환이 있는 경우, ③ 강간 또는 준강간에 의하여 임신된 경우, ④ 법률상 혼인할 수 없는 혈족 또는 인척간에 임신된 경우, ⑤ 임신의 지속이 보건의학적 이유로 모체의 건강을 심각하게 해치고 있거나 해칠 우려가 있는 경우 등에는 인공임신중절을 허용(14조)하고 있다.

정리하면, 원칙적으로는 태아의 생명권 보호를 우선하되 모자보건법에서 예외적으로 낙태를 허용하는 형식을 취하고 있어, 태아의 생명권과 충돌하는 임산부의 사생활권 또는 자기결정권과 절충을 꾀한 것으로 이해하면 될 듯하다.

다만, 고의낙태에 대한 형법상 낙태죄 적용이외에 민사상 손해배상청구가 가능한지의 문제와 의사의 과실로 태아가 사산한 경우에 대해서는 규정하지 않고 있다. 이와 관련하여 헌법재판소는 '태아는 민법상 권리능력의 존재여부를 출생시를 기준으로 확정하고 태아에 대해서는 살아서 출생할 것을 조건으로 손해배상청구권을 인정'한다고 하여 낙태되어 사산된 태아에 대하여 손해배상청구권을 인정하지 않고 있다.[9]

헌법재판소의 소수의견과 학설의 대체적 의견은 민법3조(사람은 생존한 동안 권리와 의무의 주체가 된다)와 762조(태아는 손해배상의 청구권에 관하여는 이미 출생한 것으로 본다)를 근거로 태아가 살아서 출생하지 못하는 경우에도 손해배상청구권을 이미 취득한 것으로 간주하여 태아의 사망시까지 태아가 보유하다가 태아가 사망한 시점을 기준으로 상속된다고 한다. 이 의견도 낙태를 동의하지 않은 남편이 태아를 대신하여 낙태한 부인을 상대로 다양한 소송을 제기할 수 있다는 효과가 있다는 점에서 흥미롭다.

미국의 낙태 규제

미국은 낙태찬반에 대한 오랜 논쟁을 이어오고 있다. 기독교 문화가 강한 미국사회에서 낙태찬반의 논쟁은 여권신장의 흐름과 함께 치열한 긴장관계를 유지하고 있다.

미연방대법원은 태아의 생명권과 여성의 선택권과의 이익 균형을 도모하여 합리적 해결책을 제시하고 있다. 1973년 Roe 사건에서 미연방대법원은 임신기간을 3분기(trimester)로 나눠 처음분기, 즉 임신 12주까지는 여성의 자율적 선택권의 우세를 지지하고 국가가 낙태를 금지하거나 엄격한 규제를 할 수 없게 하였다. 두 번째 분기에는 임신부의 건강을 보호하기 위한 이익이 있을 경우에 한정하여 낙태를 허용하였으며, 세 번째 분기에는 태아의 생명권을 우선적으로 보호하도록 하여 낙태를 전면 금지하는 것도 가능하다고 기준을 정하였다. 마지막 분기에는 태아가 자궁 밖에서 생존할 수 있는 유의미한 생명을 갖게 되어 태아의 생명권 보호에 중대한 이익이 있음을 확인한 것이다.[10]

이와 같은 미연방대법원의 분기별 심사기준은 1992년 Casey사건을 계기로 폐지되고 낙태허용 기준이 '부당한 부담(undue burden)'으로 변경되었다.[11] 이 판결에서는 태아가 자궁 밖에서 독립적으로 생존할 수 있는 능력(viability)을 기준으로 낙태허용의 시점을 정하고 태아가 독자적 생존능력이 없는 시기까지는 임신부가 낙태를 선택할 수 있는 근본적 권리를 갖는다고 인정하고, 여성에게 낙태선택에 있어 부당한 부담을 지우지 않아야 한다고 보았다. 그리고 국가는 임신부의 생명과 건강에 위협이 되는 경우를 제외하고 생존가능한 태아에 대하여 낙태를 금지할 수 있다고 보았다.

나아가 낙태시술을 시행하기에 앞서 기혼여성에게 배우자의 동의를 의무화하는 것은 여성의 낙태선택권 행사에 실제적인 장애가 된다는 이유로 위헌으로 판결하였고, 미성년자의 낙태의 경우, 낙태시술 24시간 전에 부모의 동의를 받게 하는 것과 낙태시술 전 24시간동안 대기기간을 의무적으로 두는 것은 부당한 부담이 아님을 확인하였다.12)

생명권

낙태담론에서 충돌되는 인권의 내용은 생명권과 사생활권 또는 자기결정권이다. 우선 사람은 생명권을 지닌다. 세계인권선언 3조와 시민적 · 정치적 권리에 대한 국제규약(이하 '자유권 규약') 6조는 모든 인간은 고유한 생명권을 갖고 법률로서 보장받는다고 규정하며, 어느 누구도 자의적으로 생명을 박탈할 수 없다고 규정하고 있다.

우리 헌법에서도 명문규정은 없지만 '인간의 생존본능과 존재 목적에 바탕을 둔 선험적이고 자연법적인 권리로서 헌법에 규정된 모든 기본권의 전제이기 때문에 당연히 보호되어야 하는 기본권 중의 기본권'이라고 헌법재판소는 판시하였다.13)

헌법재판소는 나아가 형성 중의 생명인 태아에게도 생명에 대한 권리가 인정되고, 따라서 태아도 헌법상 생명권의 주체가 되며 국가는 헌법 제10조에 따라 태아의 생명을 보호할 의무가 있다고 하였다.14)

우리 대법원도 '인간의 생명은 잉태된 때부터 시작되는 것이고 회임된 태아는 새로운 존재와 인격의 근원으로서 존엄과 가치를 지니므로 그 자신이 이를 인식하고 있든지 또 스스로를 방어할 수 있는지에 관계없이 침해되지 않도록 보호해야 하는 것이 헌법아래에서 국민일반

이 지니는 건전한 도의적 감정과 합치된다'고 판결하였다.[15]

우리 법률은 태아의 정의 및 시기에 침묵하고 있고, 판례도 명확한 기준을 정하고 있지 않는다. 태아가 생명체인지와 언제부터 생명으로 볼 수 있는지의 기준을 정할 필요가 있는데, 낙태와 관련하여 핵심은 태아가 자연적 분만에 이르기 전에 자궁 밖으로 인위적으로 배출되어 생명이 박탈된다는 데 있다.

학계는 일반적으로 생명의 시점을 수정란이 자궁에 착상하는 시기, 즉 수정 후 14일이라고 본다.[16] 물론, 생명의 시작을 각각 수정란이 형성된 시점으로, 태아의 분만시점으로, 태아가 자궁에서 분리되는 시점으로, 또는 자궁에서 분리되어 태아 스스로 호흡을 시작한 시점으로 보는 견해도 각각 존재한다.[17] 수정란의 착상이후를 생명의 시작으로 보는 다수의 견해는 임신 14일 이후에 시술되는 낙태는 예외적인 사정을 제외하고는 모두 불법으로 본다.[18]

독일도 정자와 난자의 수정 후 14일 정도의 시점을 생명의 시작으로 보아 수정란의 자궁 착상 이전의 낙태는 처벌하지 않는다. 미국에서 태아가 모체 밖에서 독자적으로 생존 가능한 시점을 기준으로 임산부의 선택권보다 태아의 생명권을 우선시하는 것은 상충되는 법익사이의 균형을 위해 어느 하나를 우선시하는 것이지 독자적 생존가능성이 희박한 태아의 생명권을 인정하지 않는 것은 아니다. 생명권의 제한은 생명권의 인정에서 시작된다는 것을 잊어서는 안 된다. 참고로 세계보건기구(WHO)에 따르면 임신 22주 이상, 체중 500g 이상이면 생존능력이 있다고 한다. 임신 22주는 예외적인 생존가능 시기이고, 23주는

15%의 생존가능성, 24주는 56%의 생존가능성이 있다고 한다. 즉, 의학의 발달로 유산 후 태아가 모체 밖에서 생존할 가능성이 높아지고, 28주 이전에 모체 밖에서 생존 가능한 경우가 높아지고 있는 것이다.[19]

사생활권과 자기결정권

다음은 여성의 사생활권과 자기결정권이다. 사생활권은 개인의 자유로운 사적 영역을 부당한 정부의 간섭 없이 자율적으로 결정할 수 있는 이익을 의미한다. 이는 인간에게 보장되는 비밀 · 익명 · 고독성의 특성과 자율성을 포함하며 여성에게 임신과 출산의 결정도 사생활권의 영역에 포함(특히, 미국의 낙태담론에서)되고 낙태선택도 여기에 해당된다.[20] 세계인권선언과 자유권 규약 17조, 그리고 우리 헌법 17조에서 보장되고 있다.

자기결정권도 개인의 인격발현에 관한 사항을 외부의 개입 없이 자율적으로 결정할 권리를 말한다. 여기에는 출산, 치료거부, 존엄사의 권리 등이 포함되며, 결혼, 이혼, 출산, 피임, 낙태 등과 삶과 죽음에 대한 사항, 머리모양과 복장, 음주, 흡연 등 개인생활의 방식과 취미에 대한 사항, 성인간의 성적행동에 관한 사항 등도 포함되는 등 스스로 자유롭게 결정하고 그 결정에 따라 행동할 수 있는 권리를 말하는 것이다.[21] 자기결정권에도 낙태의 선택이 포함된다고 볼 수 있다.

여성주의적 관점은 낙태선택에 관한 사항을 재생산권으로 설명한다. 여성의 재생산활동에는 임신 전부터 출산 후까지의 모든 방법과 과정이 포함되며 따라서 임신 이후 출산하지 않으려는 결정도 재생산 개념과 관련지어 논의하는 견해이다.[22] 재생산권에는 임신 또는 출산, 나아가 피임과 낙태의 결정권과 신체·정신 건강에 대한 통제권을 포함하는 권리로 본다.

살펴본 바와 같이 표현의 차이는 있지만 사생활권, 자기결정권, 재생산권 등은 낙태에 대한 여성의 선택권을 중시하고 있다는 점에서 본질적으로 비슷한 내용을 주장하고 있다.

이와 같은 관점에서 보자면 우리 법률이 낙태를 원칙적으로 금지하는 것은 여성의 낙태선택권 행사를 제약함으로써 사생활권 또는 자기결정권을 침해하고 있다고도 볼 수 있는 것이다. 아울러 낙태허용 조건으로 모자보건법 14조가 배우자의 동의를 의무화한 것은 여성의 선택권을 제약하는 것이다. 현실적으로 타인에게 강간을 당하여 임신한 경우나, 임산부나 배우자에게 유전적 질환이 있는 경우에도 배우자의 동의가 없다면 임산부는 출산의 의무를 부담해야 하는 것으로 여성의 사생활권 또는 자기결정권이 침해될 여지가 큰 것이다. 물론 출산과 양육은 부부가 공동으로 책임을 지는 것이기 때문에 상호 협의를 거쳐 결정하는 것이 원칙이나 의견이 일치하지 않은 경우에는, 특히 남편이 동의하지 않는 경우, 여성은 원치 않은 출산을 강요되는 구조는 부당하다는 것이다.

미국도 같은 사례에 대해 낙태시술에 있어 기혼여성의 배우자 동의를 얻도록 한 것은 여성의 낙태선택권에 실체적 장애를 세우는 것으로 위헌이다는 판결을 내린 바 있다.[23]

낙태와 원불교적 접근

생명존중사상을 강조하는 종교계는 시종일관 낙태에 대한 반대 또는 부정적 입장을 견지해 왔다. 가톨릭은 1970년대 이후 대대적인 낙태추방 캠페인을 벌이고 있고, 개신교는 1994년 낙태반대운동연합을 결성하여 낙태허용을 위한 형법개정에 대대적으로 반대해 왔다. 이러한 반대움직임의 배경에는 인간 생명의 시작을 정자와 난자의 수정으로 보는 생명관에서 기인한다. 그렇다고 태아의 지위와 출산 후 인간의 지위를 동등하게 대우하지는 않는다. 인간의 인격을 하나님의 생령 또는 형상으로 이해하는 교리적 특성상 인격이 없는 태아를 대등하게 인정하기 어렵기 때문이다.[24]

불교계도 다르지 않다. 모두를 불성을 지닌 존재로 인정하고 대등하게 존중한다. 불교계가 보다 엄격하게 살생을 금하는 것은 그 행위가 존재의 성불 가능성을 원천적으로 좌절시키는 해악이기 때문이다. 같은 맥락에서 태아도 불성을 지닌 존재로 존중된다.

의학적으로, 정자와 난자가 결합된 수정란은 14일간 세포분열(전배아)을 하며 자궁에 착상하게 되고, 이 시기부터 8주차까지 신체기관과 장기가 형성되는 배아의 기간을 거친다. 8주 이후부터는 배아기에 형성된 모든 장기가 양적으로 성장하는데 이를 태아라고 한다. 그래서 혹자는 전배아가 신체기관의 분화가 이루어지지 않은 점을 이유로 생명체가 아니라고 주장한다. 이 시기에는 모체와 연결되는 착상의 단계가 남아 있는 단백질덩어리에 불과하고, 쌍생아가 될 수 있는 가능성도 남아 있어 개체의 동일성(identity)을 확정하기도 어렵기 때문이다.

그럼에도 불구하고 수정란은 여전히 배아–태아–인간으로 발전하는 시작으로서 생명의 시작으로 보는 것에는 무리가 없어 보인다.

원불교에서는 생명의 시작을 정자와 난자의 수정과 더불어 중유(의식)의 결합으로 본다. 원불교는 육도사생(六途四生)의 불교 중음관을 계승하고 있고, 그에 따르면 중유는 생유(生有)→본유(本有)→사유(死有)→중유(中有)의 윤회과정 중의 한 단계로서 육신이 죽어 영혼이 다시 몸을 받기 전까지 중음의 세계에 머물게 되는 생존을 말한다.[25] 다만 수정과 동시에 중유가 결합되기도 하지만 수정된 후 나중에 결합되기도 하여 획일적인 기준을 정할 수는 없다. 이 입장에서는 수정이 된 후라도 중유가 결합되기 전까지는 생명체로 보지 않고, 태아라고 할지라도 중유가 결합되지 않았다면 생명체로 인정하기에는 무리가 있다. 그럼에도 불구하고 수정란은 생명체이고 잠재적 인간이며 불성을 지닌 존재이기 때문에 존중되어야 한다.

한편, 불교철학은 같은 살생이라도 죄의 위계와 경중은 다르게 평가한다. 생명체의 크기, 존엄성, 그리고 복잡성의 정도에 따라 살생에 대한 업보의 경중을 평가한다.[26] 업의 원인이 선하면 과보도 선하고 악하면 과보도 악의 성질을 띤다. 예를 들면, 인간은 태아와 배아보다 크고 복잡한 존재라고 평가할 수 있고 따라서 인간 살생의 업보는 태아의 살생보다 중하고 볼 수 있다. 같은 논리로, 임신의 낙태시기에 따라, 즉 14일 또는 8주를 기준으로 살생의 업보를 경중을 달리하여 받게 되는 것으로 풀이된다.

원불교적 입장에서 정리하면, 이와 같은 임신주기별 평가에 앞서 배아와 태아는 모두 온전한 인간으로 성장할 잠재적 존재이자 불성을 지닌 존재이므로 차별 없이 존중되어야 함을 명심해야 한다.

설사 피할 수 없는 원인으로 낙태를 선택하였다 하더라도 원불교와 불교는 남성과 여성 당사자의 참회를 통해 받게 될 업보를 가볍게 하고, 낙태된 태아의 천도를 도울 수 있도록 길을 열어두고 있다.

이 부분은 여성의 사생활권 또는 자기결정권을 태아의 생명권과 대등한 위치에서 고려하는 인권담론과는 상당한 차이가 있는 것이다. 생명존중사상의 전통이 강한 종교적 특성상 태아는 생명체로 존중되고, 종교는 생명체를 살상하는 낙태의 실태를 생명을 죽이는 것과 같이 판단하고 금기시하며, 여성의 사생활권과 선택권은 생명보다 덜 중요한 것으로 여기는 측면이 있다.

참고문헌

– 곽병선·권양섭, "형법상 낙태피해자로서 태아의 보호와 그 한계", 「피해자학연구」 제17권 제2호, 2009

– 고미송, "낙태문제를 불교적으로 성찰한다는 것은 무엇일까?", 「文학 史학 哲학」 제21·22호, 2010

– 고영섭, "불교의 낙태관", 「한국불교학」 제45호, 2006

– 김도공, "원불교의 죽음교육과 생사관", 「신종교연구」 제24집, 2011

– 김래영, "낙태의 자유와 태아의 생명권", 「법학논집」 제33권 제1호, 2009

– 나달숙, "미국에서의 낙태에 관한 법적 논쟁", 「법학연구」 제32권 제2호, 2008

– 배종대, "낙태에 대한 형법정책", 「고려법학」 제50권, 2008

– 이경직, "낙태에 대한 한국교회의 입장", 「기독교와 철학」 제8호, 2007

– 이선순, "재생산권으로서의 낙태에 관한 법여성학적 고찰", 「여성학연구」 제16권 제1호, 2006

- 이준일,「인권법 – 사회적 이슈와 인권」(홍문사, 2007)
- 윤부찬, "낙태와 관련된 민사적 제 문제",「연세대학교 법학연구」21권 3호, 2011
- 윤진숙, "낙태 법제에 대한 이론적 고찰",「법조」Vol.664, 2012
- 대법원 1985년 6월 11일 선고 84도1958
- 대법원 2005년 4월 15일 선고 2003도2780
- 헌법재판소 2008년 7월 31일 선고 2004헌바81
- Planned Parenthood of S.E. Pennsylvania v. Casey, 505 U.S. 833 (1992)
- Roe v. Wade, 410 U.S. 113 (1973)

---

1) 보건복지부 2011년 통계자료, "10년 인공임신중절 실태조사 잠정분석결과", (2011.9.23) 윤진숙(2012), pp67-8에서 재인용.
2) 이준일(2007),「인권법 – 사회적 이슈와 인권」홍문사, p.323
3) 중앙일보, 2006년 7월 1일자
4) 이준일(2007), id. p.322
5) 배종대(2008), "낙태에 대한 형법정책",「고려법학」제50권, pp.247-8
6) 대법원 2005년 4월 15일 선고 2003도2780
7) 배종대(2008), id. pp.246-7
8) Id. p.240
9) 헌법재판소 2008년 7월 31일 선고 2004헌바81
10) Roe v. Wade, 410 U.S. 113 (1973)
11) Planned Parenthood of S.E. Pennsylvania v. Casey, 505 U.S. 833 (1992)
12) Id.
13) *See* note 9
14) Id.
15) 대법원 1985년 6월 11일 선고 84도1958
16) 윤부찬(2011), "낙태와 관련된 민사적 제 문제",「연세대학교 법학연구」21권 3호, pp.227-39
17) Id.
18) Id.
19) 배종대(2008), id. p.249

20) 나달숙(2008), "미국에서의 낙태에 관한 법적 논쟁", 「법학연구」 제32권 제2호, pp.207-8

21) 김래영(2009), "낙태의 자유와 태아의 생명권", 「법학논집」 제33권 제1호, p.119

22) 이선순(2006), "재생산권으로서의 낙태에 관한 법여성학적 고찰", 「여성학연구」 제16권
제1호, pp.16-8

23) *See* note 11

24) 이경직(2007), "낙태에 대한 한국교회의 입장", 「기독교와 철학」 제8호, pp.77-84

25) 김도공(2011), "원불교의 죽음교육과 생사관", 「신종교연구」 제24집, pp.42-3

26) 고영섭(2006), "불교의 낙태관", 「한국불교학」 제45호, pp.236-8

사형제와 생명권

"It can be argued that rapists deserve to be raped, that mutilators deserve to be mutilated. Most societies, however, refrain from responding in this way because the punishment is not only degrad ing to those on whom it is imposed, but it is also degrading to the society that engages in the same behavior as the criminals."

- Stephen Bright, human rights attorney -

국제앰네스티(Amnesty International)의 연례사형현황 보고서에 따르면,[1] 2011년 전 세계 198개국 중에서 법률상·사실상 사형폐지국은 141개국(71.2%)에 달한다. 모든 범죄에 대한 사형폐지국은 97개국 (49%), 일반범죄에 대한 사형폐지국은 8개국, 사실상 사형폐지국은 36 개국으로 드러났다. 반면 사형존치국은 57개국이다.

2011년 보고서는 10년 전에 비해 사형 집행 국가는 1/3정도 감소했다고 하며, 지난해에 20개국만이 사형을 집행했다고 집계했다. 전 세계적으로 총 1만 8,750명의 사형수 중 최소 676명이 처형된 것인데 여기에는 중국의 사형집행 수치가 포함되어 있지 않다.

중동지역은 사형집행 수치가 50%가량 가파르게 증가하였고, 이란은 최소 3명이 18세 이전에 저지른 범죄로 사형이 집행되었다. 미주지역과 G8회원국 중 유일한 사형집행국인 미국에는 모두 43명에 대한 사형집행이 있었다. 벨라루스와 베트남에서 사형수들은 물론 가족과 변호사조차 집행날짜를 미리 고지 받지 못하였고, 북한, 사우디아라비아, 소말리아, 이란에서는 공개처형이 있었던 것으로 알려졌다.[2]

중국에서는 수천 명 이상이 처형되었고, 이는 세계 모든 국가에서의 사형집행 건수를 합한 것보다 많다고 알려져 있다. 중국에서 화이트칼라 범죄에 대해 사형을 제외하는 성과도 있었다.[3]

사형제 존속 실태

우리나라 정부수립 후 공식적으로 920건의 사형집행이 있었고, 그 중 강력범 562명, 국가보안법·반공법·긴급조치위반도 254명이다는 통계자료가 있으며, 한림대학교 생사학연구소는 해방 후 모두 1,634명이 사형에 처해졌다고 집계했다.[4] 우리나라에는 2008년 현재 사형수가 58명이 존재한다. 범행당시의 연령은 평균 34세이고 이 중에서 20대가 14명, 30대가 25명으로 집계되었다. 사형수 중 재범은 73%에 달하는 것으로 드러났다.[5]

우리나라는 지난 14년간 사형을 집행하지 않아 국제인권기구에 의해 사실상 사형제폐지국가로 분류되어 왔다. 그러나 우리나라는 OECD국가 중 미국과 일본과 더불어 사형제를 유지하고 있는 몇 안 되는 국가 중 하나다.

사형제 존속·폐지에 대한 오랜 사회적 논쟁이 있어왔다. 한국법제연구원이 2008년 실시한 사형제 존속여부에 대한 설문조사에서 69.6%가 찬성, 30.4%가 반대하여 사회적 여론은 존속 쪽에 있는 것으로 보이나, 가석방 없는 종신형에 대한 정보를 제공하여 여론조사를 실시한다면 우리나라도 미국에서와 같이 찬반이 대등하게 나올 수 있다는 반론을 제시하는 학자도 있다.

대법원은 1962년, 1967년, 1983년, 1987년, 1990년, 2003년, 2006년에 별개의 판결을 통해 사형제의 합헌을 확인하였고, 헌법재판소는 설립 이래 1996년과 2010년에 각각 사형제의 합헌 판결을 내렸다. 1996년 판결당시에는 헌법재판관 9인 중 7인이 사형제의 합헌성에 찬성하였으나 2010년에는 5인만이 찬성하여 헌법재판소 내에도 사형제 찬반여론이 대등하게 나타나고 있다.

국가인권위원회는 2005년 사형제 폐지를 권고하며 '사형을 폐지한 어떤 나라에서도 범죄가 크게 증가하는 경우는 없었으며, 우리나라의 최근 통계도 이와 유사하게 나타나고 있고, 한편으로 지나치게 잔혹한 형벌을 과다하게 적용하다보면 심리적인 역효과를 나타내 예방효과가 없어진다'며 감형·가석방 없는 종신형제도, 일정기간 감형·가석방 없는 무기형 제도, 전쟁시 사형제도의 예외적 유지 등에서 선택적으로 채택할 것을 제안했다.[6]

아울러 유엔 인권이사회는 2007년 국가별 인권상황정기검토(Universal Periodic Review, UPR)에서 우리나라에게 사형제 폐지를 권고하였다.

중국은 사형집행에 대한 통계자료를 공개하지 않는다. 그러나 비공식자료에 의하면 수천 건의 사형이 집행되고 있는 것으로 추정된다. 정보에 의하면, 중국당국은 2010년 4월 마약밀수혐의로 사형판결을 받은 4명의 일본인 사형수에 대한 사형집행을 단행하였다. 국제적 논란에도 불구하고 사형수의 국적에 상관없이 대등하게 사형을 집행한다는 입장을 고수하였다.

특이하게도 중국은 사형을 집행한 후 죄를 범한 일에 대한 속죄의 의미로 사형수로부터 장기를 적출하여 장기이식을 하도록 허용하고 있다.

중국에서도 오판에 따른 사법살인이 발생하는데 2005년 녜수빈 사건이 대표적이다. 피의자 녜수빈은 살인사건의 혐의자로 체포되어 재판을 받는 과정에서 자신을 방어할 권리도 인정되지 않고, 가족과의 면담도 허용되지 않았으며 판결문조차도 전달 또는 통보 없이 처형되었다. 그로부터 10년이 지난 후 경찰에 붙잡힌 다른 살인용의자가 자신이 녜수빈 사건의 진범임을 자백하였으나 수사기관은 이를 은폐하고 무마하려 하였다. 결국 진실은 세상에 알려지게 되었지만 녜수빈은 이미 형장의 이슬로 사라진 뒤였다.[7]

미국은 G8국가와 아메리카대륙에서 유일한 사형제 존속국이다. 연방국가 미국은 사형제에 대해서도 주(州)별 자치를 광범위하게 인정하고 있다. 2011년 현재 14개 주(州)에서 사형제를 폐지했다. 반면 사형제를 유지하는 주에서는 2012년까지 1,290명이 사형되었다. 그 중에서 텍사스주가 481명으로 가장 많고 다음으로 버지니아주 109명이다. 미국에서 2011년 현재 총 3,199명의 사형수가 존재하는데 캘리포니아주 721명, 텍사스주 317명으로 가장 많다.[8]

2011년 여론조사에 따르면 미국 국민은 사형제 존속에 61%가 찬성하였고, 35%가 반대하여 우리나라와 비슷한 경향을 보였다. 다만 가석방 없는 종신형에 대한 정보를 같이 제공하였을 때에는 49%가 존속을, 46%가 폐지를 각각 지지하였다.[9]

사형제 폐지의 주요 근거는 잔혹하고 이상한 처벌(cruel and unusual punishments)을 금지하는 미국 수정헌법 8조이다. 연방대법원은 12세 미만인 아동에 대한 강간 범죄에 대하여 피해아동이 사망하지 않고 범인이 사망을 의도하지 않았음에도 불구하고 사형을 형벌로 규정한 루이지애나 주법 규정이 위헌이라고 판결하였고,[10] 반면 독극물(lethal injection)에 의한 처형은 합헌임을 확인하였다.[11] 네브라스카주 대법원은 전기의자에 의한 사형집행은 잔혹하고 비정상적인 사형 집행 방법이라며 위헌 판결하여 사형집행 방법에 대한 제한을 두고 있다.

또 연방대법원은 정신지체인에 대한 사형집행은 잔혹하고 비정상적인 형벌이므로 금지되어야 한다고 판결하여 기존의 입장을 변경하였다.[12] 형벌의 의미를 이해하지 못하는 정신지체인에게 가해지는 사형은 잔혹하고 비정상적인 형벌임을 확인한 것이다.

미성년사형수에 대한 세계적 동향

국제인권규범은 범행당시 18세 미만인 미성년자에 대한 사형을 금지하고 있다. 특히 아동권리협약(Convention on the Right of the Child) 37조는 어떤 아동도 고문을 당하거나 잔혹하고 비인간적이거나 굴욕적인 대우나 처벌을 받아서는 안 되며, 18세 미만의 아동이 범한 범죄에 대해서는 사형 또는 석방의 가능성이 없는 종신형 처벌을 내려서는 안 된다고 규정하고 있다.

하지만 이란, 사우디아라비아, 파키스탄, 예멘, 수단 등의 이슬람국가는 2005년 1월부터 2008년 8월까지 32명의 미성년범죄자에 대해 사형을 집행하였고, 반기문 유엔사무총장에 의하면 2008년 6월부터 2009년 8월까지 세계적으로 20여 명의 미성년범죄자가 처형되었다고 한다.[13] 미국에서도 1973년부터 2005년까지 모두 226명의 미성년자가 사형선고를 받았다고 알려졌고, 2005년 미연방대법원은 범행당시 16세 또는 17세인 미성년범죄자에 대한 사형집행은 위헌이라고 판결하여 미성년범죄자에게 '무조건' 사형이 부과되어서는 안 된다고 하였다.[14]

우리나라 소년법 59조는 18세미만의 소년에 대하여 사형을 선고할 경우에는 사형 대신 15년의 유기징역형을 선고하도록 규정하고 있고, 특정강력범죄의처벌에관한특례법 4조는 특정강력범죄를 범한 18세 미만의 소년을 사형 또는 무기형에 처할 경우 20년의 유기징역으로 완화하도록 규정하고 있어 미성년범죄자에 대한 사형을 허용하지 않고 있다. 그럼에도 불구하고 1994년 지존파사건에서 공범자 2인이 범행 당시 만19세였지만 1995년 11월 2일 사형이 집행되었다.[15]

사형제에 대한 인권규범

세계인권선언 3조는 개인의 생명권을 명시하고 있고, 5조는 잔인하고 비인간적이고 모욕적인 형사제재를 금지하고 있다. 시민적 · 정치적 권리에 대한 국제규약(이하 '자유권 규약') 6조는 모든 인간은 천부적인 생명권을 가지며, 사형제도를 폐지하지 않은 국가의 사형선고는 범죄시에 효력이 있는 법률에 따라 오직 가장 심각한 범죄에 대해서만 선고되어야 한다고 정하고 있다. 본 협약에 대한 일반의견(general comment)에 따르면 6조는 '가장 심각한 범죄는 상당히 엄격하고 좁게 해석' 해야 하며, 사형은 고의 살인(intentional killing)에 한정하여 적용되어야 한다고 하였다.[16] 고의에는 사전모의(premeditation)와 계획적인 의도 등이 포함된다.

자유권 규약의 제2선택의정서는 사형을 전시 또는 군사범죄에만 예외적으로 허용가능하다고 제한을 둠으로써 사형제 폐지의 확산에 기여했다. 평화시에는 가장 심각한 범죄에 대해서도 사형을 금지함은 물론이다.

유럽의회(Council of Europe)는 유럽협약(European Convention for the Protection of Human Rights and Fundamental Freedoms)에 대한 제6의정서는 1982년 사형을 폐지하고, 전시에 발생한 범죄행위에 대한 사형

은 예외로 허용하다가 2002년 같은 협약 제13의정서에서 어떠한 상황에서도 사형은 금지된다고 하여 사형을 원천적으로 금지하였다.

미주기구(Organization of American States)는 1990년 사형제도 폐지를 위한 미주인권협약에 대한 의정서를 채택하고 사형제도를 폐지하였다. 단, 전시상황에서 군사적인 본질을 지닌 극도로 심각한 범죄에 대해서만 사형제를 유지할 수 있도록 유보를 허용했다.

우리나라 헌법은 사형을 형벌의 일종으로 한 명시적 규정이 없다. 다만, 헌법 제110조 4항에서 비상계엄하의 군사재판과 관련하여 사형이 선고된 경우에는 단심으로 할 수 없다고 한 규정이 있을 뿐이다. 즉, 간접 규정이 있을 뿐이다. 현행법상 사형을 선고할 수 있는 범죄는 17개의 형법과 특별법에서 87개에 달한다. 즉, 우리나라는 살인죄를 포함하여 일반범죄에 대하여도 사형을 부과할 수 있는 구조이다.[17]

또 사형집행과 관련하여 형사소송법 463조는 사형집행을 법원의 판결로부터 6개월 이내에 법무부장관의 명령에 의하여 검사가 집행하도록 규정하고 있지만 이는 지켜지지 않고 있다. 6개월을 10년으로 연장해야 한다는 개정 움직임이 있었다.[18]

사형제 존속론

사형은 인간 역사의 가장 오래된 형벌 중에 하나다. 살인은 살인으로 보복하는 것을 정의로 간주했던 인류의 정의관념이 그대로 반영되어 있다. 사형제 존속의 주요 논리에는 범죄예방, 정의, 범죄자의 영구차단 등이다.

존속론자가 가장 일반적으로 주장하는 이유는 사형이 범죄예방효과 (deterrence)가 있다는 것이다.[19] 인간은 누구나 본능적으로 자신의 생명에 대해 애착을 갖기 때문에 죽음에 대한 공포 심리를 이용한 사형은 범죄 억지력이 있다고 보는 견해이다. 범죄를 저지르려는 자의 입장에서는 형벌이 무겁고 형벌부과에 의한 범죄자의 법익침해 정도가 커질수록, 범죄를 통하여 얻을 수 있는 이익에 비해 범죄로 인하여 입게 될 불이익이 더 커지게 되기 때문에 저지르고자 하는 범죄행위를 포기하게 될 가능성이 커진다는 논리이다.

다음으로 사형은 범인이 저지른 극악한 범죄에 대한 정당한 응보 (retribution)이며, 정의를 실현하는 것이기 때문에 피해자 가족 및 일반 국민의 정의 관념에 부합한다고 주장한다.[20]

마지막으로 범죄를 저지른 범인을 사회로부터 격리(incapacitation)시킴으로서 재범가능성을 사전에 차단하는 것이 선량한 시민의 안전과 사회질서 유지에 기여한다는 견해이다.[21]

사형제 폐지론

사형제 폐지론자들에 따르면 사형은 인간에게 부여된 존엄과 가치를 침해하고 본질적인 권리에 해당되는 생명권을 박탈한다고 주장한다. 사형제는 사회 안전보장이라는 국가목적을 달성하기 위하여 인간을 수단화하는 것이다.

또 폐지론자들은 사형제가 그 수단이 적합하지 못하고, 피해의 최소성 원칙을 충족시키지 못한다고 주장한다. 집행유예제도, 절대적 종신형, 상대적 종신형 등 사형제의 대체형벌이 가능하다는 점을 논거로 든다. 나아가, 사형제도로 달성되는 공익, 즉 범인의 영구적 격리나 범죄의 일반예방은 가석방 없는 종신형에 의하여도 충분히 성취할 수 있는 이익이기 때문에 반드시 사람의 목숨을 대가로 같은 효과를 유지할 필요가 없다고 주장한다.[22]

다음으로 사형제 존속론자들이 논거로 드는 범죄예방 효과가 확인된 바 없다는 주장이 있다. 미국의 한 연구에 따르면, 살인률은 사형제의 존재 여부가 아니라 다른 사회경제적 조건에 의해 영향을 받으며, 사형은 살인을 억제하기 보다는 연기시키는 것에 불과하다는 것이다. 또 우리나라의 경우 1997년에 검찰의 살인사건 처리인원은 886명이었고 23명에 대해 사형이 집행되었는데 1998년에는 검찰의 살인사건 처리인원은 오히려 1,014명으로 증가하여 범죄예방 효과를 증명하지 못하였고, 사형집행을 하지 않은 지난 14년 간 살인사건이 급증하지 않았다는 통계에 근거하고 있다.[23]

사형제 폐지론자들이 가장 강력하게 주장하는 것은 오류가 있는 판결에 근거하여 사형을 집행하였을 때 원상회복이 불가능하다는 점이다. 이와 같은 상황에는 사법살인과 오판에 의한 사형이 존재한다. 사법살인(judicial murder)은 '국가권력의 직·간접적인 간여와 정치적 목적을 이유로 악법을 적용하고, 법률에 반하는 법률해석을 하거나, 사실관계의 조작, 증거의 자의적 평가 등을 통해 사형을 선고하여 피의자의 죽음을 초래하는 사법왜곡행위'이며, 오판(miscarriage of justice)에 의한 사형은 불공평한 재판을 진행하여 유죄판결을 부당하

게 내린 경우, 사실오인 또는 법령해석과 적용의 오류로 유죄판결을 내리는 것을 말한다.[24]

미국사형정보센터(Death Penalty Information Center)에 따르면, 1973년 이후 미전역에서 139명의 피의자가 재판의 오류 때문에 사형을 언도받았으나 나중에 사형수의 누명을 벗게 되었다고 한다. 구체적으로 2003년 12건, 2009년 9건 등 무죄석방이 있었는데, 그 이유는 목격증인의 증언철회, 진범의 자백, 목격자의 위증과 부적절한 수사 강행 등이 원인이었다.[25]

우리나라에서도 사법살인으로 조봉암 사건과 민족일보 조용수 사건 등이 있다. 조봉암 사건의 경우, 민간인에 대한 수사권이 없는 군이 정보기관을 통해 불법적인 인신구속을 하고, 증거로 뒷받침되지 않은 고문에 의한 자백에 기초하여 사형이 선고되었다. 정권에 위협이 되는 인물을 법의 이름으로 살인하기 위하여 재판의 일반원칙은 무시되었고, 법원의 판결에 정권이 개입하여 재심청구의 기회조차 기각된 채 서둘러 사형이 집행되었다. 비슷한 사례가 일반인에게도 발생했다.[26]

민족일보 조용수 사건은 박정희정권이 도전세력을 제압하기 위해 희생양으로 삼은 사례로 소급입법인 특수범죄처벌에 관한 특별법을 적용하여 사회적 반대세력을 제압하려는 계획이었다. 형벌불소급 원칙의 위배, 무리한 법해석, 사실관계 왜곡, 증거재판 배제를 통해 간첩 사건으로 날조되었고, 사형 또는 무기징역 등의 중형이 선고되었다.[27]

마지막으로 1996년 헌법재판소의 사형제 위헌심사판결에서 소수의견은 다음과 같이 사형제 폐지논리를 전개하고 있다. 사형제 폐지론자들의 논리를 집약적으로 잘 정리하고 있다.

> "헌법 10조는 인간의 존엄성에 대한 존중과 보호의 요청이며, 형사법의 영역에서 입법자가 인간의 존엄성을 유린하는 악법의 제정을 통하여 국민의 생명과 자유를 박탈 내지 제한하는 것이나 잔인하고 비인간적인 형벌제도를 채택하는 것은 헌법 10조에 반한다. …… 극악한 범죄를 범함으로써 스스로 인간임을 포기한 자라도 여전히 인간으로서의 존엄과 가치를 갖고 있는 인간존재인 한, 그에 대하여도 피해자 내지 그 가족 또는 사회의 보복감정을 충족시키기 위하여 또는 유사 범죄의 일반적 예방이라는 목적의 달성을 위해서 비인간적인 형벌을 적용해서는 아니 된다는 것을 의미한다. …… 개과천선할 수 있는 도덕적 자유조차 남겨주지 아니하는 형벌제도로서 개인을 전적으로 국가 또는 사회 전체의 이익을 위한 단순한 수단 내지 대상으로 삼는 것으로서 사형수의 인간의 존엄과 가치를 침해하는 것이다."[28]

인권 이슈

사형제 논쟁에서의 중심적 인권이슈는 범죄자의 생명권이다. 생명권은 우리 헌법에 명시되어 있지 않지만 다른 헌법상의 권리만큼 중요한 권리로 인정되어 열거되지 않은 권리라 여겨진다. 우리 헌법 10조는 인간의 존엄과 가치에 관한 권리 및 행복추구권을 규정하고 있고 여기에서 생명권은 도출된다고 볼 수 있다. 또 국제인권규범과 다른 나라의 법률은 생명권을 근본적인 인권으로 보장하고 있다.

헌법상 기본권은 필요한 경우 제한될 수 있으나 본질적 내용은 침해할 수 없다는 것이 일반론이다. 기본권 제한의 필요성은 그 목적이 정당하고, 수단이 목적달성에 적합하고, 기본권 제한으로 발생한 피해가 최소화되는 이익의 균형을 맞출 때 정당성을 인정받을 수 있다.[29] 기본권 제한의 필요성에 대한 정당성이 인정되는 때에도 헌법이 보장하는 기본권의 본질적 내용을 침해해서는 안 된다.(헌법 37조 2항) 이런 이유에서 1996년 헌법재판소 판결의 소수의견은 사형제도는 생명권의 본질적 내용을 침해하는 생명권의 제한으로서 헌법 37조 2항을 위반한 것이라고 하였다.

또한, 사형제 논쟁에서 간과하는 것이 사형사건을 담당하는 법관과 사형집행에 관여할 수밖에 없는 공무원의 인권이다. 공무원은 국가의 중요한 기능을 수행하고 그 과정에서 본인의 신념과 가치관은 배제된다. 그러나 법관 또는 사형집행관이 생명존중에 대한 강한 양심 또는 종교적 신념을 가지고 있음에도 불구하고 사형 관련 업무를 수행해야 할 때 이들의 양심과 종교의 자유 그리고 존엄성은 심각하게 훼손될 수 있다.

사형제와 원불교적 접근

기독교회 안에서도 사형제도에 대한 찬반논쟁이 오랫동안 지속되었다. 가톨릭교회는 개신교회보다 먼저 사형제도 폐지를 주장하였고, 세계교회협의회(WCC)는 1990년 사형제도 폐지를 만장일치로 의결하였다. 세계적으로 사형제 폐지 주장이 많아지는 추세이다.

한국의 경우, 가톨릭교회는 공식적으로 사형을 반대하고 있고 개신교는 의견이 양분된 상태다. 한국기독교총연합은 '인간이 하나님의 형상으로 지음 받고 고귀한 존재이므로 고의로 살인한 자는 사형을 시키도록 하나님께서 의도하시고 명령하셨다'고 하여 사형제 존치에 찬성하고 있다. 반면 대한예수교 장로회 통합교단은 사형제도 폐지위원회를 결성하였으며, 한국기독교교회협의회(KNCC)는 사형제가 '반성경적'이라며 사형제 반대하고 있다.[30]

원불교와 불교는 모든 생명을 소중히 하는 교리적 공통성이 있다. 어떠한 일이 있더라도 생명을 죽여서는 안 된다고 가르치며, 사형은 인간의 존엄성과 생명권을 침해하는 제도적 살인으로 규정한다. 생명의 절대성을 존중하는 입장을 고수하고 있다.

불교인권위원회를 비롯한 불교사회시민단체들은 불교사형제 폐지 운동분부를 결성하여 사형제 폐지를 위한 활동을 펼쳐왔다. 그리고 원불교에서도 원불교인권위원회를 중심으로 사형제 폐지를 위한 사회적 흐름과 함께 해왔다.

원불교에서 모든 존재는 불성을 머금은 존재로 부처의 씨앗이 있기 때문에 대등하게 존엄하고 가치가 있다. 따라서 부처가 될 수 있는 잠재성을 지닌 존재를 자연적인 죽음의 과정이 아닌 인위적으로 살해하는 것은 잔혹한 범죄를 저지른 범죄자라고 하더라도 참회하고 성불할 기회를 빼앗는 것이 되기 때문에 금지되어야 한다.

또 원불교는 살해의 죄를 범한 사람은 반드시 업을 되받게 되는 인과보응의 원리에서 벗어날 수 없다고 강조한다. 예를 들어 '자신의 권력이나 무력을 남용하여 많은 사람을 살생한 경우, 벼락을 맞아 죽을 수도 있다'는 취지의 대종사 말씀은 살생의 업을 그대로 받아 죽게 될 수 있다는 것을 의미한다.[31] 살인죄로 사형을 언도받은 사형수는 그

업 또는 응분의 대가를 변(變) · 불변(不變)의 법칙 속에서 반드시 받게 될 것이므로 세속에서까지 사형을 집행하여 법적 살생을 할 것까지는 없으며, 이는 사회적으로 법률에 의한 부정적 공업(共業)을 짓는 것과 다름 없다고 볼 수 있다.

원불교를 비롯한 종교계는 생명권과 관련하여 우리 사회의 선도적 역할을 해왔다. 물질만능과 생명 경시의 사회풍속도에 경종을 울리고 생명존중의 문화를 확산하는 데 앞장서고 있다.

참고문헌

– 김도현, "헌법재판소의 사형제 결정과 사회과학적 논증 : 사형의 억제효과를 중심으로", 「법과 사회」 41권, 2011
– 김상균, "사형제도에 대한 신학적 쟁점", 「법학연구」 제31호, 2008
– 박성철, "사형제도의 폐지와 대체형벌에 관한 소고 : 종신형의 도입과 피해자의 의사", 「형사정책연구」 제21권 제4호, 2010
– 박용철, "미국의 사형제도 개괄", 「비교형사법연구」 제12권 제1호, 2010
– 박철현, "정치적 민주주의와 사형의 효과 : 억제 v. 야수화", 「형사정책연구」 제20권 제1호, 2009
– 이덕인, "동북아시아 사형제도의 현실에 대한 비판적 성찰", 「비교형사법연구」 제12권 제1호, 2010
– _____, "미성년범죄자에 대한 사형폐지의 정당성", 「경찰연구논집」 제7호, 2010
– _____, "사형폐지의 정당성 – 사법살인과 오판에 의한 사형", 「중앙법학」 제12집 제2호, 2010
– _____, "사형제도의 정당성에 대한 비판적 검토", 「형사정책」 제23권 제1호, 2011
– 이준일, 「인권법 : 사회적 이슈와 인권」 (홍문사, 2007)
– 조 국, "사형폐지 소론", 「형사정책」 제20권 제1호, 2008
– Amnesty International, 연례사형현황보고서 2011 사형선고와 사형집행, 2012 3월
– Atkins v. Virginia, 536 U.S. 304 (2002)

- Baze v. Rees, 553 U.S. 35 (2008)
- Kennedy v. Louisiana, 554 U.S. 407 (2008)
- Roper v. Simmons, 543 U.S. 551 (2005)

---

1) Amnesty International, 연례사형현황보고서 2011 사형선고와 사형집행, 2012 3월
2) Id.
3) Id.
4) 이덕인(2010), "사형폐지의 정당성: 사법살인과 오판에 의한 사형", 「중앙법학」제12집 제2호, pp.119-20
5) 시사in, 제32호, 2008년 4월 23일
6) 국가인권위원회 전원위원회의 의견서, 2005년 4월 6일
7) 이덕인(2010), "동북아시아 사형제도의 현실에 대한 비판적 성찰", 「비교형사법연구」제12권 제1호, pp.65-9
8) See 박용철(2010), "미국의 사형제도 개괄", 「비교형사법연구」제12권 제1호
9) 김도현(2011), "헌법재판소의 사형제 결정과 사회과학적 논증 : 사형의 억제효과를 중심으로", 「법과 사회」41권, p.123
10) Kennedy v. Louisiana, 554 U.S. 407 (2008); See 박용철(2010), id.
11) Baze v. Rees, 553 U.S. 35 (2008)
12) Atkins v. Virginia, 536 U.S. 304 (2002)
13) 이덕인(2010), "미성년범죄자에 대한 사형폐지의 정당성", 「경찰연구논집」제7호, p.173, 184-5
14) Roper v. Simmons, 543 U.S. 551 (2005)
15) 이덕인(2010), see note 13
16) UN Human Rights Committee (HRC), CCPR General Comment No. 6: Article 6 (Right to Life), 30 April 1982, available at: http://www.unhcr.org/refworld/docid/45388400a.html [accessed 24 May 2012]
17) 박성철(2010), "사형제도의 폐지와 대체형벌에 관한 소고: 종신형의 도입과 피해자의 의사", 「형사정책연구」제21권 제4호, pp.128-31
18) Id. pp.130-1
19) 이준일(2007), 「인권법 : 사회적 이슈와 인권」홍문사, p.12
20) Id.

21) Id.

22) Id. pp.13-5

23) 조 국(2008), "사형폐지 소론", 「형사정책」 제20권 제1호, p.314

24) *See* note 4 이덕인(2010), pp.112-5

25) Id. pp.118-20

26) Id. pp.125-8

27) 2009년 하반기 조사 보고서, 진실화해를 위한 과거사정리위원회

28) 헌법재판소 1996.11.28. 95헌바1

29) 김도현(2011), id. pp.119-32

30) 박상균(2008), "사형제도에 대한 신학적 쟁점", 「법학연구」 제31호, pp.392-405

31) 「원불교 전서」 "제2부 대종경 제5 인과품 14장", pp.224-5

사상·양심의
자유

국가보안법과 사상의 자유

"피고들이 즉각적인 불법 폭력행위를 선동했다면 당연히 처벌해야 한다. 그리고 그러한 행동을 취할 능력이 있고 그러한 행동의 발생이 이성적인 판단을 통해 예측된다면 처벌해야 한다. 그러나 폭력행위의 이론적 정당성을 주장하는 것까지는 처벌할 수 없다. 그러한 주장은 설사 궁극적인 폭력혁명으로 이어진다 하더라도 구체적인 행동과는 시간적으로 너무나 거리가 멀어 처벌할 수 없는 것이다."

- Yates v. U.S. -

초등학교 때 담임선생님이 매일 일기를 검사하고 '참 잘했어요' 도장을 찍어주었던 경험이 있다. 지금은 일기검사를 일기를 썼는지를 파악하는 수준으로 한다지만, 어려서는 선생님이 일기내용을 꼼꼼히 확인하고 평가도 내렸다. 일기가 숙제인 시기였고 그 탓에 숙제를 하지 못하였을 때에는 매를 맞아야 했다. 무엇보다 선생님이 일기를 읽고 확인하기 때문에 어린 마음이었지만 자기검열을 했었다. 글 소재가 선생님이 좋아할 만한 것인지 아닌지 또는 작성한 내용이 적당한지에 대한 고민을 했었다. 어떤 아이는 일기에 썼던 일에 대해 꾸중을 듣거나 벌을 받아야 했다.

지금이야 추억 삼으며 웃을 수 있지만 사실은 매우 끔찍한 일이다. 어린아이가 남의 시선과 감시 때문에 자기의 감정을 속이고 자기검열을 해야 했으며 그에 대한 상벌을 받던 시스템이었으니 말이다. 국가보안법도 일기검사와 다르지 않다. 국가보안법은 개인 내면의 양심과 사상의 목소리를 편향된 잣대를 세워 판단하여 개인을 불순분자로 낙인찍고 격리시키는 기능을 수행해 왔다. 그리고 개인은 자기검열을 통해 내면을 억누르며 내용을 걸러낸다. 강제적 자기 부정의 과정을 거치는 것이다.

국가보안법은 독재정권의 유지와 안전에 철저히 복무했다. 민주화 인사를 탄압하고 개인의 인권을 침해하는 대표적 악법으로 인식되어 왔다. 때문에 국가보안법 폐지에 대한 사회적 노력도 많았다. 그렇지만 보수와 기득권의 반대로 국가보안법은 여전히 그 생명을 유지하고 있다. 이유는 북한의 체제 위협으로부터 국가를 보호해야 하기 때문이란다. 폐지반대세력의 강력한 반공흑백논리는 여전히 유효하며 타당한가? 폐지론자들은 정말 안보를 중요하게 여기지 않는 것인가? 양측의 이해를 모두 만족시킬 해답은 없는가? 여전히 많은 의문이 남는다. 많은 학자들이 국가보안법 폐지의 당위성을 주장하였음도 그 진부한 논의를 다시 해야 하는 이유이다.

국가보안법의 기원과 역사

국가보안법은 1948년 9월 20일 내란행위특별조치법(안)으로 등장하여 같은 해 12월 1일 국가보안법의 이름으로 공포·시행되었다. 제주 4·3사건과 여수·순천 군봉기 사건이 계기가 되어 마련되었다고 알려져 있다. 원래는 우리 형법의 제정 전까지 법률공백을 피하기 위하여 한시적으로 제정한 법률이었는데 1949년 12월 형법의 특별법의 지위를 갖게 되었다.[1]

제정이후 지난 63년 동안 1949년, 1950년, 1958년, 1960년, 1962년, 1980년, 1991년에 걸쳐 7번의 개정이 있었다. 개정 시기는 정치적 반대세력을 억압하거나 군사쿠데타 주도세력의 정권유지와 연장을 위한 조치를 취했던 시기와 대체로 비슷하다. 개정과정에 있어서도 국회의 정상적인 절차적·실질적 심사를 거쳐 개정된 것이 아니라 비정상적인 기구에 의해 또는 비정상적인 방법으로 개정되었다. 독재정권과 그의 여당이 35초-5분 이내의 짧은 시간동안 개정안을 상정하고 제안 설명하였으며 가결하여 통과한 것들이다. 때문에 현재 문제되는 독소조항들은 정당한 토론과 검토를 거치지 않았기 때문에 절차적으로도 그 정당성에 문제가 있는 법이다.[2]

국가보안법의 위력은 그 위반을 이유로 1948년 한 해 동안만 11만 8621명이 검거되고 투옥된 사례와 같은 해 9월-10월에 132개 정당 사회단체가 해산된 사실에서 확인할 수 있다.[3] 그 후 권위주의 시절에 수사기관과 법원의 자의적 해석과 적용으로 수많은 민주화 인사와 심지어 일반인까지 고초를 겪어야 했다. 통계에 따르면, 1980년-1987

년 동안 2,041명이 국가보안법에 의해 처벌되었다. 그 가운데 제7조 찬양·고무의 적용사례가 1,882명으로 전체사건의 92.2%에 달한다.[4] 또 1993년–2003년 동안에는 국가보안법으로 처벌된 3,047명 중 2,762명, 즉 90.6%가 같은 죄목으로 처벌되었다.[5]

대검찰청 자료에 의하면 1997년에 1,032명이 입건되어 641명이 국가보안법으로 구속되었고, 2002년에는 295명이 입건되어 131명이 구속되었으며, 2009년에는 69명이 입건되어 18명이 구속되어 그 비율이 점차 줄었다. 집행유예 선고가 늘고 무죄률이 증가하고 있다는 분석이 가능해 진다. 검찰의 무리한 기소를 그 요인으로 볼 수 있다. 그리고 민주화실천가족운동협의회에 따르면 2010명 5월 전국의 양심수는 62명으로 그 중 국가보안법 위반 사범은 모두 8명인 것으로 파악된다.[6]

최근 국가보안법 위반사범이 현저히 줄어든 것은 우리 사회의 민주화와 관련이 있다. 정부의 민주적 정당성이 확보되고 더불어 양심·사상의 자유와 표현의 자유가 보다 폭넓게 인정되기 때문으로 풀이된다.

국가보안법 개괄

국가보안법은 국가의 안전을 위태롭게 하는 반국가활동을 규제함으로써 국가의 안전과 국민의 생존 및 자유를 확보하는 것을 목적(1조)으로 한다. 이 법을 해석할 때 목적달성을 위하여 필요한 최소한도에 그쳐야 하고 확대해석하거나 헌법상 보장된 국민의 기본적 인권을 부당하게 제한하는 일이 있어서는 안 된다(1조)고 밝히고 있다.

국가보안법은 총 4장 25개의 조문과 부칙으로 구성되어 있다. 제1장 총칙에서 국가보안법의 목적(1조)과 반국가단체의 개념(2조)을 정의하고 있고, 제2장 제3조-제7조는 구체적 처벌내용을 명시하고 있는데, 반국가단체의 구성(3조), 목적수행(4조), 자진지원·금품수수(5조), 잠입·탈출(6조), 찬양·고무(7조), 회합·통신(8조), 편의제공(9조), 불고지(10조), 특수직무유기(11조) 등을 포함한다. 그리고 제3장 제18조-제20조는 형사소송의 특칙규정을, 제4장 제21조-제25조는 보상과 원호를 정하고 있다.

인권침해의 독소조항을 중심으로 구체적으로 살펴보면, 우선 2조·3조의 반국가단체의 개념은 불명확하고 자의적 해석이 가능하다. 반국가단체는 '정부를 참칭하거나 국가를 변란할 것을 목적으로 하는 국내외의 결사 또는 집단으로서 지휘통솔체제를 갖춘 단체'라고 정의된다. '정부참칭' 또는 '국가를 변란할 목적'이 과연 어느 경우에 참칭에 해당하는지, 국가변란의 수단·방법·범위 등이 불명확하다. 이는 죄형법정주의 원칙에 반하는 것으로써 형벌권 행사의 구체적 규정은 자의적 해석의 여지가 없고, 예측 가능하도록 법규의 내용을 명확하게 규정하여 수사기관과 사법기관의 임의적 재량행위가 최소화되어야 한다는 원칙의 요구와 동떨어진 것이다.[7]

다음으로 7조 찬양·고무는 우리 형법에는 없는 조항으로 양심과 표현의 자유를 위축시킬 염려와 형벌과잉을 초래할 우려가 농후하다.[8] 첫째, 본 조항은 '국가의 존립·안전이나 자유민주주의적 기본질서를 위태롭게 한다는 정을 알면서'라는 주관적 규정을 두고 있다. 헌법재판소는 '자유민주주의를 지향하는 선진국가는 다양한 의견을 존중하고 소수자의 입장까지도 무시하지 않는 것이 상식'이다고 하면서도 '다만 일당독재나 전체주의를 찬양하고 이런 행위에서 더 나아가 국가의 존립·안전을 명백히 위태롭게 하거나, 자유민주주의적 기본질서에 위해를 줄 명백한 위험이 있는 형태로 나아갈 때에 국한하여 형벌의 제재를 가할 수 있다'고 한다.[9] 그러나 무엇이 존립과 안전, 민주질서를 위태롭게 하는 행위인지, 위태롭게 한다는 정은 어느 수준까지를 의미하는지 등 그 구체성이 없어 매우 모호하다. 1991년 개정으로 그동안 제기된 문제점이 보완되었다고 헌법재판소는 주장하나, 개정이후에도 본 조항을 근거로 반국가단체의 찬양·고무·선전·선동 위반을 근거로 한 입건과 판결은 전체 국가보안법 사건 중 90%이상의 비중을 차지하며, 위헌심판 헌법소원도 계속 되고 있다.

둘째, 찬양·고무조항의 1항은 '반국가단체나 그 구성원 또는 그 지령을 받은 자의 활동을 찬양·고무·선전 또는 이에 동조하거나 국가변란을 선전·선동한 자는 7년 이하의 징역에 처'하도록 규정하는데, 여전히 '찬양·고무', '동조', '구성원', '활동', '기타의 방법' 모두 매우 다의적이고 적용범위가 광범위하다. 예를 들면 '동조'는 동일한 내용의 주장이나 긍정적 평가도 포함되는 것인가, 그 외에 적극적인 평가와 가세의 의사를 요구하는 것인지, 이런 행위의 상대는 누구여야 하며 어떠한 방법으로 어느 범위까지 표현되어야 하는지의 구체적 기준이 없다.[10]

셋째, 7조 3항은 위의 1항의 행위를 목적으로 하는 단체를 구성하거나 가입하는 자는 1년 이상의 유기징역에 처한다고 규정하고 있는데, 소위 이적단체 구성죄에 해당한다. 판례에 따르면 이적성 판단기준은 1992년 '적극적이고 공격적인 표현' 기준에서 2008년과 2010년 '실질적 해악을 줄 명백한 위험성' 기준으로 변경되었다. 판단기준이 강화된 측면이 없지 않으나 대법원의 다수의견은 여전히 구태에서 벗어나지 못하고 있고, 반대의견만이 실질적 해악과 명백한 위험성 기준을 적극적으로 인용하고 있을 뿐이다.

2004년 판례는 '이적단체를 구성한다는 의미는 이적단체가 하고자 하는 행위가 객관적으로 반국가단체의 이익이 될 수 있다는 것을 인식하면서도 그 단체를 구성하는 것을 말하고, 그 행위자에게 반국가단체를 이롭게 하려는 목적의식이나 그 이익이 되는 결과를 가져오게 할 것까지를 요구하는 것은 아니며, 반국가단체의 이익이 될 수 있다는 미필적 인식이 있으면 충분하다'고 하여 여전히 광범위하고 명확한 기준을 제시하지 못하고 있다.[11]

넷째, 4항은 허위사실의 유포 및 날조, 5항은 문서·도화 기타의 표현물을 제작·수입·복사·소지·운반·반포·판매 또는 취득한 자에 대한 처벌을 규정하고 있다. 의사표현행위에 불과한 1항과 3항 또는 4항의 행위를 할 목적은 행위자의 내심 또는 의사임에도 불구하고 이를 처벌하는 것은 사상형법의 전형적인 예이다. 예를 들면, 동일한 서적을 학문목적으로 소지하면 위반이 아니고, 그렇지 않으면 보안법 위반으로 처벌되었던 사례가 있고, 일반서점에서도 버젓이 팔리고 있는 서적도 특정인이 소지하고 있으면 보안법 위반이며, 심지어 서점업을 하는 사람도 본 조항으로 처벌되었던 사례가 있다.

최근의 강정구 교수 사건의 판결에서 대법원은 문제된 논문 <한국 전쟁과 민족통일>에 대해 학술적 외형을 띠고 있지만 '현재 우리 사회에서 보편적으로 받아들여지는 객관적, 역사적 진실에 반하는 극단적 경향성과 편파성을 띠고 있기에 이적성이 인정된다고 하여 법원이 논문의 객관성과 진실성에 대한 평가를 단행하고 처벌하였다.[12] 그러나 강교수의 논문은 사실상 학계의 학문적 비판의 대상이 되는 것이지 형사처분의 대상이 되는 것은 아니어야 한다.

7조 찬양 · 고무에 대하여 국가인권위는 '폭력적 행위여부라는 합리적 기준에 의하여 형사 처분 여부를 결정하는 것이 아니라 특정 사상과 이념에 찬성하는지 여부의 기준에 따라 처벌을 규정하고 있어 객관적 구성요건보다는 주관적 판단에 의하여 범죄의 성립여부가 좌우되게 함으로써 법집행자의 자의적 판단의 여지가 큰 규정'이라고 판단하며 폐지를 권고한 바 있다. 또, 7조는 국제인권규약인 시민적 · 정치적 권리에 관한 국제규약 제19조의 사상과 표현의 자유에 위반된다며 폐지를 권고 받은 바 있다.[13]

마지막으로 국가보안법 제10조 불고지죄이다. 불고지죄는 국가보안법상의 죄를 범한 자라는 정을 알면서도 수사기관에 신고하지 않은 경우를 말한다. 국가보안법에 반대하여 신고하지 않은 사람도 처벌하고 인륜도덕과 직업윤리에 반하여 자기 가족까지도 신고하도록 강제하는 것으로써, 어떤 일에 대한 가치판단과 행동에 있어 개인의 인격적인 존재성을 부정하는 것이고, 인간의 가장 내밀한 마음의 영역을 외부의 간섭으로부터 보호하고자 하는 침묵의 자유 혹은 묵비의 권리에도 반한다.[14] 헌법재판소 역시 '양심의 자유에는 널리 사물의 시시비비나 선악과 같은 윤리적 판단에 국가가 개입해서는 안 되는 내심적 자유는 물론, 이와 같은 윤리적 판단을 국가권력에 의하여 외부에 표명하도록 강제 받지 않을 자유 즉 윤리적 판단사항에 관한 침묵의 자유까지 포괄한다'고 인정하면서도 위헌판결을 내리지 않고 있다.[15]

국가보안법 존속의 문제점

국가보안법은 첫째, 법의 기본원칙에 반한다.[16] 자유민주주의가 언론, 출판, 학문, 예술의 자유를 보장하여 진리와 자기가치의 실현, 나아가 인간다움의 구현을 이루고자 하는 것이라면 이와 같은 자유의 표현이 자유민주주의를 본질적으로 해하지 않은 한도 내에서는 개인의 자치에 맡겨두고 잘못된 행위는 비법률적 수단으로 대처하되, 최후적 수단으로 법률적 대응을 동원해야 한다는 원칙에 어긋난다. 또, 개별 규정의 모호성과 애매함, 그리고 수사와 재판기관의 자의적 판단, 해석, 적용이 허용되고 남용되고 있어 죄형법정주의에 반한다. 아울러, 동일한 죄목에 대하여 국가보안법의 법정형이 형법의 규정보다 더 중형을 부과하는 것은 비례책임주의 원칙에 맞지 않다. 형법상의 국가적 안보범죄에 국가보안법의 법정형이 더 높아야 하는 정당한 이유가 없기 때문이다. 또한, 국가보안법 7조 찬양·고무죄를 제외하고는 일반 형법으로 대체가능하다는 점과 입법과정에서 드러난 법률의 임의적 의도, 그리고 법률의 통일적 체계정비의 필요성 등에 의해 시정이 요구된다.

둘째, 국가보안법은 헌법상 영토조항과 병존할 수 없는 구조이다. 보안법상 북한은 주권국가가 아니다. 헌법 3조는 우리 영토를 한반도와 부속도서로 정하고 있기 때문에 한반도 이북을 점령하고 있는 북한은 우리 영토를 불법점유하고 있는 이적단체로 규정하고 있고, 국가보안법은 이와 같은 논리를 반영한 법률이다.

그러나 이는 국가보안법상 반국가단체인 북한을 화해와 협력 그리고 대화의 상대로 인정한 법률과 병존하는 논리적 모순이 있다.[17] 1972년 7·4공동성명을 통해 남북은 남북화해와 불가침 및 교류협력에 관한 합의서를 체결하였고, 1990년에 우리 정부는 남북교류협력에 관한법률을 통과하여 북을 교류협력의 상대로 인정하였으며, 1991년 남북은 유엔에 동시 가입하였다. 유엔헌장 4조는 가입국 자격조건으로 국제법상 주권국가로 제한하고 있다. 우리의 헌법과 법률이 취한 독특한 태도와는 별개로 북한은 국제법적으로 최소한 사실상의 국가로 인정되고 있다. 또, 1991년 12월에는 남북화해와 불가침 및 교류협력에 관한 합의서를 체결하여 서로의 체제를 인정·존중(1조)하고, 상대방 파괴 및 전복 행위의 포기(4조), 그리고 자유로운 왕래 접촉을 실현할 것(17조)을 선언하였다. 근래에는 2000년 6·15남북정상회담과 공동선언을 통해 평화와 공동번영을 위한 교류협력을 강화하는 합의를 하였고, 6자회담의 당사자로 남북이 대등하게 참가하고 있다. 반국가단체이면서 대화와 협력의 파트너가 되는 것이 논리적으로 모순이다.

셋째, 국가보안법은 적용상 평등의 원칙을 위반하고 있다. 정부의 통일정책은 통치행위의 일환으로 간주되어 사법적 판단에서 제외되고 있다.[18] 그러나 관행은 민간인 중에 재벌 관계자를 비롯하여 특정부류의 인사에게는 방북을 허가하고 대다수의 민간인 교류희망자에게는 불허하는 불평등한 처우가 지속되고 있다. 또한, 국가보안법 대상 범죄 수사절차와 방식이 일반형사범죄에 비해 확연히 다르게 취급되고 있다. 피의자 구속기간은 일반 형사범죄 피의자보다 최장 20일간 연장이 가능하다.[19] 헌법재판소의 위헌판결이 있었으나 아직 후속조치는 없다.

사상의 자유와 국가보안법

헌법 제19조는 모든 국민은 양심의 자유를 가진다고 규정한다. 양심이란 한 인간의 행위를 하는 것과 하지 않을 것에 관하여 자기 뜻대로 결정 · 유지 · 실현하는 과정의 산실이다. 헌법재판소는 양심을 '세계관 · 인생관 · 주의 · 신조 등은 물론 이에 이르지 않더라도 널리 개인의 인격형성에 관계되는 내심에 있어서의 가치적 · 윤리적 판단도 포함한다고 하였다.[21] 헌법 제19조의 양심의 자유는 양심 형성의 자유와 양심적 결정과 실현의 자유를 포함한다.

사상(thought)이 자기문제에 대해 스스로 최선의 해답을 찾아내는, 즉 생각함의 과정이나 그 결과물을 총칭한다고 할 때 양심의 자유와 동질적이다고 볼 수 있다. 따라서 기본적으로 사상의 자유는 생각함의 자유를 필수적 전제로 하고, 자기생각의 외부적 표현과 실현의 자유를 포함한다.

물론, 우리 헌법과 국제인권법(시민적 · 정치적 권리에 관한 국제규약 9조 · 18조 · 19조)은 양심 · 사상의 자유의 제한가능성을 열어 두고 있다.

국가안전보장, 질서유지 또는 공공복리를 위하여 필요한 경우에 한해 법률로써 제한할 수 있도록 하였다. 그렇지만, 기본권을 제한하는 경우에 자유와 권리의 본질적인 내용을 침해할 수 없다고 선을 긋고 있다. 헌법재판소는 '양심형성의 자유와 양심적 결정의 자유, 즉 마음의 자유는 마음에 머무르는 한 절대적 자유이지만, 양심실현의 자유는 타인의 기본권이나 다른 헌법적 질서와 경합하는 경우 헌법 제37조 2항에 따라 국가안전보장 질서유지 또는 공공복리를 위하여 법률에 의하여 제한될 수 있는 상대적 자유' 라고 판시하였다.[22]

국가보안법은 앞서 살펴본 바와 같이 개인 내면의 사상이 북한의 정치적 주장과 동일 또는 비슷하거나 남한정권에 비판적이라는 이유로, 즉 특정한 경향성을 지닌다는 이유만으로 법으로 처벌하고, 공공질서와 민주주의 질서에 현저하고 명백한 위협이 되지 않음에도 불구하고 국가보안법의 과도한 해석과 적용을 함으로써 법의 기본원칙은 물론 개인의 사상의 결정과 표출 또는 실행의 자유를 과도하게 제약하고 있다. 국가보안법은 개인으로 하여금 자기검열을 하도록 강요하고 있다.

사상(thought)의 시장(marketplace) 활성화

국가보안법 찬반논쟁은 그 어느 사회담론보다 사회적 양분이 극명하다. 하지만 논쟁의 핵심은 국가보안법이 역사적으로 정권안보차원에서 남용되고, 인권침해에 악용되었으며 민주화 인사들의 활동을 압박하는데 이용되었다는 사실을 다투지 않는다. 자유총연맹도 이를 인정하고 있다. 국가보안법을 국가안보체제의 기본 틀로 인식하는 폐지

반대론자들은 냉전체제의 이념대결의 측면을 과도하게 강조하는데 논쟁의 핵심이 있다.23) 이들에게 국가보안법 폐지는 사상적 무장해제나 다름없다. 때문에 국가보안법이 폐지되면 곧바로 친북좌파가 광화문 네거리에서 인공기를 흔들고 북한을 찬양하는 행위를 하게 되고 형법은 이를 처벌할 수 없게 될 것이라고 선전하는 것이다. 이들이 말하는 국가보안법 폐지의 적절한 시기는 바로 체제전복의 위협이 사라진 때, 즉 남한이 북한을 흡수 통일하는 시기라고 말한다. 여기에는 반공세력이 주축을 이루는 폐지반대론자들의 대북 패배주의, 또는 공포, 과대망상, 피해망상의 경향이 존재한다.

국가보안법 존폐논쟁의 해결책은 민주주의 기본원칙에 있다. 자본주의가 모든 자본을 차별 없이 대우하고 공정한 경쟁을 통해 부의 창출을 의도하듯이 민주주의는 모든 사상을 차별 없이 대우하고 공정한 경쟁을 유도하여 보다 성숙하고 높은 질의 삶과 민주주의를 지향한다. 우리 사회의 담론장은 모든 사상들이 쏟아져 나와 서로 경쟁하다가 생사를 반복하는 곳이다. 사회적 지지를 획득하는 사상은 번영하고 그렇지 못한 사상은 쇠퇴한다. 자본주의도 사회주의나 공산주의와 경쟁을 통해 승리하였다. 그렇다고 그러한 주장 자체가 소멸되지는 않는다. 그들의 문제제기도 자본주의의 발전에 약이 된다.

설사 일부세력 또는 개인의 사상과 주장이 북한의 주장과 비슷하거나 같다고 하더라도 그 주장이 공정하게 토론될 수 있도록 사회공론장을 열어두어 자연스럽게 자유민주주의 가치와 경쟁할 수 있도록 해야 한다. (사실상, 자유경쟁을 하도록 공론장을 개방하여도 최종 승자는 역사가 대신 증명해 주고 있다고 필자는 본다.)

같은 맥락에서 미국 전 부통령 알 고어(Al Gore)는 '사상의 시장'이 갖추어야 할 요건으로 (i)평등한 시장 접근성, (ii)사상의 유용성, 그리고 (iii)합의된 규칙의 준수라고 했던 맥락을 살펴볼 필요가 있다.[24] 또, 미국은 사회구성원의 평등한 시장 접근성을 보장하고 사회적 발언의 냉각효과를 최소화하기 위해 공직자 또는 공적인 문제에 대해 문제제기를 하는 사람을 일반적 인격모독 사건보다 더 보호한다는 점도 참고할 만하다.

국가보안법에 대한 원불교적 관점

원불교는 사은(四恩)사상을 강조한다. 개인은 천지·부모·동포·법률의 은혜적 관계 속에서 존재한다. 결국 모든 존재는 서로 의지하고 상호 연관성을 통해 존재한다는 의미이며, 고립된 존재의 생존과 발전은 불가능하다. 이는 불가의 연기사상과 맥을 같이 한다.

사은 중 법률은(法律恩)의 법률은 '인도 정의의 공정한 법칙'이다.[25] 법률은 개인, 가정, 사회, 국가, 세계에 각각 적용되는 도덕과 윤리, 정언명령 및 법칙, 그리고 법률 등을 포함한다. 그리고 법률은 모두에게 각각 도움이 된다. 구체적으로, 제불제성이 종교와 도덕으로 바른 길을 열어준 것, 사회의 안녕질서를 유지하여 우리의 생활을 보전케 하는 것, 그리고 불의를 징계하고 정의를 세워 평안함을 유지하는 것 모두 법률의 도움이다.

법률의 핵심은 공정성에 있다. 공정함은 한 쪽에 치우치거나 편견에

사로잡히지 않고 공평무사함을 잃지 않음을 일컫는다. 공정성은 정의 관념에 기반을 둘 때 정당화된다. 때문에 같은 것은 같게 다른 것은 다르게 대우하는 평등의 원칙과도 부합된다. 정의는 개인, 가정, 사회, 국가, 세계를 회통하여 실현되어야 하고, 정의의 공정한 법칙이 잘 실행한다면 우리는 갈수록 구속이 없어지고 자유를 얻게 될 것이라고 했다.

국가보안법은 앞서 살펴본 바와 같이 개인의 양심의 자유를 부당하게 침해한다. 악명 높은 국가보안법의 인권침해는 국가보안법 존속론자들도 이미 찬성하고 있다. 국가보안법은 인도 정의의 공정한 법칙이 아니다. 개인의 자유를 억압하고 민주주의를 저해하는 구시대의 유물일 뿐이다.

사은(四恩)의 그물망 안에서 마음의 자유를 얻고자 하는 모든 존재는 다른 존재에 대한 사회적 연대의 의무가 있다. 또 원불교는 정의롭지 못한 법칙을 방치하지 않고, 개혁하고 바로잡는 적극적 실천의 종교이다. 우리 모두가 국가보안법의 폐지를 위해 힘써야 하는 이유이다.

참고문헌

- 구춘권, "국가보안법에 대한 정치학적 성찰", 「영남법학」 제27호, 2008
- 박원순, 「국가보안법 3」 (역사비평사, 1992)
- 박희종, "원불교에서의 종교교육과 인권", 「2012년도 한국종교교육학회 국제학술대회 발표 자료집」 2012
- 손동권, "사상범에 대한 형사실체법의 정비방안", 「비교형사법연구」 제8권 제1호, 2006
- 이진우, "국가보안법은 조국을 구하기 위한 결단,", 「한국논단」 제117호, 1999
- 이준일, 「인권법: 사회적 이슈와 인권」 (홍문사, 2007)

- 이창호, "최근 국가보안법 남용사례와 형사법적 대응", 「민주법학」 제43호, 2010
- 임광규, "통일된 후에도 필요한 국가보안법", 「한국논단」 130호, 2000
- 오동석, "국가보안법의 현재 상황과 폐지의 당위성", 「민주법학」 제26호, 2004
- 조 국, "1991년 개정 국가보안법상 이적성 판단기준의 변화와 그 함의", 「서울대학교 법학」 제52권 제3호, 2011
- 장호순, 「미국 헌법과 인권의 역사: 민주주의와 인권을 신장시킨 명판결」 (개마고원, 1998)
- 정경수, "반국가보안법운동 국제화의 성과와 과제", 「민주법학」 제33조, 2007
- 제성호, "국가보안법과 남남갈등", 「중앙법학」 제4권 제3호, 2002
- _____, "국가보안법상 반국가단체의 개념과 범위", 「법조」 Vol.647, 2010
- 허일태, "국가보안법 폐지의 정당위성", 「형사정책」 제16권 제1호, 2004
- 홍윤기, "양심과 사상의 자유와 국가보안법", 「민주법학」 제26호, 2004
- AL GORE, THE ASSAULT ON REASON, (Penguin Books, 2007)
- 국가인권위원회, 국가보안법 폐지 권고문, 2004
- 대법원 2004년 7월 9일 선고 2000도987
- 대법원 2010년 12월 9일 선고 2007도10121
- 헌법재판소 1990년 4월 2일 선고 89헌가113
- 헌법재판소 1991년 4월 1일 선고 89헌마160
- 헌법재판소 1992년 4월 14일 선고 90헌마82
- 헌법재판소 1998년 7월 16일 선고 96헌바35
- CCPR/C/64/D/628/1995
- UN Doc. CCPR/C/79/Add.114

---

1) 국가인권위원회(2004), 국가보안법 폐지 권고문 참조
2) Id.
3) 홍윤기(2004), "양심과 사상의 자유와 국가보안법", 「민주법학」 제26호, p.48
4) 국가인권위원회(2004), id.
5) 이준일(2007), 「인권법: 사회적 이슈와 인권」 홍문사, p.149

6) 이창호(2010), "최근 국가보안법 남용사례와 형사법적 대응", 「민주법학」 제43호, pp.502-7

7) 허일태(2004), "국가보안법 폐지의 정당위성", 「형사정책」 제16권 제1호, pp.242-4

8) Id. pp.247-53

9) 헌법재판소 1990년 4월 2일 선고 89헌가113

10) 박원순(1992), 「국가보안법 3」 역사비평사, p.83

11) 대법원 2004년 7월 9일 선고 2000도987

12) 대법원 2010년 12월 9일 선고 2007도10121

13) UN Doc. CCPR/C/79/Add.114

14) 국가인권위원회(2004), id.

15) 헌법재판소 1991년 4월 1일 선고 89헌마160

16) 이준일(2007), id. pp.149-58; 허일태(2004), id. pp.241-66

17) 이준일(2007), id. p.161

18) 헌법 제66조 3항

19) 국가보안법 제19조

20) 헌법재판소 1992년 4월 14일 선고 90헌마82

21) 헌법재판소 1998년 7월 16일 선고 96헌바35; 홍윤기(2004), id. pp.49-55

22) Id.

23) See 임광규(2000), "통일된 후에도 필요한 국가보안법", 「한국논단」 130호; 제성호 (2002), "국가보안법과 남남갈등", 「중앙법학」 제4권 제3호

24) GORE(2007), THE ASSAULT ON REASON, Penguin Books, pp.12-4

25) 「원불교 전서」 "제1부 정전 제2 교의편 제2장 사은 제4절 법률은", pp.36-9

양심적 병역거부와 양심의 자유

"이미 세워진 권위라도 양심이 허락하지 않으면 의심하라. 남이 나쁘다 하여도 그대 마음의 소리가 옳다고 하면 따르라. 그러나 이 원리를 잘못 처리하는 사람들이 있다. 의심하지 않을 것을 의심하고 마땅히 따라야 할 일에 대해서는 교만을 피우고 있다."

- 파스칼 -

1950년 이후 병역법 위반으로 수감된 양심적 병역거부자는 2만 명이 넘는다. 징병인원 30만 명 중 연평균 0.2%가 병역거부자로 판정되고 있다. 2011년 5월 기준으로 804명이 구금시설에 수감 중이다.[1] 이들은 군 입대 후 집총을 거부하여 처벌을 받다가 2001년부터는 입영 자체를 거부하는 방식을 택하고 있다. 이들의 수감기간은 한국전쟁 당시 36개월과 김영삼 정부시절 35개월로 가장 길었고, 유신 및 군사정권 시절에 23개월, 2001년-2006년에 19.8개월이었다.[2]

과거 양심적 병역거부자의 인권실태는 열악했다. 이들의 수감생활에 대한 설문조사에 따르면 응답인원의 50%인 6,328명은 구타 및 가혹행위를 당했다고 답했다. 가혹행위의 유형으로는 부동자세 5,479건(28.9%), 얼차려 4,919건(25.9%), 구타 3,613건(19%), 독거 특창 695건(3.7%) 순으로 드러났다. 고문사례도 있었으며 가혹행위가 사망으로 이어진 사례도 존재했다. 1975년 논산훈련소 김종식씨, 1976년 포항 해병대 정창복씨 등 총 5건의 의문사가 있었음이 밝혀졌고 증언도 확보된 것으로 확인된다. 지금은 인권 유린적 관행이 사라졌지만 당시에는 심각한 인권침해를 당하였고, 양심적 병역거부자들의 교정시설 내 종교집회의 자유가 금지되다가 최근에 허용되었다.[3]

우리나라의 양심적 병역거부자 처벌 관행은 전 세계적으로 악명 높다. 전 세계 양심적 병역거부 수감자의 90% 이상이 우리나라에 있다. 2011년을 기준으로 G20 회원국 중 양심적 병역거부자를 구금시설에 가두는 국가는 우리나라가 유일하다.[4]

양심적 병역거부자는 주로 여호와의 증인과 제7일안식일예수재림교회 출신이 대부분이다. 주류 목사·기독교인, 신부·천주교인, 승려·불교도, 원불교 교무·교도의 병역거부는 거의 없다가 근래에 오태양씨와 같은 몇몇 사례가 발생했으며, 비종교적 평화주의 신념을 이유로 병역거부한 나동혁씨 사례도 생겨났다.

우리 사회는 2000년대가 되어서야 양심적 병역거부를 인권의 시선으로 바라보고 사회적 토론을 할 수 있게 되었다. 2004년 5월 21일에는 서울남부지방법원 이정렬판사가 양심적 병역거부자에게 병역병

위반 혐의의 무죄판결을 내리기도 하였으나 같은 해 7월과 8월 대법원과 헌법재판소는 각각 병역법의 합헌성을 재확인하였다.

그러다가 2005년 국가인권위원회가 병역법에 근거한 양심적 병역거부자 처벌은 인권침해임을 확인하고 대체복무제를 도입할 것을 정부와 국회에 권고하였고, 2006년 경제적·사회적·문화적 권리에 관한 국제규약에 근거한 유엔의 사회권규약위원회는 양심적 병역거부자에 대한 처벌 중단을 권고하였다.

급기야 2007년 국방부는 대체복무제 도입을 전격적으로 결정하고 시행을 위한 구체적 논의에 돌입하기도 하였다. 이는 양심적 병역거부자들을 민족공동체를 파기 또는 의무를 회피하는 파렴치범으로 취급하던 인식이 크게 개선되었음을 반증하는 것이다. 하지만 이명박 정부가 들어섬과 동시에 그 논의는 중단되어 대체복무제는 도입되지 못하고 있다.

양심적 병역거부의 개념

양심적 병역거부(conscientious objection)는 평화주의 또는 비폭력주의를 추구하는 개인의 양심에 따라 전쟁이나 무력행위에 참가하는 것과 군복무를 반대하여 병역 일반 또는 집총 병역을 거부하는 행위이다.5) 일반적으로 양심적 병역거부는 양심에 반하는 행동을 강요받지 않을 자유에 의해 보호된다. 병역거부나 집총거부가 종교적 신념에 기초한 양심일 경우에는 종교의 자유에 의해서도 보호받을 수 있다.

양심적 병역거부의 종류에는 보편적 거부와 선택적 거부가 있다. 보편적 거부는 모든 형태의 전쟁에 반대하는 것이고 선택적 거부는 특정 전쟁만을 반대하는 것이다. 전쟁자체는 반대하지 않으나 대량살상무기, 특히 핵무기 전쟁을 거부하는 재량적 거부도 있다. 또, 거부정도에 따라 병역자체를 거부하거나 일체의 대체복무도 거부하는 절대적 거부, 군복무 대신 대체복무를 수용하는 대체적 거부, 군복무는 받아들이지만 무기병과에서 근무하는 것을 거부하는 비전투적 거부가 있다.[6]

상충되는 이익의 경합

양심적 병역거부에는 국가안보를 위한 병역의 의무와 근본적인 인권으로서 양심의 자유 보장이 경합관계에 있다.

모든 국민은 병역의 의무를 진다(39조)고 우리 헌법은 규정하며 의무이행을 거부할 경우 병역법 제88조 입영기피죄나 군형법 제44조 항명죄 및 향토예비군설치법에 의해 처벌된다. 양심적 병역거부자는 2001년까지 군 입대 후 집총을 거부하여 군형법상 항명죄로 처벌받다가 그 후 입대 자체를 거부하는 방향으로 방법을 전환하였다. 이 경우 병역법상 입영기피로 분류되어 1년 6개월 형을 받고 복역하는 것이 일반적이다. 그 후 제2국민역으로 편입되어 현역복무의 의무는 종료된다.[7]

현행법상 양심을 이유로 병역 또는 집총을 거부하는 것은 법적으로 허용되지 않는다. 헌법재판소와 대법원은 양심의 자유는 상대적인 자유이고, 국가안보를 위하여 제한가능하며, 병역법에 대체복무제를 둘

것인지는 입법 재량에 속한다고 하였다. 그리고 양심의 자유로부터 병역거부권이나 대체복무요구권은 추론되지 않으며, 따라서 양심적 병역거부자를 위한 대체복무제를 두지 않고 처벌하는 것은 불가피하며 위헌이 아니다[8]라는 취지의 판결하였다.

반면 헌법은 인간으로서의 존엄과 가치(10조), 평등원칙(11조), 양심의 자유(19조), 종교의 자유(19조) 등을 보장하며, 기본권 제한에 대한 한계(37조 2항)를 정하고 있다. 2004년 이정렬 판사는 하급심 판결에서 양심적 병역거부자에 대해 '병역법상 입영 또는 소집을 거부하는 행위가 오직 양심상의 결정에 따른 것으로서 양심의 자유라는 헌법적 보호 대상이 충분한 경우에는 정당한 사유에 해당한다'며 무죄를 선고한 바 있다.[9]

아울러, 국제인권법도 양심의 자유를 보장한다. 시민적·정치적 권리에 대한 국제규약(이하 '자유권 규약') 18조는 모든 사람은 사상·양심·종교의 자유에 대한 권리를 가진다고 천명하고 있다. 유엔 자유권규약위원회의 일반논평(General Comment) 22호는 18조가 양심적 병역거부권을 명확히 언급하지는 않으나 징병제하에서 살상용 무기를 사용해야 할 의무는 양심·종교의 자유와 상충된다며 양심적 병역거부권이 18조에서 파생될 수 있다고 보았다.[10] 같은 맥락에서 1987년 유엔인권위원회(Commission on Human Rights)는 46호 결의를 통해 종교적, 윤리적, 도덕적 또는 이와 유사한 동기에서 발생하는 심오한 신념에 기초한 양심적 병역거부권을 인정하라고 권고하고, 1998년 77호 결의에서 양심적 병역거부권의 '마그나 카르타'를 선포했다. 이는 양심적 병역거부자를 그 양심적 신념에 근거해 차별하지 말 것, 적절한 대체복무제를 도입할 것, 양심적 병역거부로 인한 박해를 피해 자국을 떠난 사람들에게 난민으로서 보호할 것을 내용으로 한다.

인권이슈의 구체적 내용

양심적 병역거부에서 논쟁이 되는 인권은 인간의 존엄과 행복추구권, 양심의 자유, 평등원칙 그리고 기본권 제한에 대한 한계 등이다.

우선, 양심적 병역거부를 처벌하는 것은 인간으로서 존엄과 가치 그리고 행복추구권을 저해하는 것이다. 여기서의 존엄과 행복은 국민전체의 집단적 존엄과 행복을 의미하지 않는다. 전체주의적 해석, 즉 병역의 의무를 다하였을 때에만 국가안보를 확보하여 국민전체의 존엄과 행복을 보장할 수 있다는 해석은 적용될 수 없다. 존엄과 행복추구의 권리는 개인적 권리로서 '주체성(자기결정성), 정체성, 인격성(인간성)을 내포' 한다. 그래서 양심적 병역거부에 대한 처벌은 '인격성의 침해이고, 그 자체로 부당하고 자의적인 처벌' 이다. '처벌을 통해 양심의 결정을 전향하도록 강요하기 때문에 잔인하고 비인도적이고 굴욕적인 처우' 이다.[11]

둘째, 양심적 병역거부를 처벌하는 것은 양심에 따른 행위를 처벌하는 것이므로 양심의 자유를 위반한 것이다. 양심적 병역거부는 양심의 자유의 발현이다. 양심은 '어떤 일의 옳고 그름을 판단함에 있어서 그렇게 행동하지 아니하고는 자신의 인격적인 존재가치가 허물어지고 말 것이라는 강력하고 진지한 마음의 소리' 이다.[12] 따라서 양심의 자유에는 양심을 가질 수 있는 자유와 양심에 반하여 행동을 강요당하지 않을 자유를 포함한다.

양심의 자유의 내용에는 일반적으로 (i) 양심 형성의 자유, (ii) 양심 표현의 자유, (iii) 양심실천의 자유가 있다. 양심 표현과 실천의 자유를 양심에 반한 행동을 강제당하지 않을 소극적 자유와 외부에 표현할 적극적 자유로 보는 견해도 있다. 양심에 반하는 행동을 강제당하지 않을 자유의 대표적인 예가 양심적 병역거부이다.

셋째, 우리 사회에서 양심적 병역거부를 처벌하는 것은 같은 것은 같게 다른 것은 다르게 대우하라는 평등의 원칙에 위배된다. 먼저, 평화적 양심을 이유로 입영을 거부하는 자는 강도, 폭력, 상해 등의 범법자와 다르다. 이 둘을 동일하게 취급하는 것은 평화와 폭력의 다른 것을 동일하게 처벌하는 것이다. 타인의 법익을 침해 또는 손상을 가하는 것과 개인의 양심이 사회의 법률에 위배되는 것에는 질적인 차이가 존재한다. 따라서 '평화주의적 동기에 부합하는 처우를 마련하는 것이 상대적 평등의 원칙 또는 형평의 이념에 부합' 한다.[13]

또, 공익근무요원과 양심적 병역거부자의 차별도 평등의 원칙에 위배된다. 공익근무요원은 예술, 체육 특기자, 국제협력요원 또는 신체검사결과 보충역으로 판정되어 현역복무보다 대체복무가 더 적합한 것으로 인정된 자이다. 반면, 양심적 병역거부자는 양심상의 이유로 현역복무보다는 대체복무가 더 적합하다고 볼 수 있는 사람이다. 통상 외국에서의 대체복무는 양심적 병역거부자들에게 공익근무를 허용하지만 유독 우리 사회는 양심적 병역거부자에게만 그 문호를 개방하지

않고 있어, 양심의 자유를 지나치게 경시하고 소수자에 대하여 불합리하게 차별하고 있다.[14]

넷째, 양심적 병역거부는 기본권 제한으로 제한이 가능한 권리가 아니다. 우리 헌법은 기본권을 제한할 수 있는 경우를 국가안전보장, 질서유지 또는 공공복리를 위하여 법률로써 제한할 수 있다고 하면서도 본질적인 내용의 침해를 할 수 없도록 하고 있다.(37조) 남북분단으로 인한 국가 안보 유지는 오로지 양심적 병역거부를 인정하지 않음으로써 달성될 수 있다는 견해는 양심의 자유를 제한가능한 상대적 권리로 간주하며 대체복무제 도입을 부인한다. 이는 양심의 자유를 국가안보 위협 상황에서도 제한할 수 없는 근본적인 권리로 인정한 국제인권법에 배치되는 입장이다. 우리나라는 자유권 규약에 가입한 당사국으로서 협약의 내용을 실천할 의무가 있다. 양심의 자유를 보장할 수 없다는 유보를 하지도 않았다. 헌법에 의거 체결·공포된 조약과 일반적으로 승인된 국제법규는 국내법과 동일한 효력이 있기 때문에 당연히 병역법보다 상위의 법이며 양자의 충돌 시 상위법 우선원칙을 적용해야 한다.

자유권 규약 18조는 양심의 자유를 제한할 수 있는 조건으로 공공의 안전, 질서, 공중보건, 도덕 또는 타인의 기본적 권리 및 자유를 보호하기 위하여 필요한 경우로 한정하고 있다. 국가안보(national security)는 포함하고 있지 않다. 같은 협약 19조는 표현의 자유를 명시하며 그 제한 가능한 요건으로 타인의 권리 또는 신용의 존중, 그리고 국가안보, 공공질서, 공중보건, 도덕의 보호라고 한정함으로써 18조와는 다르게 국가안보를 포함하고 있다. 아울러 같은 협약 4조는 비상사태에서 규약상의 권리를 제한할 수 있다고 규정하고 있으나 제한 불가능한 권리(non-abrogable rights)로서 생명권의 보호, 고문 등의 금지, 노예 등의 금지, 행위시법주의, 법 앞의 인간으로서 인정, 사상·양심·종교의 자유를 예시하고 있다. 양심의 자유는 국제인권법상 제한할 수 없는 절대적 권리인 것이다.

대체복무제 도입

징병제의 국가 중 대체복무제를 도입한 국가는 독일, 덴마크, 대만 등 31개국이며, 비전투복무제를 도입한 국가는 크로아티아, 스위스 등 5개국에 달한다. 특히 독일의 경우는 동서독이 분단된 상태였던 1949년에 종교·양심의 불가침성을 확인하고 양심적 병역거부권을 인정하여 1956년 독일기본법으로 명문화하였다. 각국의 대체복무의 영역은 구제활동, 환자수송, 소방업무, 장애인 봉사, 환경미화, 청소년보호센터, 문화유산 유지보호활동 등에 걸쳐 다양하다.

우리나라가 대체복무제를 도입할 경우, 국가인권위원회(2005년)와 유엔인권위원회(2006년)가 권고한 바대로 대체복무 인정 여부를 공정하게 평가할 기구와 절차를 마련할 필요가 있다. 다만 대체복무의 기간에 있어서는 현역복무자의 형평성과 양심적 병역거부자의 양산을 우려하여 현역 복무기간의 1.5배-2배로 정하여 한시적으로 운영하다가 줄여가는 방법을 강구할 필요가 있다.

종교계의 양심적 병역거부

불교계는 2001년 오태양의 병역거부 선언으로 교단 내 토론이 활성화되고 불교인권위원회를 포함한 불교계 시민단체 및 언론은 대체복무제 도입을 강력히 주장해 왔다. 한국가톨릭의 공식입장은 알 수 없으나 주교단 발행의 경향잡지 및 기타 매체를 통해 대체로 대체복무제 도입이 적절하다는 의견이 있었고, 천주교인의 종교적 신념에 의한 병역거부 선언이 있었다. 개신교회는 의견이 양분된 상황이다. 한국기독교교회협의회는 양심적 병역거부자의 처벌에 반대하고 대체복무제 도입을 찬성한다.[15] 그러나 한국기독교총연합회 소속 교단과 교회는 대체복무제 도입이 '이단교회에게 특혜를 베푸는 조치'라고 강력히 반대하고 있다. 이러한 공격적이고 불관용의 자세는 교회가 분단—내전—독재를 거치며 국가권력과 결탁하거나 종교가 국가화 되었기 때문이라는 분석도 있다.[16]

원불교에서는 교무 또는 교도에 의한 양심적 병역거부 사례는 없었다. 양심적 병역거부를 인권의 시각으로 바라보고 대체복무제 도입에 적극적으로 나선 경험도 거의 없다. 대체복무제 도입의 사회적 담론과 활동에 원불교인권위원회와 원불교사회개벽교무단이 간헐적으로 결합하는 것이 전부였다.

양심적 병역거부는 마음의 자유와 평화를 지향하는 원불교인의 마음, 즉 부처의 본래의 마음을 표출한 것이다. 이를 처벌하는 것은 국가가 부처의 마음을 억압하고 그 온전함을 부정하는 것이다. 부처의 마음으로 군입대하여 국방의 의무를 수행할 수도 있겠으나 그것은 어디까지나 개인의 자발적 결정에 의한 것이어야 하며, 평화와 비폭력을 실천하고자 군입대를 거부하는 경우까지 국가가 처벌하는 것은 폭력일 뿐이다. 대체복무제를 시급히 도입하는 것이 대안이다.

참고문헌

- 강인철, "한국사회와 양심적 병역거부: 역사와 특성", 「종교문화연구」 제7호, 2005
- 구수현, "여호와의증인의 양심적 병역거부 진실", 「현대종교」 2004
- 국가인권위원회, 양심적 병역거부권 및 대체복무제도에 대한 권고, 2005
- 국가인권위원회, 「인권의 이름으로 말하다 – 국가인권위원회 10년 결정례 100선」 2011
- 나달숙, "양심적 병역거부 해결방안", 「법학연구」 제24호, 2006
- 노혁준, "양심적 병역거부에 관한 병역법상 처벌조항의 위헌성 검토", 「민주법학」 제 24호, 2003
- 이재승, "병역거부에 대한 방응양상", 「일반논단」 2007
- _____, 양심적 병역거부를 처벌하는 병역법의 위헌심판사건 참고인 의견서, 2010
- 이준일, 「인권법 : 사회적 이슈와 인권」(홍문사, 2007)
- 윤영철, "병역법 제88조 제1항과 양심적 병역거부", 「비교형사법연구」 제6권 제2호, 2004
- 진상범, "한국사회 양심적 병역거부에 대한 국가와 종교의 대응", 「종교문화연구」 제 8호, 2006

---

1) '양심적 병역거부 처벌국가, 이제 한국만 남을 것', 오마이뉴스, 2011년 9월 15일
2) '양심적 병역거부 1만2324명 2만5483년', 한겨레 21, 2007년 3월 15일
3) Id.
4) *See* note 1
5) 이준일(2007), 「인권법 : 사회적 이슈와 인권」 홍문사, p.130
6) 나달숙(2006), "양심적 병역거부 해결방안", 「법학연구」 제24호, pp.4-5

7) 병역법시행령 제136조

8) 헌법재판소 2004년 8월 26일 선고 2002헌가1; 대법원 2004년 7월 15일 선고 2004도2965

9) 서울남부지방법원 2004년 5월 21일 선고 2002고단3941

10) CCPR/C/21/Rev.1/Add.4 (07/30/1993)

11) 이재승(2010), 양심적 병역거부를 처벌하는 병역법의 위헌심판사건 참고인 의견서, pp.315-7

12) 헌법재판소 2002년 4월 25일 선고 98헌마425

13) 이재승(2010), id. pp.317-9

14) Id.

15) 진상범(2006), "한국사회 양심적 병역거부에 대한 국가와 종교의 대응", 「종교문화연구」 제8호, pp.202-15

16) 이재승(2007), "병역거부에 대한 방응양상", 「일반논단」 p.274

소수자의
인권

성적 소수자와 차별받지 않을 권리

"사람들로 하여금 나를 사랑하도록 하는 법률을 제정할 수는 없지만
나에게 폭력을 가하지 못하게 하는 법률은 만들 수 있을 것이며 나는
이러한 법률을 만드는 것이 대단히 중요하다고 생각한다."
- 마틴 루터 킹 -

"다문화 · 다민족 · 다종교 사회로 나아가고 있는 대한민국에서 인종, 문화, 종교 그 밖에 그 어떤 분야에서도 차별 또는 혐오로 인한 사회적인 불평등이 있어서는 안 될 것"이라며 2010년 당시 이웃종교체험 성지순례를 마친 한국종교지도자협의회는 성명서를 발표하며 혐오범죄법 도입을 촉구했다.[1] 한국종교지도자협의회는 우리나라를 대표하는 7개 종교의 종단으로 구성된 단체로서 원불교는 물론, 한국기독교총연합회, 불교 조계종, 천주교, 민족종교 등이 구성원이다.

그러나 한국종교지도자협의회는 같은 성명서에서 "사회적 소수자

인권 보호를 빌미로 동성애차별금지법과 같이 우리 사회의 전통적인 사상적 근간과 사회적 통념을 무너뜨리는 입법에 대해서는 적극 반대한다"고 밝혔다.[2] '그 어떤 분야에서도' 차별해서는 안 된다면서도 성적 소수자는 제외한 것이다. 적극 반대한다는 표현은 차별해도 상관없다는 의미로 해석된다.

또 동성애를 소재로 한 SBS 드라마 <인생은 아름다워> 상영을 두고 보수단체는 "며느리가 남자라니 말도 안 된다", "내 아들 군대 가서 동성애자되고 에이즈 환자되면 SBS 책임져라" 등의 내용으로 신문광고를 내어 적극적 반대의사를 표현했다. 동성애를 전염되는 병처럼 취급하고 에이즈 감염의 원인으로 간주하는 무지에서 비롯된 발상임에도 일반인에게 미치는 동성애에 대한 부정적 인식은 강렬하다. 이들은 1980년대 미국에서 보수단체들이 동원한 비슷한 수법으로 동성애인권운동진영에 큰 타격을 주었던 경험을 알고 있는 듯하다.

성적 소수자에 대한 이러한 차별사례는 빙산의 일각에 불과하다. 성적 소수자의 인권이슈에 대한 사회적 관심이 확대되자 터져 나온 위와 같은 우리 사회의 뿌리 깊은 편견은 매우 우려스럽다. 성적 소수자에 대한 사회적 낙인과 편견 그리고 차별로 인해 성적 소수자들의 삶은 고통스럽다.

성적 소수자의 개념

동성애(homosexuality)란 같은 성을 가진 사람에게 성적인 매력을 느끼는 것을 지칭한다. 남성을 게이(gay), 여성을 레즈비언(lesbian)이라고 칭하며, 양성 모두에게 성적 매력을 느끼는 사람을 양성애자(bisexual)라고 한다. 이 같은 성적인 관심 또는 욕망에 대한 자기인식을 성적 지향(sexual orientation)이라고 한다. 1980년대에는 성적 선호(sexual preference)라는 용어가 가장 많이 사용되었는데 노력하면 선호도를 바꿀 수 있다는 오인을 불러와 바뀌게 되었다. 현대 심리학에서는 성적 지향이 개인의 임의적 선택이 아니라 선천적·후천적 요인이 내·외적으로 작용한 결과로 형성된 것으로 보며, 이를 깨닫는 시기는 사람마다 다르다.[3] 성적 소수자(sexual minority)라는 용어는 '게이'나 '레즈비언' 보다 가치중립적인 표현이기 때문에 사회에서 폭넓게 수용되어 사용되고 있다. 아울러 성적 소수자 개념은 성적 정체성이 출생시 신체적 성과 다른 사람을 지칭하는 성전환자 또는 트랜스젠더(transgender)를 포함한다. 따라서 성적 소수자라고 하면 일반적으로 동성애자, 양성애자, 트랜스젠더를 모두 포함한다.

성적 소수자는 잘 드러나지는 않았지만 오랫동안 우리 사회의 구성원이었다. 연구조사가 실시된 나라와 방법에 따라 결과가 조금씩 차이가 있지만 인구의 2-3%는 최소한 성적 소수자라고 추론할 수 있을 것이다. 사회적 낙인과 차별을 염려하여 본인의 정체성을 드러내지 않은 성적 소수자가 있다는 점을 감안하면 실제 인구는 늘어날 수도 있다.

1948년과 1950년 미국 Kinsey 보고서에 따르면, 미국남성 4%가 게이, 미국여성 2%가 레즈비언이라고 하며, 33%의 남자와 12%의 여자가 동성애 경험이 있다고 한다.[4] 20,055명을 대상으로 한 1992년

프랑스에서의 설문조사에 따르면, 4.1%의 남자와 2.6% 여자가 동성과 성관계를 가져본 경험이 있는 것으로 드러났다. 2003년 19,307명을 대상으로 한 호주(Australia)의 조사에서는 1.6%가 게이, 0.8%가 레즈비언, 1%가 양성애자라고 하며, 8.6%의 남자와 15%의 여자가 동성애 경험이 있거나 매력을 느낀다고 드러났다.5)

한편, 최근 2009년 브라질의 연구조사에 따르면 게이가 7.8%, 레즈비언이 4.9%, 남성양성애자가 2.6%, 여성양성애자가 1.4%로 각각 나타났으며, 238,206명을 대상으로 한 2010년 영국의 조사에 따르면 게이와 레즈비언이 1%, 그리고 양성애자가 0.5%이며, 3%는 성정체성을 모른다고 하였다.6)

성적 소수자의 인권풍경

성적 소수자에 대한 사회적 차별과 탄압은 역사적으로 시기와 장소에 상관없이 존재했다. 현대에도 특정 사회와 국가의 인권수준에 따라 성적 소수자의 삶은 각양각색의 모습을 띤다. 일부에서 동성애의 행위는 사형감이지만 일부에서는 동성간의 결혼까지도 법적으로 보장한다. 결혼이 보장되는 사회라고 할지라도 사인간의 종교적 · 도덕적 · 정치적 신념이 매우 다양하기 때문에 성적 소수자에 대한 편견은 쉽사리 사라지지는 않는다.

우선 동성애의 행위를 사형 또는 중범죄로 처벌하는 관행은 아프리카와 이슬람국가에서 목격할 수 있다. 아프리카의 짐바브웨, 우간다, 알제리, 앙골라, 부룬디, 카메룬, 에티오피아, 모로코, 세네갈, 타고, 우간다 등은 동성애를 불법으로 규정하고 있다. 이슬람국가들도 동성애를 벌금, 태형, 또는 사형으로 처벌하고 있다. 영국의 이민법 위반으로 자국으로 송환될 위기에 있던 이란의 중년남성은 자신의 성적 정체성 때문에 이란으로 송환되면 박해를 받을 것이 자명하다는 이유로 정치적 망명을 신청한 사례가 있었다.[7]

사회적 편견과 차별은 성적 소수자에 대한 살해 또는 폭행, 따돌림, 인격모독 등으로 나타나고 있다. 남아프리카공화국에서는 2012년 여자 레즈비언을 돌과 칼로 죽인 남성 4인에 대하여 18년형을 선고하였다.[8] 6년간 끌어온 이 재판은 살인사건에 성적 소수자에 대한 혐오를 가중 처벌한 최초의 사건이다. 뿐만 아니라 인권선진국이라는 유럽과 미주에서도 성적 소수자에 대한 혐오살인과 폭력은 일어나고 있다.

반면, 남아프리카공화국(1996), 피지(1997), 스위스(2000), 스웨덴(2000), 포르투갈(2004), 캐나다(2004)등은 헌법 개정을 통해 성적 소수자의 권익을 보장하고 있고, 세계 50여개국(2008년 5월 기준)은 성적 지향을 근거로 한 차별을 법률로 금하고 있다. 이스라엘은 1992년부터 고용관계에서 성적 소수자들을 법적으로 보호하는 아시아 최초의 국가가 되었고, 1993년에는 군복무를 허용하였고, 2005년에는 레즈비언 커플이 입양할 수 있도록 허용했다. 벨기에, 캐나다, 네덜란드, 노르웨이, 남아프리카공화국, 스페인은 동성간 결혼을 허용하고, 그 외 16개국은 동성간의 사적 관계를 사실혼으로 인정하여 권익을 보호하고 있다.[9]

우리나라에서 성적 소수자의 인권문제는 사회 공론장에서 주목을 받지 못하다가 연애인 홍석천이 커밍아웃과 동시에 출연중인 방송에서 하차해야 했던 사건으로 인해 성적 소수자에 대한 사회적 관심과 논쟁이 확산되었다. 트랜스젠더인 가수 하리수의 삶이 소개되었던 것도 우리들의 인식 개선에 큰 도움이 되었다.

1996년 트랜스젠더가 강간을 당한 사례에서 대법원은 사회통념상 여자로 볼 수 없다는 판결[10]을 내렸으나 2006년에 트랜스젠더의 "반대의 성에 대한 일관된 귀속감, 반대의 성으로서의 역할수행, 성전환증에 관한 정신과적 진단, 성전환수술, 사회적 허용가능성"[11] 등을 기준으로 성정체성을 판단하여 트랜스젠더의 성별변경을 허가하는 등 진전을 보였다.

그러나 성적 소수자들의 인권은 여전히 열악한 수준에 있다. 우선 이들을 보호하기 위한 법률도 없다. 2001년 제정된 국가인권위원회법에 차별에 관한 정의조항에 차별근거로 성적 지향이 있을 뿐이다.(2조) 2007년에는 국가인권위원회가 법무부에 권고한 차별방지법안에 차별근거로 나열된 성적 지향은 법무부의 무의지와 보수단체와 보수교회의 반대에 부딪쳐 삭제되었다. 또한 군형법에 동성애를 차별하는 규정이 존재하고, 형법상 성폭력범죄의 구성요건이 성적 소수자에게는 적용되지 못하고 있다는 점에서 차별적이다.

법률과 제도에 의한 편견과 차별만큼 성적 소수자의 삶을 어렵게 하는 것은 가족, 친구 그리고 사회의 낙인과 편견이다. 성적 소수자는 자기 정체성을 숨기거나 억누르며 살아가기 때문에 또는 커밍아웃을 해도 사회적 편견과 차별 때문에 우울증에 걸리기도 하고 자살을 시도하기도 한다.

연구에 따르면,[12] 가족의 지지는 성적 소수자의 삶의 만족도에 직접적인 영향을 끼치는 것으로 나타나고 있는데 우리 사회에서 가족의 지지를 받기란 쉽지 않다. 통계는 커밍아웃 후 41%가 친구를 잃고, 50%는 가족이 거부반응을 보인 것으로 나타나고 있다. 가족이 수용적인 경우는 10% 정도에 불과하고, 오히려 집에서 쫓겨나거나 차별과 폭력에 시달리는 경우도 많다. 이로 인해 성적 소수자의 자아 존중감은 더욱 감소한다. 부모의 지지모임이나 성적 소수자사이의 친구모임을 장려하여 긍정적 도움이 되고 있는 미국의 사례를 주목할 필요가 있다.

사회적 낙인과 차별의 의미

차별은 사회적·역사적 정당성을 획득한 경우를 제외하고 혐오를 전제한다. 혐오는 생래적으로 또는 자연스럽게 발생하지 않고 사회적 낙인 과정을 거쳐 발생한다. 그 과정에서 도덕·종교·사회통념에 비추어 정상과 비정상, 또는 용인될 수 있는 것과 그렇지 않은 것으로 분류하여 정상적인 것에 통제기제로서의 지위와 정당성이 부여되고 그렇지 않은 것에는 사회적 낙인이 찍히게 된다. 낙인의 과정에서 다양성은 매우 협소하게 해석되는데, 다양성은 주류의 통제기제 내에서만 그 존재의 의미와 가치를 부여받는다. 통제기제 밖의 다름은 다양성의 모습이 아닌 본질적으로 일탈·비도덕적이고 타락한 악으로 간주된다. 성적 소수자에 대한 낙인 과정은 인간을 남성과 여성의 이분법으로 분류하고 성적 끌림을 오로지 둘 사이의 본능적인 것으로만 보며 출산을 통한 종족 번식에 사명이 있음을 규정하고, 이성애적인 것을 제외하고는 모두 비정상으로 치부하고 혐오하며 나아가 이를 모든 관계의 준거 틀로 구조화하여 사회를 조직하는 기본원리 또는 절대적 기준으로 고착화하는 것이다.[13]

한국보수교회가 성적 소수자들에게 '동성애를 끊고 새 삶을 살 수 있도록 돕겠다'는 것과 '회개시키겠다'는 태도는 기독교적인 의미의 '정상성(normality)'을 타인의 삶에 그대로 적용하여 옳지 않은 것으로 낙인찍는 것과 다르지 않다. '동성애를 끊을 수 있다'는 이들의 사고에는 동성애를 개인의 취향 또는 기호쯤으로 생각하는 무지의 소치이거나 동성애는 정신질환이 아니고 생래적인 측면이 강하다는 과학적 발견에 무관심하거나 그 신빙성을 합리적 근거없이 부정하는 태도에서 비롯된 것이다.

이러한 혐오와 무지는 동성애혐오증 또는 호모포비아(homophobia)를 낳는다. 성적 소수자에 대한 이해가 부족한 사람들이 이들의 삶을 비정상적인 것으로 간주하고 무조건적인 거부와 비합리적인 혐오를 바탕으로 역겹다고 생각하거나 자기 주변에 있는 것조차 거부하는 감정과 행동을 하는 것이다.[14]

연구에 따르면, 가부장제가 강한 사회일수록 이성애주의도 강하며, 이는 성적 소수자에 대한 편견과 혐오를 조장하고 차별과 학대, 멸시 등을 만들어낸다.[15]

사회적 낙인은 개인의 정체성을 손상시키고 낙인찍힌 개인은 자신의 사회적 정체성과 인간성 자체에 의문을 품게 되고 결과적으로 그 개인은 사회가 자신에 대해 가지는 부정적인 이미지와 신념을 내면화하게 되어 삶의 만족도는 떨어질 수밖에 없다.[16] 때문에 성적 소수자의 자살과 우울증의 원인은 상당부분 사회적 낙인이 제공하는 것이라고 할 수 있다.

사생활권

세계인권선언 12조와 시민적·정치적 권리에 관한 국제규약(이하 '자유권 규약') 17조 그리고 대부분 국가의 헌법에서 개인의 사생활을 보장하고 있다. 사생활권은 개인의 자유로운 사적영역에 대해 외부의 부당한 간섭 없이 자율적으로 정할 수 있는 권리를 말한다. 비밀·익명·고독성의 특성과 자율성이 포함되며 개인의 성관계에 대한 결정도 사생활권의 영역에 포함된다.

성적 소수자들의 사생활권은 특히 아프리카와 이슬람국가에서 심각하게 위반되고 있다. 동성애 자체를 사형 또는 다른 형벌로 처분하는 등 동성애를 사회적인 금기로 여기고 있다.

우리나라는 동의에 의한 동성간의 성행위에 대하여 처벌규정을 두지 않고 있으나 군형법에서는 동의에 의한 동성간의 성행위에 대하여는 1년 이하의 징역에 처하게 하고 있다.

그 밖의 유럽과 미주대륙에서는 동성간의 성행위를 처벌하지 않고 있다. 유럽인권재판소는 1981년 동성애 행위를 범죄로 규정한 북아일랜드 남색금지법은 유럽인권조약 제8조에서 보장하는 개인의 사생활을 침해하는 것이라고 판결하였다.[17] 또 1993년 미국 연방대법원은 '인간의 존엄성의 핵심적인 내용은 합의에 위한 성인간의 은밀한 행위와 그 파트너를 선택하는 영역에 국가권력이 깊이 침투하는 것을 허용하지 않으며, 인간이 자기의 정체성을 형성하는 것과 관련하여 결혼할 것인지 여부 또는 아이를 가질 것인지 여부를 결정할 수 있는 권리가 있는 것'이라며 동성간의 성행위를 금지한 텍사스법이 헌법에 위배된다고 판결한 후 성적 소수자에 대한 사생활권을 일관되게 보장하고 있다.[18]

차별을 받지 않을 권리

세계인권선언 2조와 자유권 규약 2조 · 26조는 모든 사람은 인종, 피부색, 성별, 언어, 종교, 정치적 사상, 국적, 재산, 출생 또는 기타 신분에 의한 차별을 받지 않고, 동등하게 향유할 권리를 가진다고 규정하고 있다. 유엔인권위원회는 성적 지향에 근거한 차별은 '기타의 신분(other status)'에 의한 차별에 해당하는 것으로 판단하였다.

인권 선지국들은 차별금지법을 도입하여 성적 지향에 근거한 불합리한 차별을 금지하고 그 피해를 구제하고 있다.

우리나라는 차별을 금지하는 법률은 아직 없으며, 2007년 차별금지법 제정을 위한 시도에서 국회 상정 예고 법안에 금지가 되는 차별근거로 성적지향을 삭제하는 소동이 벌어졌다. 다만, 국가인권위원회법 30조에서 합리적인 이유없이 특정인을 우대, 배제, 구별하거나 불리하게 대우하는 행위를 차별로 보고 있으며, 같은 법 2조는 성적 지향을 금지되는 차별의 사유로 보고 있다.

성적 소수자에 대한 법적 차별로서 군형법 92조가 계간, 즉 동성간의 성행위를 추행으로 간주하는데, 이는 성적 지향에 반한 대표적인 차별조항으로 여겨지고 있다. 군형법 92조는 본래 강제적 추행에 대한 처벌을 명시하는 조항인데 서로 동의한 동성간 성관계에 대해서도 추행으로 간주하여 처벌하도록 하고 있는 것이다. 군대 내에서 동성애자는 잠재적 성범죄자로 보는 인식의 근거가 되고 있다.

또한 형법에서는 성폭력범죄구성요건에서 남성의 성기가 여성의 성기에 삽입되는 것을 강간, 그렇지 않은 것은 추행으로 처벌하고 있는데, 강간의 대상을 부녀로 제한하고 있어서 남자의 경우는 처벌규정이 없다. 성적 소수자가 차별당하고 있는 부분이다.

또, 혈액관리법 시행규칙은 헌혈기록카드 문진사항에 동성간 성접촉 여부를 묻은 조항을 두고 있다가 국가인권위원회의 시정 권고가 수용되었다.

아울러 청소년유해물심의규정은 청소년 유해성과 음란성에 관한 심의기준에서 동성애 조항을 포함하고 있어 논란이 되었다가 국가인권위원회의 권고로 해결되었다.[19]

성적 소수자에 대한 차별은 법적 측면뿐만 아니라 사적 영역과 사회환경에서도 심각하다. 혈연가족에게 커밍아웃하고 나면 무시, 비난, 혐오, 감금, 언어적ㆍ물리적 폭력, 정신과 치료 강요 등 여러 형태의 가정폭력에 노출된다. 또 성적 소수자간의 파트너관계에서 폭력이 발생한 경우 피해자에 대한 법적ㆍ제도적 구제는 제한적일 수밖에 없는 상황이다. 아울러 성적 소수자간의 성매매에 대한 처벌 규정이 없고 동성간 강간사건을 강간으로 처벌할 수 없는 상황이어서 피해자 구제를 못

하고 있다.[20)

　다음으로 성적 소수자 단체의 활동을 위한 시설이용에 있어서 거절 또는 불이익을 받고 있는 사례가 발생하고 있고 동성애를 음란으로 규정하던 청소년보호법에 의해 성적 소수자 관련 사이트가 차단되기도 한다. 유해사이트로 차단되는 것이다. 아울러 성적 소수자가 관련된 사건을 다루는 경찰의 인권감수성 부재로 인해 모욕과 언어적 폭력이 자주 발생하는 것으로 드러났다. 그 밖에도 사회복지상담사와 병원치료를 받아야 하는 상황에서도 성적 소수자에 대한 배려는 약한 것으로 나타났다.[21)

　마지막으로 성적 소수자 인권의 사각지대인 군대에서는 동성애자임이 알려진 병사가 정신질환자 취급을 받거나, 동성애자임을 입증하라며 성관계사진을 요구받았으며, 부대내에서 성추행과 가혹행위를 당하는 사건도 발생한 바 있다. 또 직장에서 채용과 승진에 차별 및 해고의 사유가 되는 사례가 발생하고 있다.

　따라서 우리나라에서도 외국의 사례처럼 성적 소수자에 대한 부당한 차별을 시정하기 위해 차별금지법을 시급하게 제정해야 한다.

결혼과 가족구성권

　국제인권법과 국내법 체계가 동성커플에게 결혼 또는 가족구성권을 허용하는지에 대하여 명시적 법률은 없고 유추에 의한 해석이 있을 뿐이다. 세계인권선언 16조는 성년의 남녀는 가정을 이룰 권리가 있다고 하고, 자유권 규약 23조는 가정은 사회의 자연적이며 기초적인 단위이고, 사회와 국가의 보호를 받을 권리를 가진다고 한다. 동 규약 26조는 어느 누구도 '인종, 피부색, 성, 언어 … 기타의 신분 등의 이유로' 차별 받지 않아야 한다고 하는데, '기타의 신분'에 성적 지향이 포함되는 것으로 볼 수 있겠다. 다만, 동 규약 23조에서 가정을 사회의 '자연적'인 단위라고 한 표현이 남녀의 생물학적 결합을 의미하는 것인지, 아니면 정서적·경제적 동반자로 구성된 가정의 사회적 역할과 기능을 강조하기 위한 것인지는 다툼이 있다.

우리나라도 동성커플에게 가족을 구성할 수 있는 권리를 명시적으로 금지하는 법규는 없다. 헌법 36조 1항이 '혼인과 가족생활도 개인의 존엄과 양성의 평등의 기초로 성립되고 유지되어야 한다'고 규정하는데, 1997년 헌법재판소는 '양성'은 혼인의 주체로 남·여를 의미한다고 하였다. 그러나 일각에서는 본 헌법규정은 전체적 맥락에서 해석되어야 하는데 이는 혼인과 가족생활의 존엄이 침해되지 않고 평등이 침해되지 않아야 한다는 것을 확인하는 규정에 불과하고 결혼을 이성간의 결합으로만 한정짓는 것은 아니라고 주장하기도 한다.[22]

이와 같이 정립되지 않은 성적 소수자의 가족구성권은 사회적 토론과 합의과정을 거쳐 입법을 통해 해결 가능한 것이며, 이는 우리사회의 인권감수성과 존중의 수준을 가늠하는 준거가 될 것이다.

다른 나라에서는 동성 간의 결혼을 법적으로 허용한 나라도 있다. 벨기에, 캐나다, 네덜란드, 노르웨이, 남아프리카공화국, 스페인 등 6개국이며, 미국의 메사추세츠주(州) 대법원은 2004년 '결혼을 선택할 권리가 박탈되는 사람은 인간의 모든 경험범위에서 배제되는 것이며 은밀

하고 영속적인 인간관계를 보호하는 것을 목적으로 하는 법률에 의한 보호가 거절되는 것'이라고 판결하며 동성 간 혼인을 인정하였다.[23]

그 외 16개국은 동성 간의 사적 관계를 사실혼으로 인정하여 권익을 보호하고 있다. 동성커플에 대한 권리를 시민연합(civil union) 또는 파트너(partner) 관계로 보고 이성커플과 대등한 권리를 인정하고자 하는 사례도 있다.

이에 대한 반발도 만만치 않다. 미연방정부는 동성 결혼에 부정적인 일관된 태도를 보여 왔다. 미국의 알라스카주와 하와이주는 주 헌법 수정을 통해 이성간 혼인만을 인정하고, 캘리포니아주는 동성 간 결혼 불인정이 평등원칙에 위배된다는 2008년 판결에 대해 2009년 주민 투표를 통해 동성 간 혼인금지법(Marriage Protection Act)을 통과시키고 주대법원은 이를 합헌이라고 판결했다.[24]

성적 소수자에 대한 원불교적 해석

우리 사회는 동성애의 비범죄화 단계에서 차별 금지의 단계로 진화 중이다. 서구는 동성애 차별 금지에서 동성애를 법률로서 인정하는 단계로 나아가고 있는데, 그 중에서 동성커플의 결혼과 가족구성권에 대한 논의 단계로 진입한 지 오래다.[25]

성적 소수자의 인권 신장을 위한 우리 종교계의 입장은 각양각색이다. 한국의 진보교회는 차별금지법에 성적 지향에 의한 차별도 함께 규정하여 성적 소수자의 인권을 보호해야 한다는 입장이고, 보수교회는 동성애인들을 죄인으로 낙인찍으며 신의 이름으로 현실의 차별을 합리화하고 있다. 이들은 동성애를 끊고 새 삶을 살 수 있는 것으로 인식하고 있으며 회개시키는 교육의 필요성을 강조한다. 동성애가 죄인인 이유는 성경에 그렇게 쓰여 있다는 '성서절대무오류론'에 근거하거나, 하나님의 창조적 질서 또는 뜻에 반하는 피조물의 자율성 오용이라는 인식에서 비롯된다.[26]

불교전통은 동성애 또는 성전환을 질병이나 치료의 대상으로 간주하지 않는다. 모든 존재는 고정된 형상을 갖는 일이 없다고 여겨진다. 때문에 모든 존재는 남자도 아니고 여자도 아니다. 즉, 인간의 성별이 무엇이든 누구에게 성적 매력을 느끼든 우리는 본질적으로 같은 존재인 것이다. 공의 관점에서 보면 남성성과 여성성은 인간이 고안해 낸 지칭일 뿐 실체적으로 존재하는 것은 아닌 것이다. 불교의 입장에서는 성전환을 할 필요도 없고, 굳이 안할 필요도 없으며, 치료를 받아야 하는 병자도 아니다.[27]

불교에 연원을 두는 원불교도 유사한 입장을 견지하는 것으로 해석된다. 우선, 만물은 불성을 지닌 대등한 존재이다. 모든 사람도 인종, 종교, 성별, 언어, 피부색, 정치적 견해와 더불어 성적 지향의 다름에도 불구하고 다 같은 부처로 존중받는 것이 원불교 평등사상의 기본원리이다. 사회의 소수자집단을 억압, 배제, 차별하는 것은 평등사상에 위배되는 것이다. 사회적 낙인을 통해 혐오와 차별을 받는 성적 소수자의 사회적 지위와 차별적 관행은 이성애중심주의를 절대적 진리로 받아들이고 이에 벗어난 다른 형태의 삶의 존재와 양태는 죄악시하는 데서 비롯되었다고 할 때, 원불교의 절대적 진리성을 부인하는 태도는 이성애중심 질서의 절대성을 부인하고 성적 소수자의 본래적 존재성을 인정하고 있다.

다음으로 원불교의 법률은 '인도 정의의 공정한 법칙'이다. 기존의 지배적·획일적 도덕관념과 이분법적 강제로 형성된 관행이 항상 옳다고 할 수는 없고, 시대의 흐름에 따라 융통성을 발휘하여 정의 실현에의 공정성을 유지해야 하며, 성적 소수자의 사회적 차별과 배제는 더 이상 용납될 수 없을 정도의 정의 수준을 우리 사회가 요구한다고 볼 때 성적 소수자에 대한 차별 법률과 관행은 정의롭지도 공정하지도 못한 것이다.

무엇보다도 원불교에서 동성애와 성전환의 현상은 진리의 작용에 따라 있어지는 엄연한 사실이다. 성적 소수자는 인류 역사에 항상 존재해 왔고 학문적으로도 이들의 존재가 인정되어 왔다. 원불교는 이를 사실적으로 인정하고 이에 걸맞은 새로운 문화를 선도해야 한다. 동시에 종교의 권위주의적 편협성에 갇혀 소수자의 존재를 불인정하거나 이들의 차별에 무감각해지는 것을 경계해야 한다. 성적 소수자를 차별과 배제의 희생양으로 내몰아 자기 존중감 상실, 우울증, 자살까지 방조하는 것은 서로 없어서는 살 수 없는 존재로서 지니는 동시적 존재로서의 연대적 책임을 회피하는 것이라는 사실을 명심하자.

참고문헌
– 강병철, "사회적 낙인 인식이 성소수자의 삶의 만족도에 미치는 영향", 「사회복지연구」Vol.42(2), 2011
– 국가인권위원회,「국가인권정책기본계획 수립을 위한 성적소수자 인권 기초현황조

사」(국가인권위원회, 2005)

– 성소수자차별반대 무지개행동, 「지금 우리는 미래를 만들고 있습니다」(사람생각, 2008)

– 성정숙 · 이나영, "사회복지(학)에서의 성적 소수자 연구의 동향과 인식론적 전망: 페미니스트 섹슈얼리티 이론의 가능성", 「사회복지연구」 Vol.41(4), 2010

– 안옥선, "트랜스젠더와 불교", 「한국불교학」 제48호, 2009

– 조이여울, "성적 소수자의 인권", 「국회도서관보」 2010

– 이종근, "성적 소수자의 권리보호에 관한 비교법적 연구", 「법학논총」 제18권 제2호, 2011

– 이준일, 「인권법: 사회적 이슈와 인권」(홍문사, 2009)

– 윤진숙, "동성애자에 대한 사회적 · 법적 고찰", 「법학연구」 제19권 2호, 2009

– 왕신수, "한국 대학생들의 동성애에 대한 태도 연구", 「한국외국어대학교 석사학위논문」 2004

– 조대훈, "침묵의 교육과정을 넘어서: 성적 소수자의 인권과 사회과교육", 「시민교육연구」 제38권 3호, 2006

– 허남결, "동성애에 대한 불교의 관점 – 역사적 사례와 잠정적 결론", 「불교평론」 2008

– 대법원 1996년 6월 11일 선고 96도791

– 대법원 2006년 6월 22일 선고 2004스42

– Dudgeon v. United Kingdom, App. No. 7525/76, 45 Eur. Ct. H.R. (1981)

– Goodridge et al v. Department of Public Health, 798 N.E.2d 941 (Mass. 2003)

– Lawrence v. Texas, 539 U.S. 558 (2003)

---

1) 대놓고 동성애자 차별하라는 7대 종단지도자들, 프레시안, 2010년 12월 28일

2) Id.

3) 한국성적소수자문화인권센터, www.kscrc.org

4) http://www.kinseyinstitute.org/resources/ak-data.html; 조대훈(2006), "침묵의 교육과정을 넘어서: 성적 소수자의 인권과 사회과교육", 「시민교육연구」 제38권 3호, pp.214-6

5) http://en.wikipedia.org/wiki/Demographics_of_sexual_orientation

6) Id.

7) http://news.bbc.co.uk/2/hi/europe/7294908.stm

8) https://en.avaaz.org/157/victory-against-hate-crime-in-south-africa

9) 이종근(2011), "성적 소수자의 권리보호에 관한 비교법적 연구", 「법학논총」 제18권 제2호, pp.133-50

10) 대법원 1996년 6월 11일 선고 96도791

11) 대법원 2006년 6월 22일 선고 2004스42

12) 강병철(2011), "사회적 낙인 인식이 성소수자의 삶의 만족도에 미치는 영향", 「사회복지연구」 Vol.42(2), pp.403-7

13) 조대훈(2006), id.

14) 성정숙외(2010), "사회복지(학)에서의 성적 소수자 연구의 동향과 인식론적 전망: 페미니스트 섹슈얼리티 이론의 가능성", 「사회복지연구」 Vol.41(4), p.7

15) id.

16) 강병철(2011), id.

17) Dudgeon v. United Kingdom, App. No. 7525/76, 45 Eur. Ct. H.R. (1981)

18) Lawrence v. Texas, 539 U.S. 558 (2003)

19) 조이여울(2010), "성적 소수자의 인권", 「국회도서관보」 pp.4-5

20) 국가인권위원회(2005), 「국가인권정책기본계획 수립을 위한 성적 소수자 인권 기초현황 조사」 pp.42-82

21) Id.

22) Id. pp.95-105

23) Goodridge et al v. Department of Public Health, 798 N.E.2d 941 (Mass. 2003)

24) 이종근(2011), id.

25) 조대훈(2006), id.

26) 왕신수(2004), "한국 대학생들의 동성애에 대한 태도 연구", 「한국외국어대학교 석사학위논문」 pp.15-22

27) 안옥선(2009), "트랜스젠더와 불교", 「한국불교학」 제48호, pp.54-60

이주민과 차별받지 않을 권리

"모든 사람은 다 외국인이다."

- 익명 -

우리 민족은 한반도에서 외국인 또는 이민자와 같이 생활해 본 역사적 경험이 거의 없었다. 그러나 교통과 통신수단의 발달로 국경은 좁아지고, 자본과 노동의 대규모 이동이 자유로워지면서 이주노동자, 결혼이주민, 난민 등이 소수이긴 해도 우리 사회의 새로운 구성원이 되기 시작했다.

우리나라에는 2011년 9월 현재 141만 8천여 명의 외국인이 상주하고 있다. 이중 이주노동자는 72만 명이고, 불법체류 노동자는 17만 명 정도이다.[1] 또, 결혼이민자는 2011년 12월 현재 14만여 명으로 매년 2만 명 안팎으로 증가하고 있으며, 새터민은 약 2만여 명이 되었고 난

민은 2012년 5월 현재 294명 수준이다.[2]

이주민의 유입은 우리와 다른 언어, 문화, 생활양식을 보유한 사람들이 우리 사회의 구성원이 된다는 것을 의미한다. 서로 다른 문화와 문화가 만나 우리 사회의 문화적 내용이 풍부해지고 성숙해지기도 하는 장점도 있고, 이주민의 극소수에 불과하기 때문에 표면에 잘 드러나지는 않지만 우리 사회의 차별적 시선과 대우로 갈등이 표출되기도 하였다. 때문에 이주민에 대한 우리 사회의 배려와 진지한 성찰이 부족하다는 내부 비판도 일고 있다.

이주민과 '우리'

이주민은 태어난 국가 또는 국적국의 삶의 터전을 떠나 다른 나라와 사회에 정착하여 새로운 삶을 살아가는 사람들이다. 타국에서 보수를 받고 계속 일해 온 사람을 이주노동자라고 하고, 결혼을 매개로 배우자의 신분으로 타국에 이주하는 사람을 결혼이민자라고 한다. 또 자국의 박해를 피해 타국으로 피난 온 사람을 난민이라고 한다.

이들은 시민권을 부여받아 내국민과 동일한 지위를 누리거나, 영주권을 취득하여 안정적으로 거주하기도 하고, 고용허가를 받아 일정기간 체류하거나, 체류허가가 만료되었음에도 자국으로 돌아가지 않고 불법으로 체류하기도 한다. 밀입국하여 체류하는 사람들도 존재한다. 때문에 같은 이주민 신분이지만 우리 사회에서 지니는 법적 지위는 다르다. 그러나 이주민 모두는 생경한 사회와 문화권으로 유입하여 새로운 삶을 꿈꾸는 사람들이다는 측면에서는 모두 같다.

이주민에 대한 주류사회의 시선은 이주민들의 삶의 질에 직·간접적인 영향을 끼친다는 면에서 중요하다. 이들에 대한 우리의 시선은 아직까지는 일방적이고 우월주의적 수준에 머물러 있다. 불쌍하다고 보는 시각, 무턱대고 고달픈 삶을 살고 있을 것이라는 시각, 또는 위장결혼자라고 보는 시각도 적지 않다.[3] 아울러 백인에게는 호의를 베풀고 친절하게 대하지만 유색인종은 무시하거나 못살고 못 배운 사람으로 보는 편견도 있고, 출신국가에 따라 다르게 대우하는 경향도 존재한다. 이주민을 우리 사회의 동등한 구성원으로 인정하고 소통하려는 자세보다는 일방적인 잣대로 평가하고 타자화하는 경향이 강하다.

어쩌면 우리는 이주현상을 '국가 간 경제적 양분화가 심화되면서 경제빈곤국 출신의 이주민이 경제부국의 생산노동 인력화되는 국제적 분업 현상으로 이해하여, 이주민을 저임금 재생산 노동을 맡아하는 세계화의 하인'으로 분석하거나, 빈국이주민의 더 나은 삶에 대한 욕구와 부국의 노동력 보충의 필요가 절충되는 '윈-윈'으로 간주하는 식의 기계적 시각에 그치고 있는지도 모른다.[4]

이주민에 대한 정책도 이와 비슷한 수준을 넘어서지는 못하고 있다. 우선, 결혼이주자에게는 동화(assimilation)주의적 접근을 통해 이들의 적극적인 사회적 통합을 유도·지원하고 있다.[5] 결혼과 동시에 내국민과 유사한 자격을 부여받는 결혼이주민(대부분 여성)에 대한 국가의 당연한 역할이다.

이와는 다르게 이주노동자에게는 구분배제모형으로 일관하고 있다.

이는 과거 독일의 동화주의 모델에 가까운데, 자국의 노동시장을 보완하기 위하여 단기 이주노동자만을 노동력이 심각하게 부족한 일자리에만 한정하여 취업을 허가하고, 정기적인 교체순환을 통해 장기간 체류를 장려하지 않는다.

따라서 이민자의 사회통합의 필요성은 거의 제기되지 않으며, 이들의 사회적 적응을 위한 최소한의 정책만이 시행된다.[6] 아직 우리 사회는 이주민의 유입에 대해 주류사회가 적극적으로 적응해야 할 단계가 아니라고 판단하는 듯하다.

이런 태도는 정부가 불법체류 이주노동자의 문제를 대처하는 데서도 드러난다. 비인간적인 관행의 불법체류 단속을 통해 추방하고 있고 그 과정에서 인권침해의 문제가 발생하고 있다. 뿐만 아니라 이주노동자에 대한 임금체불과 폭행 등의 문제도 일상적으로 발생하고 있어 문제점으로 지적되고 있다.

실례로, 2007년 여수출입국관리소의 외국인 보호시설에 화재가 발생하여 이주노동자 10명이 사망하고 18명이 부상하였는데, 당시 건물은 쇠창살이 설치되어 있었고 문을 밖에서 잠궈 대형참사를 불렀다.[7] 또 2008년 화성 외국인보호소에 수용 중이던 네팔의 어느 이주노동자는 강제연행되어 곧바로 인천공항을 통해 추방되었는데, 그 과정에서 당국은 그를 가격해 넘어뜨리고 손발을 묶고 테이프로 입을 막았으며, 밧줄로 몸과 다리를 묶고 눈도 가리는 등 비인간적으로 대했다.[8]

이주노동자의 인권문제

일반적으로 이주노동자에게는 그 지위와 처지와는 상관없이 보장받아야 하는 근본적 기본권, 즉 인권이 있고, 우리나라의 시민권자가 아니기 때문에 보장받을 수 없는 시민권이 있다. 선거권과 공무담임권 등이 시민권의 영역에 포함된다. 그 외 보편적 권리, 즉 존엄과 가치, 행복추구권, 평등권, 신체의 자유, 거주이전의 자유, 주거의 자유, 사생활의 비밀과 자유, 통신의 자유, 양심의 자유, 종교의 자유, 학문과 예술의 자유, 재판을 받을 권리, 형사보상청구권, 국가배상청구권 등은 설사 불법체류자의 신분이라고 하더라도 보장되는 인권이다.

이주노동자의 권익을 보호하기 위해 국제사회는 2003년 7월 이주노동자협약(International Convention on the Protection of the Rights of All Migrant Workers and Members of Their Families)을 공식 제정하였고, 2012년 4월 현재 45개국이 협약당사국으로 가입했다. 주로 중남미, 아프리카 서북부의 국가와 아시아의 인도네시아, 필리핀, 네팔, 캄보디아 등 주로 이주노동자를 송출하는 국가가 가입하였고, 우리나라를 비롯해 미국과 유럽의 주요 국가들은 가입을 하지 않고 있다. 본 협약이 불법체류 외국인노동자의 권리를 광범위하게 인정하고 있기 때문인 것으로 풀이된다.

우리 사회는 외국인근로자의고용등에관한법률과 시행령, 출입국관리법을 통해 이주노동자의 불법체류 단속, 노동인력의 효율적 관리, 국내 노동자의 근로조건의 유지 등을 하고 있으나 이주노동자의 인권 보호를 위한 직접적 명문규정은 없다. 다만, 대법원의 판례와 피부색,

언어, 국적, 인종, 사회적 출신, 민족 등을 이유로 차별을 금지하는 국가인권위원회법이 간접적으로 규정하고 있다. 우리 헌법의 평등의 원칙과 우리나라가 가입한 국제인권협약, 즉, 시민적·정치적 권리에 관한 국제규약과 경제적·사회적·문화적 권리에 관한 국제규약에 근거하여 이주노동자의 기본적 권리를 보장할 의무가 국가에 있다.

이주노동자의 인권이슈를 구체적으로 살펴보면, 우선 임금지급의 문제이다.[9] 이주노동자에 대한 사업주의 임금지급의 의무는 근로기준법상 당연한 것이다. 그럼에도 불구하고 악덕 사업주들은 임금을 체불하거나 이주노동자의 불법체류 신분을 이용해 임금을 지급을 하지 않는 경우도 자주 발생하고 있다. 이를 시정하고자 시민단체 활동가가 체불임금을 지불할 것을 요구하면 '당신은 어느 나라 국민이냐'며 오히려 화를 내는 경우도 있다고 한다. 이주노동자가 불법체류자라고 하더라도 근로계약자체가 무효가 되는 것은 아니고 근로기준법에 의거 임금을 지급받을 수 있다. 최저임금법 조항도 이주노동자에게 적용되며, 이를 어길시 사용자는 벌금 또는 징역의 처벌을 받을 수 있다.[10]

다음은 이주노동자에 대한 비인간적 대우의 문제이다.[11] 근로기준법은 근로자에 대한 사용자의 폭행과 구타를 금지하고 있다. 이주노동자에게도 적용되는 것은 당연하다. 관행을 보면, 사용자가 이주노동자에 대한 폭력과 구타는 물론 폭언, 신분증 압류, 성희롱·성폭행, 성매매, 열악한 주거환경 및 인종차별 등의 비인간적인 대우를 일삼는 실태가 지적되기도 하였다. 또한 이주노동자는 저임금과 장시간의 노동을 강요받을 수밖에 없는 구조에 놓여있어 인권의 실태는 더욱 열악하다.

　마지막으로 노동3권과 사회보장의 문제이다.[12] 합법적인 등록이주노동자의 경우 노동3권이 보장된다는 사실은 문제의 여지가 없다. 이슈는 불법체류 이주노동자의 경우에도 보장되는 지의 여부이다. 서울고등법원은 체류의 합법성 여부가 근로계약의 효력과 노동3권의 향유여부를 결정하지 못한다는 입장이다. 즉, 불법체류 이주노동자라고 하더라도 노동조합을 결성하고 가입할 수 있는 권리가 보장된다는 것이다.[13] 그러나 서울지방노동청의 상고로 본 사건은 대법원에 계류 중인데 벌써 5년째 판결은 내려지지 않고 있다. 그 가운데 이주노조 위원장들은 다 강제 출국되었다.[14]

이주노동자 미성년자녀의 인권

　이주노동자의 인권실태는 그들 가족의 인권보장 수준과 직결되어 있다. 특히 이주노동자의 자녀의 인권은 우려할만한 수준이다.

　우선 불법체류 단속과 구금의 과정에서 아동인권에 대한 배려가 전혀 이뤄지지 않고 있다. 실제 사례에 따르면, 2009년 몽골 국적의 가족 모두가 단속에 걸려 출입국관리사무소에 보호조치 되었는데, 가족 중 3개월밖에 되지 않은 어린 자녀가 있었다. 출입국사무소는 위생시설이 불량하였고 유아는 많은 다른 사람들과 한 공간에 구금되었어야 했었다. 어린아이 또는 유아와 가족에 대한 배려는 전무한 실정이었다. 국가인권위원회 실태조사 결과를 보면 2007년-2009년 12월까지 18세 미만 아동은 48명이 구금되었는데 이들을 위한 시설은 전무한 것으로 드러났다.15) 이는 우리나라가 가입한 아동권리협약을 위반한 것이다. 아동의 자유 박탈은 오직 최후의 수단으로 최단기간에 한하여 불가피하게 가능한 데 이를 모두 어긴 것이다.

또 속인주의를 채택하는 우리나라는 한국에서 태어난 이주노동자의 자녀에게 국적을 부여하지 않는다. 불법체류 이주노동자의 경우, 단속과 강제출국조치를 회피하기 위해 출생신고를 하지 않은 경우가 많다. 이럴 경우, 해당 아동은 무국적자가 되는 상황이 발생하고 있으며 이로 인해 교육과 의료 등에 불이익을 받고 있다. 출생 후 즉시 등록하고 이름과 국적을 부여하도록 하는 아동권리협약의 의무를 이행할 노력이 요구된다. 나아가 영주권 부여 기준을 합리적으로 재정비하고 국적취득에 대한 정책적 변화를 통해 한국에서 태어나고 한국의 교육과 문화에 자신의 정체성을 두는 아동에게 한국국적을 합리적 수준에서 보장해야 한다. 속지주의를 도입하거나, 영국과 같이 부모의 국적과 상관없이 태어난 지 10년이 지나면 국적을 신청할 수 있도록 허용하는 것도 대안이 될 수 있다.16)

우리 사회에 자신의 의지와 상관없이 부모의 불법체류 신분으로 자신도 불법체류가 되는 아동의 수는 현재 2만여 명이다. 불법체류자의 자녀에게는 의무교육의 문턱도 높다. 이주아동이 초등학교에 입학할 때 외국인등록사실을 증명하도록 했던 것에서 2008년부터는 주거사실만을 확인하도록 입학절차를 완화하였으나, 여전히 학교장의 재량에 맡겨져 있어 거부되는 사례가 있다.17) 입학이 허용되더라도 기본적인 언어교육과 적응프로그램이 적절하게 구비되어 있지 않아 학교적

응에 어려움이 있다. 우리 헌법 28조와 아동권리협약 31조의 교육에 관한 권리가 잘 보장되지 못하고 있다.

결혼이민자의 인권실태

2012년 19대 총선에서 새누리당 비례대표로 이자스민씨가 국회의원으로 당선되었다. 그녀는 한국인과 결혼한 필리핀 출신 이주여성이다. 선거기간동안 그녀에 대한 네티즌들의 편견 가득하고 혐오스러운 댓글은 이주민에 대한 우리의 수준을 보여준다. 그럼에도 그녀는 이제 이주민 1호 국회의원이 되었다는 점에서 큰 의미가 있다.

결혼이민자는 대부분 농촌 총각과의 결혼을 매개로 한국으로 이주해 온 여성들이고, 동남아시아와 중앙아시아 출신이 많다. 이들은 엄연한 대한민국 국민이며 다른 국민과 모든 영역에서 평등한 대우를 받아야 하고 차별대우해서는 안 된다.

그러나 이들에 대한 우리의 시선은 다소 감정적이고 일방적이다. 불쌍하다거나 고달픈 삶을 살고 있을 거라는 인식, 그리고 위장결혼자라고 의심하는 시각 등이 많다. 아울러 결혼이주자들은 일상생활에서 가족구성원간에 존재하는 문화적 차이, 배우자 및 시부모와의 갈등, 가정폭력, 경제적 빈곤, 자녀양육 등의 다양한 문제에 직면해 있다.

때문에 최근 강조되는 것이 다문화교육이다. 다름이 틀림이 아니며 다름이 가진 그 다양성에 가치가 있음을 일깨워 주고 이로 인해 개인의 삶을 변화시킬 수 있는 교육이여야 한다.

이주민과 원불교적 이해

모든 존재가 성불할 가능성을 머금은 존재로 그 존귀함과 평등함을 인정하는 원불교는 사람사이의 인종, 민족, 종교, 언어, 성별의 다름을 이유로 부당하게 차별하는 것은 허용하지 않는다. 정전의 지자본위에서 과거 불합리한 차별제도의 조목으로 종족의 차별을 거론한 것도 이의 맥락이다. 피부색, 언어, 국적, 민족 등의 다름을 이유로 이주노동자를 차별대우하는 것은 용납될 수 없다.

원불교 정산종사는 삼동윤리를 발표하면서 이미 전 세계를 한 울타리, 한 일터, 한 가족이라고 칭하며 대(大)세계주의를 선언한 바 있다. 물리적 영토의 한계와 형형색색 드러난 현상적인 차이, 정신문명과 문화의 이질성에 이르기까지 본래적으로 모두 동일하다는 인식에 기반을 둔 것이다. 또 이주민은 우리 삶을 문화적으로 다양하게 만들어주는 은혜로운 존재이며, 우리나라 사람들이 원하지 않은 업종에 종사하며 사회근간을 지탱시켜 주는 고마운 존재이다. 따라서 이들을 부처처럼 온전히 존중하고 성불제중을 위한 서로의 도반으로 대우해야 한다.

참고문헌

- 권영국, "이주노동자의 노동3권과 노동시장에서의 지위", 「이주노동자권리협약 쟁점토론회」 국가인권위원회, 2010
- 김종철, "이주노동자의 건강권과 교육권", 「이주노동자권리협약 쟁점토론회」 국가인권위원회, 2010
- 박진완, "이주노동자권리협약에 규정된 권리들의 헌법적합성에 대한 검토", 「세계헌법연구」 제16권 2호, 2010
- 이정혜, "인신매매: 현황, 문제점, 그리고 대책", 「신학사상」 113호, 2001

- 이준일,「인권법: 사회적 이슈와 인권」(홍문사, 2007)
- 서연주, "한국 문화에 나타난 다문화 인식 양상 고찰",「국어문학」제47호, 2009
- 설동훈, "한국사회 다문화 담론과 인권",「제7차 인권교육포럼」2009
- 소라미, "이주아동의 인권실태 및 법적 쟁점 검토",「공익인권법센터 특강 자료집」
  2010
- 채형복, "이주노동자권리협약의 자유권 쟁점",「세계헌법연구」제15권 3호, 2009
- 대법원 2006년 12월 7일 선고 2006다53627
- 서울고등법원 2007년 2월 1일 선고 2006누6774

---

1) KOSIS 국가통계포털, http://kosis.kr/learning/learning_002007.jsp
2) 난민인권센터, http://nancen.org/798
3) 서연주(2009), "한국 문화에 나타난 다문화 인식 양상 고찰",「국어문학」제47호, pp.213−34
4) Id. p.212
5) Id. pp.34−5
6) Id. pp.36−7
7) 채형복(2009), "이주노동자권리협약의 자유권 쟁점",「세계헌법연구」제15권 3호, p.451
8) Id. pp.461−2
9) 이준일(2007),「인권법; 사회적 이슈와 인권」홍일사, pp.405−6
10) 대법원 2006년 12월 7일 선고 2006다53627
11) 이준일(2007), id. pp.407−8
12) 자세한 내용은 권영국(2010), "이주노동자의 노동3권과 노동시장에서의 지위",「이주노
   동자권리협약 쟁점토론회」국가인권위원회, pp.6−24 참조.
13) 서울고등법원 2007년 2월 1일 선고 2006누6774
14) 시사in 제243호, 2012년 5월 12일
15) 소라미(2010), "이주아동의 인권실태 및 법적 쟁점 검토",「공익인권법센터 특강 자료집」
   p.1
16) Id. pp.2−5
17) Id. pp.5−7

장애인과 차별받지 않을 권리

"Let's stop tolerating or accepting difference, as if we are so much better for not being different in the first place. Instead, let's cele brate difference because in this world it takes a lot of guts to be dif ferent."

- Kate Bornstein -

최근 광주 인화학교를 배경으로 한 소설과 영화 〈도가니〉가 사회적으로 적지 않은 파장을 일으켰다. 장애아동에 대한 성폭력 사건의 실화를 바탕으로 구성한 〈도가니〉는 많은 사람들에게 장애인 인권에 대해 관심을 가질 수 있는 계기를 제공했다.

그동안 장애인 인권침해 사건들이 많았음에도 불구하고 사회적 편견과 인권감수성 부족, 그리고 사회적 성찰이 부족한 탓에 유사한 사건들이 반복적으로 발생해 왔다. 1990년대에 장애인을 위한 특수학교나 복지관을 건립하려고 하면 지역주민들은 집값 떨어진다며 반대했던 일이 많았다. 학교에서는 시설미비를 핑계로 시각장애아동의 응시 원서를 거부하기도 했었다.

2001년 2월과 2002년 5월에는 각각 장애인이 지하철역 리프트에서 추락 사고를 당해 숨졌고, 2004년에는 미아리 집창촌 화재에서 장애인 여성이 희생을 당했다. 2005년에는 노점상 단속을 비관한 장애인이 자살을 했다. 2009년도에는 신체적 장애를 이유로 박사과정에 불합격된 장애인의 사례도 있었고, 2010년 구미시설관리공단에서는 장애직원을 직권 면직한 사건도 있었다.[1]

뿐만 아니라 장애인은 경제적으로 더 열악한 처지에 있다. 2011년 장애인실태조사에 따르면, 장애인의 월평균 소득은 198만 2천원으로 2008년 181만 9천원보다 9%가량 증가하였으나 전체 월평균 소득 371만 3천원의 절반수준이다.[2]

물론 장애인 인권은 꾸준히 개선되어왔다. 많은 장애인단체 및 인권단체, 이슈별 공동대책위, 부모회 등의 인권개선운동 덕택이다. 2002년 7월 법원은 대학이 장애인에게 편의제공을 외면한 것은 장애학생의 학습권을 침해한 것이라고 판결하였고, 지하철 리프트 추락사는 장애인의 안전을 보장하지 않은 철도공사의 책임이라는 판결도 있었다. 2003년부터 서울시를 시작으로 저상버스가 본격적으로 도입되었고, 2004년부터 장애인의무고용제 적용 사업체가 300인 이상 고용사업체에서 50인 이상 고용사업체로 확대되었다. 안마사의 자격을 시각장애인에게 독점적으로 부여하던 것이 위헌이다는 2006년 헌법재판소

판결은 장애인들의 반발을 샀고 국회의 입법을 통해 그 독점권을 시각 장애인에게 생존권의 측면에서 보장하는 것으로 일단락되었다.[3]

미국 백악관 국가장애위원회 정책차관보로 재직했고 얼마 전 소천 하셨던 '강영우 박사'와 네 손가락 피아니스트 '이희아' 님의 사례를 보면 장애는 조금 불편한 것일 뿐이고 사회가 이들에게 대등한 기회를 보장한다면 장애인도 비장애인과 대등한 또는 더 나은 능력을 보일 수 있다는 것을 말해준다. 우리 사회가 장애인에 대한 인식을 개선하고 인권을 적극적으로 보장할 때 제2 · 제3의 '강영우'와 '이희아'가 배출될 것이다.

시혜에서 인권으로

장애인에 대한 우리 사회의 인식은 점차 변화되었다. 세계보건기구 (WHO)에 따르면 예전에는 장애를 손상(impairment)의 개념으로 이해하였다.[4] 심리적, 생리적, 또는 해부학적 기능의 상실이나 불구를 의미했다. 장애를 장애인의 개인적 문제로 치부하였고, 이들을 사회적 부조의 대상으로 간주했던 개념이다. 사회적 시혜의 대상으로 대우받은 이들의 삶은 객체화되고 소외되었다. 2000년 이전까지 장애의 범주를 지체, 시각, 청각 · 언어, 지적장애 등 4유형에만 한정하였던 관행이 바로 장애를 손상으로 인식했던 데서 비롯된 것이다.[5]

다음으로 장애는 능력 장애(disability)로 이해되었다.[6] 인간에게 정상적이라고 간주되는 방법 또는 범위내에서의 활동을 수행할 수 있는 능력이 제한되거나 부족하게 된 손상을 의미한다. 이를 정책에 반영한 결과, 2000년부터 뇌병변, 발달, 정신, 신장, 심장장애를 장애범주로 추가하였고, 2003년 장애범주를 호흡기, 간, 안면, 장루·요루, 간질 장애 등으로 더욱 확대하였다. 그 결과 장애인 인구는 1999년 698천명에서 2002년 1,294천명으로 증가하였고, 2003년 1,454명에서 2004년 1,611천명, 2005명 1,777천명으로 증가하였다.[7]

최근에는 장애를 사회적 장애(social handicap)로 인식한다. 사회적 장애는 "손상이나 능력장애로 인한 것으로서 특정개인의 연령, 성별, 사회문화적 요인들에 따라 정상적인 역할의 수행이 제한되거나 방해 받는 불이익"을 말한다.[8]

이는 "장애인이 일반인과 동일한 수준으로 지역사회생활에 참여할 수 있는 기회를 상실시키거나 제한하는 경우"에 생긴다.[9] 장애가 개인적인 문제임과 동시에 사회적인 문제임을 의미하며, 사회적 장애로서 시대에 따라 사회적 환경과 문화에 따라 다르게 수용될 수 있다고 한다. 우리 사회에서 장애를 인권의 시각으로 바라보기 시작한 계기는 2006년 장애인차별금지법 제정이었다. 정부가 장애인차별금지법 업무의 담당주체와 차별시정기구로 보건복지부가 아닌 국가인권위원회를 지정하면서부터였다.

따라서 장애를 이유로 발생하는 차별은 장애인을 "정치적, 경제적, 사회적, 문화적, 민간 또는 다른 분야에서 다른 사람과 동등하게 모든 인권과 기본적인 자유를 인정받거나 향유 또는 행사하는 것을 저해하거나 무효화하는 목적 또는 효과를 갖는, 장애를 이유로 한 모든 구별, 배제 또는 제한"을 의미한다.[10]

인권보장 체계

우리 헌법은 모든 국민의 존엄과 가치 그리고 행복추구의 권리(10조)를 인정하고, 법 앞의 평등과 모든 영역에서 차별받지 않을 것(11조)을 규정하고 있다. 또 장애인과 직·간접적으로 관련된 법률은 장애인복지법, 장애인차별금지법, 특수교육법, 장애인고용촉진법, 편의증진법, 이동편의증진법 등 약 20여 가지에 이르는데, 그 중에서 장애인차별금지법은 장애인 이슈를 인권의 차원에서 접근하도록 하는 국내 최초의 법률이다.[11]

이 법은 모든 생활영역에서 장애를 이유로 한 차별을 금지하고, 장애를 이유로 차별받는 사람의 권익을 효과적으로 구제함으로써 장애인의 완전한 사회참여와 평등권 실현을 통하여 인간으로서의 존엄과 가치를 구현하는 것을 목적으로 한다.

장애인 인권을 사회가 추구해야 할 보편적 가치로서 당위적으로 인정하는 것에 그치지 않고, 장애인에 대한 차별을 법으로 금지되고 침해구제를 받을 수 있는 구체적인 법적 권리로 보장하게 된 것이다.

우리나라는 2006년 12월 유엔총회에서 채택된 장애인권리협약(Convention on the Rights of Persons with Disabilities)에 2009년 1월에 가입하였다. 장애인차별금지법은 장애인인권협약의 국내용 버전이다. 장애인권리협약은 인간의 다양성과 다름을 인정하는 기초에서 장애인의 보편적 권리를 보장하고자 하며, 평등과 차별 금지, 자유권과 사회권을 규정하고 있다.

구체적으로 장애인차별금지법과 장애인권리협약은 권리 보장의 세부적 범위에 있어 차이는 있지만, 장애인 여성과 아동에 대한 특별조항, 생명권, 법 앞에서의 평등권과 차별 금지, 자유와 안전, 고문 또는 잔혹한·비인도적인·굴욕적인 대우 및 처벌로부터의 자유, 착취·폭력·학대로부터의 자유, 개인의 존엄성 보호, 이주의 자유, 자립생활과 사회통합, 이동의 자유, 의사표현의 자유와 정보 접근성, 사생활 존중, 가정과 가족에 대한 존중, 교육, 건강, 재활, 근로 및 고용, 사회적 보호, 정치적 공적생활 참여, 문화생활, 여가생활 등을 보장하고 있다.

차별받지 않을 권리

장애인 인권의 구체적 항목은 인간생활의 모든 영역에서 도출된다. 핵심적 내용을 중심으로 살펴보면 첫째, 차별받지 않을 권리이다. 장애인과 비장애인은 모두 부당하게 차별받아서는 안 되며 법 앞에 평등하다. '누구든지 장애 또는 과거의 장애경력 또는 장애가 있다고 추측됨을 이유로 차별하여서는 안 된다.'12) 세부적으로 장애를 이유로 정당한 이유 없이 제한·배제·분리·거부할 수 없으며, 외형적으로 부당하게 차별하는 것은 아니지만 장애를 배려하지 않음으로 해서 장애인에게 결과적으로 차별을 초래해서도 안 된다. 정당한 이유 없이 장애인에게 편의제공을 거부하여서는 안 되며, 정당한 사유 없이 장애인을 차별하거나 조장하는 광고를 할 수 없다.

법 앞의 평등을 보장하기 위해서 국가는 장애인이 차별을 받지 않고 실질적인 평등을 실현할 수 있는 모든 조치를 취해야 한다. 가령, 장애인도 스스로 또는 후견인의 도움을 받아 재산을 관리하고 대출 및 다른 형태의 금융거래에 있어 비장애인과 대등한 대우를 받을 수 있도록 제도적 장치를 마련해야 한다. 또 장애인에게도 법적 절차에 있어 접근가능성이 보장되어야 한다. 형사소송절차에서는 장애인 피의자에게 친권자, 후견인, 변호인, 통역인 등의 전문적인 도움을 받을 수 있도록 충분한 준비가 되어야 한다.[13] 아울러 법원은 형량결정에 있어서도 장애인의 심리 · 정신 상태를 합리적으로 반영해야 한다.

특히, 다중적 차별의 대상이 되고 있는 장애아동과 여성에게 특별한 관심이 요구된다. 장애인이기 때문에 받는 사회적 억압과 집합적 배제 · 분리, 그리고 아동과 여성이기 때문에 받는 성인 남성 중심의 지배구조와 소외로 인한 복합적 불이익은 장애아동과 장애여성에게 경제적 빈곤과 무기력을 낳게 한다. 이에 대한 각별한 배려가 요구된다.

자유권

둘째, 장애인은 자유권에 대한 권리가 있다. 장애인은 신체의 자유가 있다. 모든 형태의 착취, 폭력, 그리고 학대로부터 보호받을 권리이다. 이를 위해 정부는 적절한 입법 · 행정 · 사회 · 교육적 조치를 취할 의무가 있으며, 부모 또는 제3자가 착취 · 폭력 · 학대의 행위를 하였을 경우 개입하여 적절한 조치를 취하고 예방을 위한 수단도 강구하여야 한다.[14]

특히 장애인에게 가장 많이 발생하는 인권침해 중 하나가 직계존속과 가족, 그리고 시설관계자에 의한 감금이다. 국가인권위원회 진정사건 101건을 토대로 한 정신보건시설에서의 정신장애인 권리침해에 관한 연구 결과,15) 강제입원이 22.5%로 비중이 가장 높았고 병원에 의한 부당한 격리·강박의 경우도 10%에 이른다. 아울러 신체의 자유는 국가 또는 제3자의 폭력으로부터 부당하게 신체를 침해하는 것을 금지하는데 특히 장애여성과 장애아동의 경우 가정폭력의 피해자가 되는 경우가 많다.

장애인은 자기결정권 또는 사생활권이 있다. 장애인은 자신의 신체, 의료, 재산, 이사·이동 등의 중요한 사항에 대해 스스로 또는 조력을 받아 결정할 수 있는 권리가 있다. 예를 들면, 정신지체 장애인이라고 해서 본인의 의사를 물어보거나 물어볼 시도조차 하지 않고 후견인이 자기 뜻대로 의사 결정하는 것은 장애인의 자기결정권을 침해하는 것이다. 아울러 정신보건시설의 인권 실태 중 정신장애인의 통신제한, 면회제한, 외출·외박 제한도 정당한 사유가 없는 경우에는 불법적인 간섭으로서 자기결정권의 침해에 해당되고, 개인정보가 유출되거나 과도한 CCTV 설치와 운영 등두 사생활권의 침해적 요소가 많다.16)

장애인도 결혼하고 가정을 꾸릴 권리가 있으며, 출산과 가족계획 그리고 이에 대한 교육에 대하여 동등한 접근권을 가질 권리가 있다. 모두 사생활권에 해당한다. 생식능력을 유지할 권리도 있으며, 장애아동의 경우 후견, 위탁, 입양 등에 있어 비장애아동과 대등한 대우를 받아야 한다. 또한 장애아동은 다른 아동과 마찬가지로 장애를 이유로 부모와 분리되지 아니할 권리도 있다.

자기결정권 또는 사생활권 보장을 통해 이루고자 하는 것이 장애인의 일상생활에서 타인에게 최소한으로 의존하는 자기통제활동과 자주적 의사결정에 있다고 할 때, 비장애인이 장애인을 위한 행위 또는 배려가 오히려 장애인의 자기결정권 또는 사생활권을 저해하는 것일 수도 있다는 점에서 유념해야 한다.

사회권

셋째, 장애인도 비장애인과 대등한 사회권을 향유한다. 보장되는 사회권에는 건강권, 일할 권리, 교육권, 문화생활권 등이 있다.[17] 예를 들면 건강권의 경우, 의료서비스 이용에 있어 다른 사람에게 제공되는 것과 동일한 수준의 서비스를 제공받을 권리가 있고, 의료전문가와 시설로부터 대등한 서비스를 제공받을 권리가 있다. 국가는 장애인에게 재활을 포함하여 의료서비스 전반에 걸친 접근을 보장하는 적절한 조치를 취해야 하며, 장애인은 공공·사적 의료보험 및 생명·손해보험 등의 혜택을 누림에 있어 차별을 받지 않을 권리가 있다.

또 노동은 자립생활의 중요한 근간이기 때문에 노동권을 보장하는 것은 매우 중요하며, 현재 장애인에 대한 차별이 심각한 영역도 노동 분야이다. 우선, 장애인은 자유로이 직업을 선택할 수 있어야 한다. 장애인은 모집, 채용, 고용, 승진, 근무환경과 조건에 있어 장애를 이유로 차별받아서는 안 되며, 동등한 가치의 노동에 대해 같은 기회와 보수를 받아야 하고 안전하고 위생적인 근무여건에 대등한 권리가 있다. 장애인의 노동조합 구성 및 가입, 노동단체권이 보장되어야 하고, 국가는 장애인 고용 장려금, 공공부문에의 적극적 채용, 일자리 창출을 위한 적극적인 노력을 할 의무가 있다. 무엇보다 장애인이 강제노역 또는 노예노동을 하지 않도록 보호해야 한다.

특히 사회권의 보장에는 개별 권리의 구성요소에 대한 이용가능성(availability), 접근가능성(accessibility), 수용가능성(acceptability), 적응가능성(adaptability)이 요구되는데, 접근가능성의 경우 장애인의 이동권과 건물 접근권이 특히 강조된다.[18] 이동이 자유롭지 못한 중증장애인은 건축물에의 접근가능성이 봉쇄 또는 불편하게 되어 있거나 이동수단이 불편하거나 장애인을 배려하지 않고 있어 접근가능성이 봉쇄된 경우가 많은 실정이다. 때문에 국가는 건물, 도로, 교통 및 학교, 주택, 의료시설 및 직장을 포함한 기타 실내외 시설에 대해 장애인의 접근성을 높여야 한다. 공공장소의 엘리베이터, 장애인 전용리프트, 버스 등한 경사의 진입로 설치, 장애인용 화장실 등의 특수시설의 마련이 필수적으로 요청된다.

장애인은 정신적·육체적 능력에 따른 적절한 교육을 받을 권리가 있다. 장애를 이유로 무상교육이나 중고등교육에서 배제되어서도 안 된다. 교육기관은 이를 위해 정당한 편의제공(accommodation)의 의무를 진다. 장애인에 대한 교육도 일반인에 대한 교육과 마찬가지로 장애인의 정신적·신체적 능력과 인성, 재능, 창의성 계발을 극대화해야 한다. 장애인이라고 해서 직업교육에만 치중해서는 안 되는 것이다.

원불교와 장애인 인권

원불교 교전에는 장애가 신체적·정신적으로 온전하지 못한 결함을 가지고 있는 능력부족의 상태로 묘사되고 있다.[19] 신체나 정신에 병이 들어 치료를 하였으나 완전히 회복되지 않고 불완전한 상태로 남게 된 사람을 불구자라고 규정한다. 그리고 그 원인을 인과보응에서 찾는다. 예를 들면, 모함, 이간, 그릇된 인도를 범하는 죄는 각각 시각장애, 언어장애, 정신장애로 나타난다고 하여 그 장애원인을 전생에 지은 죄의 업으로 본다.[20]

복지학적 관점에서 보면 원불교의 장애관은 장애를 신체적·정신적 손상과 능력장애로 이해하여 지속적인 치료와 훈련이 필요하다고 보는 재활이론에 가까우며, 장애인을 자선 또는 재활의 대상으로 보는 단계에 머물러 있는 개인적 차원의 문제로 인식한다. 장애의 원인을 객관적 인과관계가 아닌 전생의 업에서 도출하는 신비주의적 사고에 가깝다.[21]

그러나 원불교가 장애의 원인을 인과보응에서 찾는다고 해서 장애로 인한 신체적·정신적 불편함과 고통, 그리고 사회적 편견과 차별을 전생의 죄에 대한 형벌로서 당연시 하지는 않는다. 본질적으로 장애현상은 진리작용의 발현의 일부일 뿐이다. 원불교에서는 인간을 포함한 모든 존재의 불성을 인정하고 부처가 될 가능성을 머금은 존재로 인식하여 그 존재의 존엄과 가치를 높이 존중한다. 이러한 철학적 기반위에서는 장애인과 비장애인사이의 개념적 구분 역시 무의미한 것이 된다. 여기서 손상 또는 능력 장애를 근거로 한 사회적 구별·배제·제한이 장애인의 존엄하고 인간다운 삶의 실현을 방해한다는 '사회적 장애' 개념에 입각한 장애인 인권에 대한 접근이 가능해진다. 그리고 장애인의 신체적 · 정신적 불편함과 고통은 개인적 차원에서 마음공부와 수행을 통해 완화될 수 있는 것으로 여긴다.

장애인 인권에 친화적인 교단을 만들기 위해 원불교는 첫째, 원불교 교전에 드러난 장애인 비하적인 용어를 인권 친화적으로 바꿀 필요가 있다. 사은의 천지은에서는 '천치' 와 '하우자' 라는 표현이 사용되고 정산종사 법어에는 '병신'이라는 표현이 사용되었다. 당시 화자의 의도와 이러한 표현이 쓰였던 맥락의 순수성을 의심하지는 않지만, 인권의 감수성이 높아진 오늘날 이는 장애인을 비하하는 표현으로서 언어적 차별과 폭력으로 간주된다. 가치중립적인 언어로 대체하는 작업이 필요하다.

둘째, 교단 내 기관과 교당의 시설에서 장애인의 접근성과 편리성을 배려해야 한다. 장애인이 교당을 어려움 없이 다닐 수 있는지를 점검하여 출입구의 문턱을 없애고, 장애인 화장실 및 엘리베이터 등을 설치하여야 한다. 점자 교전을 만들어 시각장애인에게 보급해야 한다.

셋째, 장애인 교도를 위한 교단적 차원의 지원체계를 구축하여 자치 조직 결성과 활동의 활성화를 지원해야 한다.

마지막으로 장애인이 전무출신을 지원할 경우를 대비하여 제도적 준비는 물론 시설과 지원 시스템에 대한 준비가 선행되어야 한다.

참고문헌

– 감정기 · 김남숙, "장애인차별금지법 시행 초기의 이행동향 및 성과에 대한 시론적 분석", 「인문논총」 제26권, 2010
– 강일조, "원불교 교전을 통해서 본 원불교의 장애인관", 「원불교학」 제8권, 2002
– 고봉진, "현대 인권론에서 정체성의 의미", 「법철학연구」 제14권 제1호, 2011

- 김재순, "정신장애인이 지각하는 사회적 차별과 사회적응에 관한 연구", 「정책과학연구」 제20집 제2호, 2010
- 박찬운, "수사절차에서의 장애인의 인권", 「법학논집」 제27권 제1호, 2010
- 서미경 · 김재훈 · 이진향, "정신보건시설에서의 정신장애인 권리침해에 관한 연구", 「정신보건과 사회사업」 Vol.29, 2008
- 송미영, "남녀 장애노인의 일상생활만족도 비교분석", 「한국노년학」 Vol.31 No.1, 2011
- 이동영 · 이상철, "장애아동 관련 국제협약과 국내법 분석을 통한 발전방안 연구: 국제장애인권리협약과 국내 장애아동 관련법 분석을 중심으로", 「사회보장연구」 제26권 제2호, 2010
- 이은영, "장애인의 권리에 관한 법사회학적 소고", 「일반논단」 2011
- 이익섭 · 최정아, "국제장애인권리조약의 의의와 한계: 장애인의 사회적 배제를 중심으로", 「한국사회복지조사연구」 Vol.13, 2005
- 이승기, "장애인차별금지법의 재정과정, 쟁점 그리고 함의", 「사회보장연구」 제23권 3호, 2007
- 이준일, "한국 장애인차별금지법의 법적 쟁점", 「안암법학」 Vol.34, 2011
- 유경수, "부정적인 현실에 대항하는 사회적 소통의 관계망", 「현대문학이론학회」 2011
- 조성은, "장애인 정책의 사회적 구성: 장애인차별금지법 제정 사례를 중심으로", 「행정논총」 제49권 제4호, 2011

---

1) *See* 고봉진(2011), "현대 인권론에서 정체성의 의미", 「법철학연구」 제14권 제1호, pp.169-75
2) http://www.ablenews.co.kr/News/NewsContent.aspx?NewsCode=0048201205091451 57033912&CategoryCode=0048
3) *See* 고봉진(2011), Id.
4) 이은영(2011), "장애인의 권리에 관한 법사회학적 소고", 「일반논단」 p.271
5) 조성은(2011), "장애인 정책의 사회적 구성: 장애인차별금지법 제정 사례를 중심으로", 「행정논총」 제49권 제4호, pp.257-8

6) 이은영(2011), id. pp.271-2

7) 조성은(2011), id. pp.257-9

8) 이은영(2011), id.

9) 조성은(2011), id.

10) 이은영(2011), id. p.274

11) 이동영외(2011), "장애아동 관련 국제협약과 국내법 분석을 통한 발전방안 연구: 국제장
애인권리협약과 국내 장애아동 관련법 분석을 중심으로", 「사회보장연구」 제26권 제2호,
pp.236-42

12) 장애인차별금지법 6조

13) 박찬운(2010), "수사절차에서의 장애인의 인권", 「법학논집」 제27권 제1호, pp.113-24

14) 이은영(2011), id. pp.276-83

15) 서미경외(2008), "정신보건시설에서의 정신장애인 권리침해에 관한 연구", 「정신보건과
사회사업」 Vol.29, pp.342-59

16) Id.

17) See 이은영(2011), id. pp.285-94

18) 이동영외(2011), id. pp.230-6

19) 「원불교 전서」"제1부 정전 제3 수행편 제15장 병든 사회와 그 치료법", pp.88-9; Id. "제2
부 대종경 제2 교의품 31장", pp.131-2; Id. "제5 인과품 13장 · 27장", p.224, 230

20) Id. "제2부 대종경 제5 인과품 27장", p.230

21) 강일조(2002), "원불교 교전을 통해서 본 원불교의 장애인관", 「원불교학」 제8권,
pp.206 04

청소년(아동)과 인권

"나는 폭력적인 방식의 교육을 학대로 간주한다. 인간으로서의 품위를 유지하고 존중받아야 할 아이의 권리를 인정하지 않기 때문이다. 더 나아가 그것은 일종의 전체주의 체제를 구축한다. 그리고 그 속에서 아이가 모욕과 품위 상실, 학대를 알아차리기란 불가능하다. 하물며 그에 맞서 저항한다는 건 더 말할 나위도 없다. 그렇게 성인이 된 아이는 그런 교육을 본보기로 삼아 내물림하고 배우자와 자기 자녀를 대하며, 직장과 정치판에서 이를 실천에 옮긴다. 요컨대 과거에 두려움에 떨던 그 아이의 불안을 외적인 권력의 도움을 받아 떨어낼 수 있는 곳이면 어디서든 그런 교육을 행한다. 그로 인해 인간을 경멸하는 자들과 독재자들이 생겨난다. 그들은 한 번도 존중받아본 적 없이 어린 시절을 보낸 뒤 성인이 되어서는 거대한 권력의 힘에 기대어 사람들에게 그 존경을 강제로 얻어내려고 한다."

- 밀러 -

아동인권풍경[1]

전 세계 어느 곳이든 아이들이 예쁘지 않은 곳은 없다. 따나카를 얼굴에 바른 미얀마의 아이도, 캄보디아의 쓰레기마을 옆에 자리한 초등학교에 다니는 어린 아이도, 미국 흑인빈민가에 사는 아이도, 지진으로 부모를 잃은 아이티의 아이도 존재 그 자체로 사랑받아 마땅하다.

그러나 우리 아이들이 항상 좋은 환경에서 성장하는 것은 아니다. 사실, 일부지역의 아동은 심각한 인권환경에서 성장하고 있다. 유엔아동기구 유니세프(UNICEF)에 따르면 30만 명의 아동병사가 무력분쟁에서 착취당하고 있고, 600만 명이 심하게 부상을 입거나 영구적인 장애의 상태가 되었다. 나쁜 어른들에게 속아서 또는 위협을 당해 또는 사회가 보호해 주지 못하기 때문에 어린 아동들은 총을 들고 마약에 취해 살인을 하기도 한다.[2] 자신이 무슨 짓을 하는지도 모른 체 말이다. 또, 2천만 명의 아동이 분쟁과 인권탄압 때문에 인근국가에서 난민으로 살아가고 있다. 이들은 납치, 구금, 성폭력, 가족학살에 대한 기억으로 인한 정신적 장애로 고통을 받고 있다.[3]

세계보건기구(WHO)에 따르면 1–1.4억 명의 소녀와 여성이 전통의 이름으로 할례 시술을 받아야 하는데 많은 수가 그 과정에서 죽는다고 한다. 120만 명의 아동이 인신매매로 팔려가고 180만 명이 성매매나 포르노그래피의 피해자가 되고 있다.[4] 아울러 570만 명의 아동은 강제노동에 노출되어 있다. 세계노동기구(ILO)는 약 1억 5천 300만 명의 아동이 안전과 건강 그리고 인간의 존엄을 위협하는 환경에서 노동을 하고 있다고 말한다.[5]

뿐만 아니라 2004년 이래로 전 세계적으로 중국, 이란, 파키스탄, 수단에서만 유일하게 아동범죄자에 대해 사형이 집행되었다.

그리고 아동에 대한 폭력은 세계 어느 나라를 가더라도 존재한다. 폭력은 사회적으로 승인되거나 법 또는 국가에 의해 허가된 형태를 띤다. 그러한 승인은 우리나라를 포함하여 전통의 이름으로 또는 훈육이라는 미명하에 정당화되고 있다. 아이들은 맞으면서 큰다는 거다. 이러한 폭력은 사회적으로 불가피하거나 정상적인 관행으로 용인되어 왔다는 것이 더 큰 문제이다.

최소 106개국에서 학교에서의 체벌을 금지하지 않고 있다. 세계적으로 80-98%의 아동들이 육체적 체벌에 시달리고 있고 이중 1/3이상은 아주 심각한 상황에 놓여 있다. 뿐만 아니라 학교 선생 또는 직원의 체벌과 잔인하고 굴욕적인 형태의 심리적 처벌도 존재하며, 성별에 따른 폭력과 따돌림도 심각한 것으로 보인다.[6]

체벌에 있어 우리나라도 예외는 아니다. 인권은 학교 교문 앞에서 멈춘다는 표현대로 우리 아이들은 대학입시의 무한경쟁 속에서 비인간적인 대우를 받고 있다. 체벌과 그 밖의 통제기제는 그 비인간적 구조를 지탱하는 버팀목이 된다. 견디지 못하는 청소년은 도태되고 극단적 선택을 하기도 한다.

우리나라 청소년의 주요 사망원인이 자살인 이유가 바로 이 때문이다. 2010년 통계청의 조사 결과, 2008년 고1-고3 전체 학생의 18.9%가 자살생각을 하였고, 2009년 19.1%가 최근 12개월간 심각하게 자살을 생각했다고 드러났다. 아이들은 우울증과 같은 정신질환 때문이 아니라 어려움과 스트레스를 감당하거나 이를 해소하지 못한 상황에서 자살을 최종적으로 선택하는 것이다. 즉, 개인의 차원이 아니라 가족을 포함한 사회구조적 또는 또래집단 등에서 발생하는 요인들이 원인으로 작동한다는 것이다. 차별경험이 자살생각에 영향을 미친다는 통계조사가 이를 증명한다.[7]

최근 경기도 · 광주광역시 · 서울특별시의 학생인권조례 도입을 둘러싼 논란은 청소년들에 대한 우리 사회의 인권수준을 대변한다. 이제는 우리 청소년들에게도 충분한 인권을 보장해야 한다는 견해도 있지만 인권조례가 통과되면 학교의 면학분위기는 훼손되고 학생들을 더 이상 통제할 수 없게 되어 교육현장이 금방이라도 무너질 것처럼 선동하는 부류도 있다. 이 논란속에 정작 아이들의 목소리는 들리지 않는다.

뿐만 아니라 우리 청소년들은 보다 위험한 환경에 노출되어 있다. 아동성폭력 범죄가 급증하고 있다. 13세 미만 대상의 성폭력 범죄 발생 건수는 779(2000년)→754(2003년)→844(2006년)→874(2009년), 19세 미만 건수는 994(2000년)→1,583(2003년)→2,022(2006년)→2,699(2009년)으로 급격하게 증가했다.[8] 다른 선진국과 비교할 때 청소년 대상 성폭력 범죄의 발생률은 높은 편이다. 우리 아이들을 위험으로부터 보호하는 것도 우리 사회가 대응해야 할 큰 도전이 되었다.

아동인권의 국제적 보호

어른과 사회는 아동을 보살피고 보호해야 할 객체라고 오랫동안 믿었다. 아동은 인격적으로 온전하지 못하다는 판단에서였다. 그래서 아동은 아동 자신의 권리에 관한 공론장에서 제외되었다. 하지만, 1989년 유엔총회에서 만장일치로 채택된 아동권리협약(Convention on the Rights of the Child)은 아동을 권리의 주체로 인식하고 보장한다.

아동권리협약은 소말리아와 미국을 제외한 194개국이 가입한 국제조약이며 우리나라는 1991년에 비준하였다. 유엔아동권리위원회는 가입국의 협약 준수 여부를 감독하고 아동인권 개선을 위해 구체적 내용들을 권고한다.

아동권리협약은 아동의 성별, 종교, 사회적 신분, 인종, 국적, 그 어떤 조건과 환경에서도 차별되어서는 안 된다는 기본 원칙을 천명하고 있고, 공공 또는 민간, 사회복지기관, 법원, 행정당국 또는 입법기관이 실시하는 아동에 관한 모든 활동에 있어서 아동의 이익이 최우선적으로 고려되어야 한다는 원칙을 명시하고 있다.

협약이 보장하는 아동의 구체적 권리에는 생존권, 보호권, 발달권, 참여권이 있다.[9] 우선, 생존권은 적절한 생활수준을 누릴 권리, 안전한 주거지에서 살아갈 권리, 충분한 영양을 섭취하고 기본적인 보건서비스를 받을 수 있는 권리 등 기본적인 삶을 누리는 데 필요한 권리를 포함한다.

둘째, 보호권은 모든 형태의 학대와 방임, 차별, 폭력, 고문, 징집, 부당한 형사처벌, 과도한 노동, 약물과 성폭력 등 아동에게 유해한 것으로부터 보호받을 권리를 의미한다.

셋째, 발달권은 잠재능력을 최대한 발휘하는데 필요한 권리로, 교육받을 권리, 여가를 즐길 권리, 문화생활을 하고 정보를 얻을 권리, 생각과 양심과 종교의 자유를 누릴 권리를 포함한다.

넷째, 참여권은 자신의 나라와 지역사회 활동에 적극적으로 참가할 수 있는 권리로 자신의 의견을 표현하고 자신의 삶에 영향을 주는 문제들에 대해 발언권을 지니며, 단체에 가입하거나 평화적인 집회에 참여할 수 있는 권리를 의미한다.

한편, 국제인도법에 의하면 18세 이하의 아동은 무력분쟁에 개입하는 것은 원칙적으로 금지되며, 15세 이하의 아동을 전쟁에 동원하는 것은 전쟁범죄에 해당되어 국제형사재판소의 관할권에 포함되어 있다. 또한 유엔은 1989년 아동 매매, 매춘, 그리고 포르노에 관한 선택의정서를 채택하여 아동을 매개로 한 매매, 매춘, 그리고 포르노를 국제법적으로 전면 금지하였다.10)

아동인권의 국내적 보호

우리 사회는 다양한 법률을 통해 청소년의 인권을 보장하고자 노력했다. 아동복지법은 아동관련 조항을 통해 아동학대를 예방하고 학대아동을 발견, 보호, 치료하기 위하여 관련전문기관을 설치하도록 하고 있다. 아울러 아동복지법은 아동의 학대, 성폭력, 방임, 매매, 매춘 등의 행위를 금지하고 있으며 이에 대한 신고를 의무화하고 있다.

청소년 성보호에 관한 법률은 청소년의 성(性)과 관련된 범죄행위를 규정하고 있다. 청소년 성 매매, 음란물 제작 등을 금지하고 강간과 강제추행을 가중처벌하고 있다.

2000년에 제정된 청소년보호법은 청소년의 성매매와 이를 조장하는 온갖 형태의 중간매개행위를 강력하게 처벌하고 성매매와 성폭력 행위의 피해자인 청소년을 보호·구제하는 장치를 마련하여 청소년의 인권을 보장하고자 하였다. 청소년을 성매매의 피해자로 파악하여 처벌하는 대신 선도·보호하고 청소년의 성을 산 자를 강력하게 처벌하고 있다.

한편, 학생인권조례는 인권이 보편화된 지금 학교도 예외는 아니라는 인식이 확산되면서 학생들의 학내의 인권문제에 사회적 관심을 갖게 되고, 학생의 인권 개선이 학교와 교사의 자발성에만 의지해서는 근본적인 틀이 바뀌기 어렵다는 판단에서 도입되었다.[11]

학생인권조례는 학내에서 학생의 존엄과 가치를 실현하고 자유롭고 행복한 삶을 보장하기 위한 목적으로 제정되었고, 성별·종교·나이·사회적 신분·출신지역·국가·민족·언어·장애·용모·인종·피부·성적 지향·정치적 견해 등을 이유로 차별받지 않도록 하고 있다. 또 학생은 체벌, 따돌림, 집단 괴롭힘, 성폭력 등으로부터 자유로울 권리가 있고, 여가·휴식·문화 활동에의 권리가 있다. 아울러 복장·두발 등 개성을 실현할 권리와 일기검사, 소지품 검사, 휴대폰 사용에 관하여 사생활을 보장받을 권리를 정하고 있다. 개인정보에 대한 비밀을 보장하고 종교 및 양심, 그리고 집회·결사의 자유와 표현의 자유를 보장한다. 자치활동과 학교운영에 참여할 권리를 보장받고 징계절차 등에 있어 적법절차와 방어권을 보장하는 내용을 담고 있다.[12]

그러나 이와 같은 학생인권조례의 도입에 반대하는 견해가 존재한다. 주된 논거는 인권조례가 교권과 충돌한다는 것이다. 학생을 다루기 힘들어 진다는 논리이다. 그러나 교권과 인권조례 제정은 별개의 문제이다. 교권은 직무상 권한인데, 대개는 지휘감독권을 가진 기관에 의해 침해되는 것이 일반적이다. 즉, 교권침해는 교육행정조직 즉 교육과학기술부, 교육청, 학교관리자 또는 학부모에 의한 부당한 간섭으로 나타난다. 교사의 권위 추락 또는 학생의 교사에 대한 반항은 학생인권조례의 제정이나 학생인권보장 때문이 아니고 변화하는 시대에 적응하지 못하는 교육현장의 정체와 학생들의 의식을 배려하지 않은 교육방법 등에서 비롯된 것이다.[13]

물론, 학교에서의 학생의 인권은 일정한 제약을 받을 수 있고 타인의 자유와 권리를 침해하지 않는 선에서 자유와 권리가 보장된다는 점은 당연하다.

체벌과 신체의 자유

현재 우리 사회의 주요 청소년(아동) 인권 이슈는 아동의 신체의 자유와 보호, 언론 · 출판 · 집회 · 결사의 자유, 사생활에 관한 권리, 자치에 관한 권리 등이다.

우선, 신체의 자유는 체벌 그리고 아동학대와 관련하여 이슈가 되고 있다. 헌법 12조는 모든 국민은 신체의 자유를 가진다고 명시한다. 신체의 자유는 신체의 안전성이 외부로부터의 물리적인 힘이나 정신적인 위협으로부터 침해당하지 아니할 자유를 포함한다.[14] 아동인권선언은 '체벌을 물리적인 힘이 사용되고 아무리 가볍더라도 어느 정도의 고통 또는 불편함을 유발하도록 의도되는 모든 처벌'이라고 규정하고 이를 금지한다.

체벌에는 직접체벌과 간접체벌이 있다. 직접체벌은 신체의 일부분이나 도구를 이용하여 학생의 신체에 직접적 접촉을 통하여 고통을 줌으로써 벌을 가하는 것이고, 간접체벌은 직접적인 접촉은 없으나 행동의 제약 또는 인위적 행위를 하도록 지시하여 신체적 또는 정신적 고통을 가하는 것이다. 예를 들면, 창피주기, 모욕하기, 위협하기, 겁주기, 비웃기, 교실 뒤 서있기, 운동장 돌기, 걷기 등이 있으며, 명예와 인격에 대한 모독이 수반될 수 있는 여지가 크기 때문에 직접체벌과 마찬가지로 비인간적이다.[15)

우리나라는 체벌을 전면 금지하거나 허용하는 직접적 법률규정은 없다. 다만 초중등교육법 시행령 제31조가 '교육상 불가피한 경우를 제외하고는 학생에게 신체적 고통을 가하지 아니하는 훈육 · 훈계 등의 방법으로 행하여야 한다'고 규정하여, 교육상 불가피한 경우라는 단서조항을 통해 체벌이 허용되는 것으로 해석하는 것이 보통이다.

하지만 체벌의 수위와 정도에 한계가 있다. 형법상 타인의 몸에 가격하는 것은 폭행죄에 해당되는데, 체벌은 형법 20조 정당행위에 의한 위법성조각행위로 해석되어 정당성이 부여된다. 헌법재판소는 판결에서 수단의 최후성, 절차의 정당성, 수단의 적정성, 그리고 체벌의 수인가능성 정도를 충족한 경우에만 체벌이 허용될 수 있다고 보았다.

그러나 체벌은 첫째, 즉결처분에 해당되어 학칙 등의 절차에 따라 징계위원회의 심의와 해당학생의 의견진술과 방어권이 보장되어야 하는 적법절차에 위반되며,[16] 둘째, 교육의 목적이 자율적 인격체의 양성에 있다면 폭력에 의한 인간 교정이라는 체벌은 이미 교육의 정당한 목적을 상실했고, 폭력이 주는 인간의 수단화, 인격에 대한 모욕감 때문에 체벌은 교육목적에 부합하는 수단이 아니다.[17] 셋째, 체벌 없이는 교육이 이루어질 수 없는 경우를 생각하기는 어려우므로 체벌은 피해 최소성의 원칙을 통과할 수 없고,[18] 넷째, 평등의 원칙에도 위배된다. 규율에의 복종 및 준수가 학교 이상으로 강하게 요청되는 소년원, 군대, 교도소 등에서도 체벌이 허용되지 않고 있음에도 불구하고 오직 학교에서만 교육목적이라는 추상적인 명분 하나만으로 체벌을 하도록 허용하는 것은 평등원칙에 위반되어 불합리하다.[19]

아울러 국가인권위원회는 학생들은 거의 체벌 때문에 생긴 불안감, 우울증, 학교강박증, 적개심 등 부정적 감정을 버리지 못하고 있다고 지적하고, 체벌은 통제와 권위에 수동적으로 반응하는 인간을 양성할 위험이 크다며 금지되어야 한다고 하였다. 또, '체벌은 폭력을 정당화하는 사회 심리적 계기를 제공함으로써 폭력미학을 학교현장에 팽배하게 만들어 폭력이 폭력을 낳는 악순환을 낳고, 체벌의 일상화는 낙인효과를 통하여 모범생과 문제아를 구분 짓고 구조화하며, 불량과 비행을 상승시켜 학교환경을 폭력화할 가능성 있다'는 사회학적 연구를 참고할 필요가 있다.[20]

아동학대와 신체의 자유

다음으로 아동학대 또한 아동의 신체의 자유에 심각한 침해를 끼친다. 2009년 전국아동학대현황보고서에 따르면, 우리나라에서 아동학대는 80%가 가정 내에서 발생한다. 그러나 전체 학대건수의 4.5%만이 경찰수사가 진행될 뿐이다.[21]

아동학대에는 신체적 학대, 성적학대, 정서적 학대, 유기 및 방임이 있다.[22] 신체적 학대는 '아동의 신체에 손상을 주는 학대행위'이며, 우발적인 사고가 아닌 상황에서 신체적 손상을 입히거나 또는 신체손상을 입도록 한 모든 행위를 말한다. 생후 12개월 이하의 영아에게 가해진 체벌은 어떠한 상황에서도 심각한 신체학대로 규정된다.

성적학대는 '아동에게 성적 수치심을 주는 학대행위'로서 성희롱과 성폭력이 이에 포함된다. 아동에 대해서 성욕의 흥분, 자극, 또는 만족을 목적으로 하는 일체의 성희롱 행위와 아동에 대한 일체의 간음행위인 성폭력이 이에 해당한다.

정서적 학대는 '아동의 정신건강 및 발달에 해를 끼치는 학대행위'이다. 보호자나 양육자가 아동에게 언어적, 정서적 위협, 감금이나 억제, 기타 가학적인 행위를 하는 것을 포함한다. 학대아동은 대인관계 및 사회적응 장애를 겪게 된다.

유기는 '자신의 보호감독을 받는 아동을 보호 없는 상태로 둠으로써 아동의 생명과 신체에 위험을 가져오는 일체의 행위'이며, 방임은 '고의적, 반복적으로 아동양육과 보호를 소홀히 함으로써 정상적인 발달을 저해하는 모든 행위'를 말한다. 발육부전으로 나타나는 경우가 많고, 사망이나 장애에 이르기도 한다.

아동학대에 예방과 처벌에 대한 보다 엄격한 법집행이 요구되고 있으나, 부모는 친권 또는 사생활권을 주장하며 사회적 간섭을 배제하려는 경향이 강하다. 아동도 인권의 주체로서 인식되고 사회가 보호해야 할 의무가 있으며, 친권과 사생활권은 절대적 권리가 아니고 아동인권 보호라는 법익을 위해 침해될 수 있는 상대적 권리에 불과하다는 점에서 아동학대에 대한 엄중한 대처에 정당성이 인정된다고 볼 수 있다.

언론 · 출판 · 집회 · 결사의 자유

청소년 인권의 중요한 이슈는 학내에서의 언론 · 출판 · 집회 · 결사의 자유이다. 집회 · 결사의 자유는 평화로운 집회를 보장하며 학교 밖에서 열리는 평화로운 집회에 참석을 금지하거나 참석하였다하여 징계하는 등의 처벌을 배제한다. 국가인권위원회는 '학생이 특수한 사회적 신분을 가졌다고 하더라도 수업시간 시작 전에 평화적으로 행한 학생들의 시위는 헌법 제21조에서 보장하고 있는 표현의 자유라 할 수 있기에 타인의 권리를 침해하였다거나, 학교시설물 훼손 등의 사정이 없음에도 불구하고 피켓을 학생들의 동의 없이 수거한 행위는 학생들의 표현의 자유를 침해하는 행위'라고 결정하였다.[23]

또 언론 · 출판 등의 표현의 자유도 학생이 실질적으로 수업을 방해하거나 중대한 혼란을 일으키거나 또는 다른 학생의 권리를 침해하는 경우가 아니라면 학내에서 보장되어야 한다. 국가인권위원회는 '허가받지 않은 전단지를 교내에 배포하였다는 이유로 진술서를 요구하고 선도절차를 진행한 것'이 헌법상의 표현의 자유를 침해한 것이라고 결정하였다.[24] 교육환경에 해를 주지 않은 범위에서 자신의 의사를 표현하는 리본을 패용하거나 구호가 적힌 옷을 입는 것은 금지할 것이 아니다. 미국 판례에 의하면, 1960년대에 베트남 전쟁을 반대하는 검은 완장을 두르고 등교하려는 고등학생 2명과 중학생 1명을 학교장들이 등교를 금지시킨 행위는 표현의 자유를 위반한 것이라고 보고,[25] 학생이나 교사가 학교의 문에 들어섰다 하여 언론·표현의 자유라는 헌법상의 권리를 포기한 것이라고 할 수 없으며 헌법에서의 학생은 학교 안이건 밖이건 상관없이 '인간'이다고 하였다.

사생활권

학생인권조례 도입을 둘러싼 논쟁에서 큰 이슈가 되었던 인권내용은 학생의 학내에서의 사생활권 보장이었다. 사생활권(privacy)은 학생의 두발, 복장, 일기와 가방 및 소지품 검사, 그리고 휴대폰 사용 등의 민감한 문제들을 포함한다.

두발과 복장은 순수하게 개인의 내적 영역의 표현이다 내면의 개성을 표현하는 것은 우리 교육이 지향하는 중요한 목표 중의 하나이다. 면학분위기를 흐릴 수 있다거나 학습에 방해가 될 것이라는 주장은 근거 없으며, 교육 현장이라는 특수성을 감안하여 제한의 필요성을 인정한다 하더라도 이는 학생들 스스로 그 규제수준을 정하여 시행하는 것이 바람직하다. 학교와 교사가 학생 신발의 색, 외투, 양말이나 스타킹을 제한하는 것은 정당하다고 보기 힘들다.

교육 현장이라는 특수성을 인정하여 교육목적상 가방과 소지품 검사를 전면 부정할 수는 없겠지만, 원칙적으로는 사적영역이므로 금지되어야 한다. 긴급한 사정을 제외하고는 불가피하게 검사를 해야 할 경우, 학생 스스로의 동의를 얻어 소지품과 가방을 검사할 수 있도록 하고, 최소한의 범위 내에서 허용되어야 한다. 그리고 불특정 다수를 대상으로 한 합리적 이유 없는 검사는 허용되어서는 안 된다. 또 휴대폰 소지 및 이용의 완전 금지는 지나친 박탈이다. 휴대폰이 대중화된 시대에 맞지도 않는다. 다만 교육활동과 수업의 방해를 최소화하기 위하여 휴대폰 사용의 시간과 장소를 제한할 수는 있다. 이러한 제한은 스스로 자율적인 훈련의 기회가 되도록 학생자치기구의 자치에 일임하는 것도 바람직하다.

자치와 참여의 권리

마지막으로, 학생인권의 구체적 내용으로 자치와 참여의 권리가 있다. 학생은 학생회 및 동아리를 구성, 운영할 자유가 있고, 학교로부터 학생자치조직의 운영에 필요한 예산, 공간, 기타 지원을 받을 권리가 있다. 또 학생자치조직은 학교운영과 학생의 학교생활에 영향을 미치는 사안에 대하여 학생을 대표하여 참여하고 의견을 개진할 권리도 있다. 국가인권위원회는 학생자치조직의 결성과 관련하여 학급 정·부회장 입후보 자격기준을 학업성적 80점 이상으로 제한한 것은 합리적 이유가 없는 차별이라고 결정하였다.[26]

아울러 아동 인권의 기본적 권리는 차별 금지이다. 성별·종교·나이·사회적 신분·출신지역·국가·민족·언어·장애·용모·인종·피부·성적 지향·정치적 견해 등을 이유로 차별받지 않도록 보장하여야 한다. 정부와 학교는 위와 같은 사유로 학생을 차별하지 않아야 할 권리와 타인, 즉 동료학생 또는 집단에 의해 제3의 학생이 따돌림과 차별을 받지 않도록 적극적 조치를 취해야 할 의무도 있다.

아동인권 보호와 원불교

원불교는 '자력양성'·'지자본위'·'공도자 숭배'와 더불어 '타 자녀 교육'을 사요(四要) 중 하나로 선정할 만큼 교육의 중요성을 강조해왔다. 정전(正典)은 정부와 사회가 교육에 적극적인 관심을 갖고 교육기관을 설치하여 모든 사람에게 교육의 기회를 제공할 것을 촉구하고, 여자와 신분이 낮은 사람, 즉 사회 소수자에 대한 교육 기회가 박탈되었던 과거를 청산하고 남의 자녀라도 내 자녀와 같이 교육하고자 하여 아동의 교육받을 권리를 적극적으로 보장하는 내용을 담고 있다. 이를 통해 세상의 문명을 촉진하고 모두가 낙원의 생활을 할 수 있도록 하자고 하였다.

또, 지자본위의 강령에서는 우자가 지자에게 배우고자 할 때에 불합리한 차별제도에 이끌려 배우지 못하는 우매한 경우를 경계하고, 생활 상식, 학문, 기술, 도와 덕행이 자기보다 이상이면 스승으로 알고 배우라고 하였다. 아울러 불합리한 차별은 신분, 나이, 성별, 종족에 의한 것을 나열하고 있다. 즉, 아동교육과 관련하여 아동이라고 해서 또는 나이가 어리다고 해서 차별하여서는 안 되며, 존중해야 한다는 것이다.

아울러 자력양성에서는 남녀의 평등을 강조하고 있다. 교육에 있어서도 그 기회가 남녀에게 동등하게 제공되어야 함을 의미한다.

여기에 남녀노소를 구별하지 않고 모든 생명의 불성을 인정하고 똑같이 존중하는 처처불상의 사상을 바탕으로 볼 때, 학교에서의 학생인권도 온전하게 보장되어야 한다. 학생은 미성년이고 인격적으로 성장의 과정에 있지만 그 자체로 부처임을 부인할 수 없다. 미숙한 존재여서 보호해야 할 대상이 아니라 그 자체로 모든 권리의 주체임을 인정하지 않을 수 없다. 따라서 불가피한 경우를 제외하고, 최소한의 범위 내에서 교육목적을 달성하기 위한 목적으로만 아동의 인권을 제한할 수 있다고 보아야 한다. 달리 말하면, 학생들은 '교복 입은 시민으로서 학교와 학생의 관계는 인격주체 상호간의 관계'에 있다고 볼 수 있다. 청소년(아동)은 미래의 주인공이면서 현재의 주인공이다. 참아서 내일을 기다리는 존재가 아니고 현재에도 주인공인 존재들인 것이다.

원불교는 위와 같은 관점을 교단 내 교립학교의 운영에 적용할 필요가 있다. 학생인권조례를 적극적으로 학사운영에 반영하고 학생을 지도해 나가야 한다. 학생과 교사를 대상으로 한 인권교육을 필수로 함으로써 인권감수성 향상을 도모함은 물론이고 서로를 교육의 주체로 인정하는 속에 발전적 관계를 모색하는 기회로 삼아야 한다.

참고문헌
- 김은경, "체벌의 신화와 실제", 「한국사회학」 제84집, 2000
- 김종세, "아동인권과 아동학대 – 아동인권수준 제고방안", 「법학연구」 제31집, 2008
- 김태명, "성폭력범죄의 실태와 대책에 대한 비판적 고찰", 「형사정책연구」 제22권 제3호, 2011
- 박진완, "아동권리협약의 국내적 이행과정에 대한 분석", 「세계헌법연구」 제16권 1

호, 2010

– 박정원 · 이성휴, "체벌금지에 대한 입법동향과 과제", 「교육법학연구」 제22권 2호, 2010

– 박현창, "아동 포르노에 대한 국제사회와 EU의 대처", 「유럽연구」 제28권 1호, 2010

– 송기춘, "학생인권조례의 제정과 시행에 관한 법적 논의", 「교육법학연구」 제23권 2호, 2011

– 이준일, 「인권법: 사회적 이슈와 인권」 (홍문사, 2007)

– 인권재단 사람, 「세상을 두드리는 사람」 Vo.54, 2012

– 오동석, "학생인권조례에 관한 몇 가지 법적 쟁점", 「교육법학연구」 제22권 2호, 2010

– 앨리스 밀러, 「폭력의 기억, 사랑을 잃어버린 사람들」 (양철북, 2009)

– 송인한 · 권세원 · 정은혜, "청소년의 차별경험이 자살생각에 미치는 영향 – 사회적 지지의 조절효과를 중심으로", 「청소년복지연구」 제13권 제2호, 2011

– 최형찬, "인권 · 학생인권 · 학생인권조례", 「범한철학」 제61집, 2011

– 한상희, "체벌 및 초중등교육법시행령 개정안의 위헌성 – 학생인권 · 교육자치 훼손 문제를 중심으로", 「민주법학」 제45호, 2011

– UN Study on violence against children, A/61/299

– 헌법재판소 2003년 12월 18일 선고 2001헌마163

– Tinker v. Des Moines Independent Community School District, 393 U.S. 503 (1969)

---

1) 우리나라에서는 아동은 어린아이, 혹은 초등학교에 다니는 아이가 이에 해당하고, 청소년은 미성년의 젊은이로서 흔히 10대 후반의 학생들을 포함한다. 하지만 국제적인 기준으로는 아동은 유아에서부터 미성년 청소년을 모두 포함하는 개념이다. 본문에서는 편의상, 청소년과 아동의 개념을 거의 동일하게 사용하고 있다. 다만, 미성년의 개념으로 아동이라는 용어를 좀 더 자주 사용하였다.

2) http://www.international.gc.ca/rights−droits/child_soldiers−enfants_soldats.aspx?lang... accessed at 2012−05−02

3) UN Study on violence against children, A/61/299

4) Id.

5) Id.

6) Id.

7) 2009년 청소년정책연구원이 실시한 연구조사로서 송인한외(2011), "청소년의 차별경험이 자살생각에 미치는 영향 – 사회적 지지의 조절효과를 중심으로", 「청소년복지연구」 제13권 제2호, pp.201–2에서 재인용.

8) 2010년 범죄백서, 법무연수원, p.483, 김태명(2011), "성폭력범죄의 실태와 대책에 대한 비판적 고찰", 「형사정책연구」 제22권 제3호, pp.14–6에서 재인용.

9) See 세이브더칠드런 홈페이지, www.sc.or.kr

10) See 박현창(2010), "아동 포르노에 대한 국제사회와 EU의 대처", 「유럽연구」 제28권 1호

11) 송기춘(2011), "학생인권조례의 제정과 시행에 관한 법적 논의", 「교육법학연구」 제23권 2호, p.58

12) See 오동석(2010), "학생인권조례에 관한 몇 가지 법적 쟁점", 「교육법학연구」 제22권 2호, pp.127–40

13) Id. pp.135–6

14) 헌법재판소 2003년 12월 18일 선고 2001헌마163

15) 송기춘(2011), id. p.68

16) 송기춘(2011), id. pp.65–6

17) 오동석(2010), id. pp.137–8

18) id. p.138

19) 한상희(2011), "체벌 및 초중등교육법시행령 개정안의 위헌성 – 학생인권·교육자치 훼손 문제를 중심으로", 「민주법학」 제45호, p.232

20) See 김은경(2000), "체벌의 신화와 실제", 「한국사회학」 제84집; 송기춘(2011), id. pp.66–7에서 인용.

21) 보건복지부(2009), 전국아동학대현황보고서

22) See 김종세(2008), "아동인권과 아동학대 – 아동인권수준 제고방안", 「법학연구」 제31집, pp.52–9

23) 국가인권위원회 결정 08진인486

24) 국가인권위원회 결정 07진인1146

25) Tinker v. Des Moines Independent Community School District, 393 U.S. 503(1969)

26) 국가인권위원회 결정 06진차449

노인과 인권

"나는 몸도 성하고 정신도 말짱해. 그런데 여기서 살면 무조건 분홍색, 그것도 색깔도 영 촌스러운 붉으죽죽한 추리닝을 입어야 해. 안 그러면 별의 별 소리 다 들어. '잘 났다느니', '혼자 예쁜 척 한다드니', 여기 들어오고 나서 내 맘대로 옷을 입어 본 적이 없어"
- 어느 할머니의 인터뷰에서, 노인 분야 인권교육 교재, 국가인권위원회 -

노인 인권풍경

유엔은 한 나라에서 65세 이상 고령인구의 비율이 7%이면 고령화 사회(aging society), 14%이면 고령사회(aged society), 20%이면 초고령 사회(super-aged society)로 정의하고 있다. 통계청 자료에 따르면 우리나라는 2000년에 65세 이상 고령인구가 7.2%로 고령화 사회에 접어들었고, 2019년에는 14.4%로 고령사회가, 그리고 2026년에는 20.1%가 되어 초고령 사회가 될 것으로 예상되고 있다.[1) 우리 사회의 고령화는 다른 나라에 비해 상당히 빠르게 진행되고 있다.

고령화 속도가 빠른 요인은 의료기술의 발달로 평균수명이 길어진 데 있다. 통계청 자료에 따르면 2010년 현재 여성의 평균수명은 80세가 넘었고 남성은 75세이다. 2020년이 되면 남성의 평균수명은 80세에 이를 것이고 여성은 90세에 가까워 질 것이다. 평균수명 100세의 시대가 멀지 않았다.[2]

고령화를 부추기는 요인은 출산율 저하에도 그 이유가 있다. 2005년 출산율은 1.08명으로 최저를 기록했다. 최근 조금 나아졌다고 하나 비슷한 수준에 머물러 있다.[3] 고령화 현상이 우리 사회에 급속하게 진행되어 이를 대비할 시간이 충분하지 못했다.

고령사회로의 진입을 앞두고 있는 가운데 우리 사회의 노인의 삶은 고단하다. 경제적으로 빈곤하고 건강하지 못하며, 나이가 많아 차별받거나 심지어 학대를 받기도 한다.

2011년 삼성경제연구소의 고령화시대의 노인 1인 가구 보고서에 따르면 2010년 말 현재, 한국노인 1인 가구 빈곤율은 76.6%로, 우리나라 전체 빈곤율 14.5%의 5배를 웃돈다. 혼자 사는 노인 10명 중 8명은 빈곤상태에 있다는 말이다. 스웨덴 13%, 독일 15%, 프랑스 16.2%보다 5-6배 높고, 우리보다 고령화 속도가 빠른 일본의 47.7%보다 높았다. OECD 회원국의 노인 1인 가구 빈곤율 평균 30.7%를 훌쩍 뛰어넘는다.[4]

빈곤상태에서는 의료혜택을 정기적으로 또는 제때에 받기 쉽지 않다. 혼자 사는 노인 중 우울증을 경험한 사람은 41.7%이고, 질병으로 일상생활이 어려운 경우는 90%이다. 2009년 말 통계자료에 따르면 혼자 사는 여성노인 1인가구의 연간 가구 소득은 736만원으로 밝혀졌다. 남성노인 1인가구의 연소득 1,288만원과 배우자가 있는 여성노인의 연소득 1,273만원에 비하면 57% 수준에 불과하다. 혼자 사는 여성노인이 빈곤에 가장 취약한 상황에 처해 있다.[5]

이처럼 노인빈곤이 심각해진 배경에는 우리나라의 문화사회적 이유가 자리 잡고 있다. 우선, 지금의 65세 이상의 노인세대는 일제식민지배와 내전을 겪은 세대로서 말 그대로 잿더미에서 다시 시작해야 했다. 생존 그 자체를 매일 고민해야 했던 시기에 유년시절을 보내고 급속한 경제성장과 유신독재의 시절을 거쳐 민주화의 시기를 맞게 된 세대이다. 지금의 아이티(Haiti), 네팔(Nepal), 미얀마(Myanmar)와 비슷한 수준에서 세계경제 규모 10위권과 민주화를 이룬 기적을 이룬 세대가 바로 지금의 노인세대이다.

때문에 지금의 노인세대는 근대교육의 혜택을 고루 받지 못하고 근대적 직업력을 유지하지 못하였다. 자식교육에 큰 기여를 하였고 노년을 위한 충분한 재산을 저축하지 못하였다. 또 전통적인 가족부양 체계가 사라지고 사회부양체계가 미비하여 노후에 대한 공동체적 안전망의 혜택도 기대하기 힘들게 되었다. 설문조사에 따르면, 노인들은 경제적 처지가 열약한 이유에 대해 자녀 뒷바라지(41.7%), 젊을 때 노후대비를 못했기 때문(28.5%), 배운 게 없기 때문(12%), 물려받은 게 없기 때문(8.3%), 사회보장제도가 취약하기 때문(4.7%)이라고 말하고 있다.[6]

더 슬픈 현실은 위와 같은 희생의 대가가 노년의 힘든 노동이라는 것이다. 2005년 OECD 고령노동인구 보고서에 따르면 1999~2004년 40세 이상 국민의 실제은퇴연령은 한국이 70세로, 멕시코 75세 다음 으로 가장 늦어서까지 일하고 있음이 밝혀졌다.[7]

편견과 차별의 시각

10명 중 4명의 노인은 우리 사회가 노인들을 차별하고 있다고 생각 한다. 10명 중 2명은 나이 때문에 차별을 경험했다고 응답했다. 이들 은 소비 · 문화 · 여가 등 일상생활에서(43.4%), 직장 · 구직(29.6%), 공 공기관 서비스(28.3%), 가족(17.6%)에서 차별을 받았다고 한다.[8]

노인에 대한 차별은 성이나 인종차별과는 달리 감정적인 악의는 크 게 개입되지 않으며 다른 동기에 의해 작용한다고 알려져 있다. 개인 의 심리학적 관점에서 볼 때 죽음에 대한 두려움으로 인해 사람들은 노인혐오감을 갖고 차별한다고 한다. 인구통계학적 관점은 고령화 진 행에 따른 노인 부양부담이 노인차별의 원인으로 작용한다고 하며, 문 화적 관점은 젊음에 대한 예찬과 나이 듦에 대한 부정적 태도가 노인 들을 차별하는 결과를 가져온다고 보기도 한다. 경제적 관점은 기계화 된 대량생산방식에서 과거의 숙련기술과 풍부한 경험은 불필요해지 고 저숙련 · 저임금의 젊은 노동자가 필요해진 경제구조에서 차별의 원인을 찾기도 한다.[9]

우리 사회에는 일반적으로 노인을 무능하고, 의존적이며, 비합리적 보수로 보는 편견과 차별적 시각이 존재한다.[10] 노인을 무능하다고 보는 시각은 사람의 연령과 물리적 생산성사이의 부정적 상관관계가 있다고 보는 데서 기인한다. 노인은 기술변화나 환경변화에 빨리 적응하지 못한다거나 위험한 업무를 수행하기에 적합하지 못하다는 등의 고령자에 대한 고정관념과 부정적 태도가 자리 잡고 있다. 그러나 실제의 노동생산성과는 상관없이 노동통제의 수단으로 쓰이는 논리이다.

노인을 의존적으로 보는 시각은 노인을 보호하고 시혜를 베풀어야 한다는 시선에 기초한다. 우리 사회의 교통과 공공기관의 경로할인 또는 노인우대제도에서처럼 보호받는 사람과 보호하는 사람을 시각적·공간적으로 지나치게 분리하고 구별 짓는 것이 이에 해당한다. 노인은 시혜의 대상이 되어 사회에서 객체화되고 주체적인 결정과정에서 배제되기도 한다.

노인을 보는 편견적 시각은 권위적이다는 것이다. 노인은 새로운 문화현상에 대한 이해와 인정 그리고 향유에 대한 열린 자세가 없고 젊은 세대와 함께 공유할 수 없을 것이라는 편견에서 비롯된 것이며, 노인을 비합리적이고 보수적이라고 평가하는 시각이다. 연령과 그로 인한 차이를 인정하지 않고 타자화하여 자기는 정상으로 노년은 비정상으로 규정하는 구별짓기는 차별이 된다.

이와 같이 노인에 대한 차별은 연령격차에 따른 것인데 연령차별주의(ageism)라고도 한다. 이는 "연령을 근거로 한 비합리적이고 노골적인 억압, 폭력, 학대를 포함하여 쉽게 의식되지 않는 연령에 따른 차별적인 전유·배제 관계"라고 정의된다.[11] 그리고 "연령에 따른 편견과 이에 기초한 직접적이고 노골적인 차별을 가하거나 당하는 입장 모두 차별로 인지하지 못하는 내면화되고 구조화된 차별현상까지도 포함한다."[12] 연령차별은 계급, 젠더, 인종 등 다른 차별과 연관되어 복합적인 사회불평등 구조를 만들어 내는 것이다.

노인 인권의 국제적 보호체계[13]

여성, 아동, 장애인, 난민 등의 집단에 대한 국제인권협약은 존재하나 노인 인권에 대한 독자적 조약은 아직 없는 실정이다. 다만 세계인권선언, 시민적 · 정치적 권리에 관한 국제규약(이하 '자유권 규약'), 경제적 · 사회적 · 문화적 권리에 관한 국제규약(이하 '사회권 규약') 등의 구체적 인권내용이 노인에게 동등하게 적용된다.

세계인권선언은 "모든 사람은 식량, 의복, 주택, 의료, 필수적인 사회역무를 포함하여 자신과 가족의 건강과 안녕에 적합한 생활수준을 누릴 권리를 가지며, 실업, 질병, 장애, 배우자와의 사별, 고령, 그 밖의 자신이 통제할 수 없는 상황에서의 다른 생계 결핍의 경우 사회보장을 누릴 권리를 가진다"(25조)고 하여 사회보장권과 관련하여 특별히 노인을 염두에 두었다.

자유권 규약도 차별 금지(2조)를, 사회권 규약도 차별 금지(2조)와 사회보장권(9조)을 두고 있고, 사회보장의 최소기준에 관한 국제노동기구(ILO) 협약 제102호(Social Security Convention)와 병환 · 노환 · 유족연금에 관한 국제노동기구 협약 제128호에서 의무적인 고령보험체제를 구축하도록 요구하고 있다.

미주인권협약의 추가의정서 17조, 유럽사회헌장 23조, 유럽연합 기본권 헌장 25조, 인간 및 인민의 권리와 의무에 관한 아프리카 헌장 18조에서도 모두 노인관련 규정 두어 인권을 보장하고 있다.

무엇보다 국제인권협약은 사회보장권과 같은 사회권을 점진적으로 달성하도록 허용하면서도 각국의 가용자원이 허용하는 최대한도까지 조치를 취할 것과 동시에 최소한도로 반드시 이행해야 할 의무(minimum core obligation)를 정하여 이행할 것을 촉구하고 있다.

국제인권협약과 같은 법적 효력은 없으나 노인 인권 실현을 위한 국제적 노력은 지속되었다. 1991년 노인을 위한 유엔원칙(UN Principles for older persons)은 독립성, 참여, 요양, 자기실현, 존엄의 5가지 목표와 18가지 원칙을 선언하였고, 1992년에는 고령화에 관한 선언(Proclamation on Ageing)이 채택되었다.

유엔은 1999년을 노인의 해(International Year of Older Persons)로 선포하여 기념하였고, 2002년 2차 세계고령화대회에서 마드리드 국제행동계획(Madrid International Plan of Action on Ageing Aged Citizen)이 선언되어 차별철폐와 노인의 개발권 등 모든 인권과 기본적 자유권의 증진과 보호를 촉구했다.

노인 인권의 국내적 보호체계[14]

우리 헌법은 인간의 존엄과 가치, 그리고 행복추구권(10조)을 보장하고, 사회보장 · 사회복지의 증진에 노력할 의무와 신체장애자 및 질병, 노령 기타의 사유로 인한 생활무능력자는 인간다운 생활을 보장받기 위하여 국가의 보호를 받을 권리(34조)가 있음을 명시하고 있다. 그리고 이를 보장하기 위한 법률로서는 국민기초생활보장법(1999년)이 있다. 민법은 생활무능력자에 대한 부양책임을 1차적으로 친족에게 부과하여, 사적부양을 일차적으로, 공적부양을 2차 또는 보충적인 것으로 규정하고 있다. 이로 인해 특별한 소득이나 노후보장 수단이 없는데도 자녀가 있다는 이유로 기초생활보호대상자로 선정되지 못하는 독거노인이 많다.[15]

정부는 2004년 노인복지법 개정을 통해 노인을 착취로부터 보호하고 학대피해로부터 노인의 안전을 보장하고 존엄성을 존중하고자 하였다. 노인복지법은 노인에 대하여 신체적, 정신적, 정서적, 성적 폭력 및 경제적 착취 또는 가혹행위를 하거나 유기 또는 방임을 하는 것을 노인학대로 규정(1조)하고 있다. 노인학대 신고의무자로 하여금 신고를 의무화하고 있다. 하지만 벤치마킹한 미국의 법률과는 달리 신고의무 규정위반자에 대한 처벌규정이 없어 실효성이 의심스럽다.

보건복지부는 2006년 시설생활노인의 인권 보호지침을 마련하여 시설내부에서 발생하는 노인 인권침해사례를 방지하고자 하였고, 2008년 고령자고용촉진법을 고용상연령차별 금지 및 고령자고용촉진에관한법률로 개정하여 노인의 노동에 관한 권리를 보다 더 보장하고자 하였다. 아울러 노인의 건강과 케어에 필요한 사회적 서비스를 받을 수 있도록 하기 위하여 노인장기요양법을 제정하였다. 그러나 인권의 관점이 아니라 재정적자를 줄이려는 경제적 논리로 접근한 것이라는 비판도 존재한다.

노인 인권의 내용

노인은 국제인권규범과 국내법이 보장하는 모든 권리에 있어서 여성, 아동, 장애인 등과 동등하게, 합리적 차별 없이 대우받아야 한다. 노인을 위한 유엔원칙을 중심으로 구체적 내용을 보면, 존엄, 독립, 참여, 보호, 자아실현의 영역에서 노인 인권 보호와 실천이 특별히 요청된다.

우선, 노인은 존엄(dignity)에의 권리가 있다.[16] 노인은 존엄하고 안전한 환경 속에서 살 수 있어야 하고, 착취와 육체적·정신적 학대를 받아서는 안 된다. 인간의 존엄과 가치를 존중하는 것은 인권의 기본 원리이며, 그 적용에 있어 노인도 예외는 아니다. 설사 고령화로 인해 육체적으로 또는 정신적으로 취약한 상태에 있다고 하더라도 노인은 착취와 학대의 대상이 되어서는 안 된다. 또 노인은 나이·성별·인종·민족·장애 및 여타 지위에 상관없이 공정한 대우를 받아야 한다. 연령이 높다는 이유로, 여성노인이기 때문에, 피부색이 다른 노인이기 때문에, 신체적 또는 정신적 장애노인이기 때문에, 노인의 성적 지향이 다르다는 이유로 차별을 받거나 권리를 박탈당해서는 안 된다는 의미이다.

다음은 독립(independence)에의 권리이다.[17] 노인은 일할 권리가 있다. 일을 할 수 있는 기회 또는 소득을 얻을 수 있는 기회가 제공되어야 하며, 연령을 이유로 그 기회가 박탈되어서는 안 된다. 노인노동자에게 일터(작업장)에서 적절한 교육과 훈련 프로그램에 참여할 수 있도록 기회를 제공하여 노동력 향상은 물론 자아실현의 기회를 제공하여야 한다. 직장에서 언제 그만둘지에 대한 결정에 참여할 수 있어야 한다. 아울러, 노인은 소득을 통해, 또는 가족과 지역사회의 지원과 자조를 통해 적절한 식량, 물, 주거, 의복 및 건강보호에 접근할 수 있어야 한다. 식량, 물, 주거, 의복, 의료서비스 제공은 노인의 생존에 필요한 근본적인 요소로서 국가적 가용자원의 많고 적음에 상관없이 국가가 부담해야 할 의무가 있다.

셋째, 노인은 참여(participation)의 권리를 누린다.[18] 노인은 나이를 이유로 투표권에서 박탈당하지 않으며, 이를 보장하기 위하여 적극적 수단을 제공받을 권리가 있다. 각종 정책 결정과정에 참여하거나 배제되지 않을 권리는 물론, 노인을 위한 사회운동과 단체를 형성할 자유와 집회 및 표현의 자유를 부당하게 억압당해서는 안 된다. 사회로의 참여 보장은 노인의 사회통합에 매우 중요한 항목으로서 사회구성원과의 교류와 소통을 통해 노인에 대한 차별을 해결하는 방법이 되기도 한다.

넷째, 노인은 보호(care)를 받을 권리가 있다.[19] 노인은 사회의 문화적 가치체계에 따라 가족과 지역사회 또는 국가의 보살핌과 보호를 받을 권리가 있다. 육체적, 정신적, 정서적 건강을 위해 필요한 도움을 받을 권리가 있고, 질병을 예방하거나 건강을 유지하기 위한 의료보호에 접근할 수 있어야 한다. 인간적이고 안전한 환경에서 보호, 재활, 사회적·정신적 격려를 제공하는 적정 수준의 시설 보호를 이용할 수 있어야 한다. 보호시설이나 치료시설에 거주할 때에도 노인은 존엄, 신념, 욕구와 사생활을 존중받으며, 자신들의 건강보호와 삶의 질을 결정할 수 있는 권리를 포함한 기본적 자유에의 권리를 보장받아야 한다. 아울러, 필요한 경우 적절한 법률서비스를 받을 권리가 있어야 한다.

마지막으로 노인은 자아실현(self-fulfillment)의 권리가 있다.[20] 노인은 자신들의 잠재력을 개발하기 위한 기회를 제공받을 권리가 있다. 취미 및 여가활동을 위한 교육프로그램은 물론 구직과 기타의 목적으로 하는 교육을 받을 권리가 있다. 또, 노인은 사회의 교육적, 문화적, 정신적 그리고 여가에 관한 자원에 접근할 수 있어야 한다.

노인의료복지시설 노인의 인권

최근 평균 수명의 연장으로 만성질환노인, 중풍, 치매 등 신체적 · 정신적으로 독립생활이 불가능한 장기보호대상노인이 증가하고 있다. 우리 사회가 산업화되고 핵가족화 되면서 장기보호가 필요한 노인에 대한 부양책임은 과거 가족중심에서 가족과 사회의 공동책임으로 변하고 있다. 때문에 노인과 부양가족이 주택에서 공동으로 기거하던 과거와 달리 국립 · 사립의 노인의료복지전문시설이 설립되어 점차 많은 노인이 입주하고 있고, 보다 전문적인 보호와 보살핌을 받고 있다.

노인의료복지시설은 인력부족과 종사자이 저임금 등의 열악한 작업환경을 벗어나지 못하고 있는 가운데 노인과 종사자간의 신체적 · 정신적 마찰 또는 업무상 스트레스 상황에 노출되어 상호 학대 또는 인권유린 할 수 있는 환경도 존재한다.

충청남도에서 운영 중인 노인의료복지시설 가운데 무료요양시설과 무료전문요양시설에서 근무하는 132명의 종사자를 대상으로 한 2008년 연구에 따르면, 응답자의 26.5%가 지난 1년간 적어도 1회 이상 노인학대를 목격하고, 그 가운데 91.4%가 신고하지 않은 것으로 나타났다. 이는 다른 나라의 연구조사와 비슷한 결과를 보이는데, 2001

년 독일의 연구에서는 응답자 가운데 79%가 1년간 입소노인에게 학대행위를 하였다고 응답하였다. 소리를 지르는 등의 정서적 학대행위가 46.7%가 가장 많고, 의도적으로 무시하는 행위가 35.1%, 요구를 거절하는 행위가 32% 순으로 조사되었다.[21]

노인의료복지시설에 거주하는 노인도 합리적인 사유가 있는 경우를 제외하고는 일반사람과 대등한 권리를 누릴 수 있어야 한다.[22] 우선, 보건·의료·생활·양양·급식서비스를 받을 권리가 있다. 의료, 간호, 물리치료 및 기타 재활요법을 포함하여 의복, 대소변, 목욕 등의 생활적인 부분까지 보살핌을 받을 권리가 이에 포함된다. 시설노인은 안락하고 안전한 환경에서 생활을 권리가 있다. 쾌적하고 편리한 환경과 안전하고 화재와 사고에 노출되지 않은 여건에서 살아갈 권리를 일컫는다.

다음은 시설생활을 함에도 불구하고 노인의 인격권과 평등권, 학대받지 않을 권리, 자신의 재산에 관한 권리 등은 절대 포기될 수 없다. 또한, 투표 및 종교활동에 자유롭게 참여하거나 또는 강요받지 않을 권리가 있으며, 각종 문화활동에 참여할 권리가 있다. 자유로운 외출·외박과 면회를 보장받아 가족 및 사회관계를 유지할 권리가 보장되어야 하며, 동료노인으로부터 사생활을 침해 받지 않을 권리가 있다.

마지막으로 시설노인도 광범위한 자기결정권에 대한 권리를 누리는데, 입·퇴소 과정에서 요양급여와 시설생활에 대한 정보를 제공받고 생활규범 등에 대한 설명을 듣고 결정할 수 있는 권리가 보장되어야 한다. 또, 위의 정보나 서비스가 변경되었을 경우 통지받고 다시 결정할 수 있도록 해야 하며, 우편 및 전화, 인터넷의 자유로운 이용이 보장되어야 한다. 아울러, 시설노인의 개인정보가 보호되어야 하며, 비밀이 보장되어야 한다.

노인의료복지시설 종사자(요양보호사)의 인권침해

한편, 지금까지 노인의료복지시설에서 근무하는 요양보호사 또는 시설종사자는 노인 인권 보호를 담당하는 의무자로만 인식되어져 왔으나, 이들이 서비스를 제공하는 과정에서 이들에게 발생하는 인권 침해 사례들이 알려지면서 대책강구가 필요하다.

일단은 요양보호사들의 인권실태에 대한 사회적 인식이 부족하고, 자신들의 자기옹호를 위한 적극적 실천이 미약한 것으로 보인다. 때에 따라 시설노인과 노인 가족으로부터 언어적 상처는 물론 경우에 따라 신체적·물리적 폭력과 성추행 등에 노출되는 것이 현실인데, 이들의 일반적인 대처는 참는 것이라고 한다.

대부분의 요양보호사가 여성인 점을 간안할 때 할아버지의 신체노출, 추행, 성적 수치심을 자극하는 행동 등은 형사 처분이 가능한 범죄에 해당하고, 욕설을 통해 요양보호사를 학대한다거나, 가족 면회 시 그동안의 불만에 대한 보복으로 사실이 아닌 내용을 가족에게 전달하여 요양보호사의 처지를 곤란하게 한다든가, 칼로 위협하거나 때리거나 인터넷에 불친절한 서비스를 민원으로 올리겠다고 협박하는 등의 일이 발생하고 있다.[23]

요양보호사의 근무상 인권 침해 문제 해결에 대한 일차적 책임은 노인의료복지시설에게 있다. 시설은 시설근로자가 안전하고 쾌적한 환경에서 근무할 것을 보장할 의무가 있고, 인권 침해적 요소를 제거할 의무가 있기 때문이다.

아울러, 인권의 향유는 타인의 인권을 침해하지 않는 범위 내에서 이뤄져야 하는 자기 한계를 내제하고 있다. 노인의료복지시설에 거주하는 노인들도 요양보호사의 인권을 침해할 권리는 없다.

노인 인권과 원불교적 접근

원불교는 은혜(恩惠)의 종교이다. 천지 · 동포 · 법률과 더불어 부모은(父母恩)은 핵심적이다. 부모의 은혜로 인해 우리의 몸을 얻게 되었고, 부모의 사랑과 온갖 수고로 우리는 보호 · 양육되어 자력을 얻게 되었다. 부모는 우리에게 사람의 의무와 책임을 가르쳐 인류사회의 구성원으로 길러주신 은혜로운 존재이다. 따라서 자식은 부모가 무자력할 경우 힘을 다해 부모의 마음을 편하게 하고 육체적으로 보살펴 보은을 다할 것을 원불교 정전(正典)의 부모보은은 밝히고 있다. 아울러 여건이 허락한 데로 타인의 부모라고 하더라도 무자력하면 내 부모와 같이 보호할 것을 가르치고 있다.

원불교는 나이가 들어 육체적 · 정신적 · 심리적으로 무자력한 상황에 처한 부모를 지극히 봉양할 것을 권장하고 있고, 아울러 타인의 부모 즉, 우리 사회와 인류의 모든 부모를 사정이 허락하는 데로 보호할 것을 조언하고 있다. 즉, 노인부양에 대한 원불교적 관점은 일차적인 책임은 자녀에게 있음을 인정하고 이차적으로는 사회 또는 공동체적 기능에 그 책임을 부여하고 있다. 혼자 사는 노인 인구의 10명 중 8명은 빈곤상태에 있는 우리의 현실에서 원불교는 빈곤노인에 대한 적극적 부양을 촉구하고 있다.

아울러, 사요(四要)의 지자본위(智者本位)에서 불합리한 차별 제도로서 노소(老少)의 차별을 밝히고 있다. 이는 사람 나이의 많고 적음의 외형적 숫자에 억매여 차별하는 우를 범하지 말고, 그 사람의 지식의 정도를 보아 아무리 나이가 어린 사람이라도 나보다 도와 덕, 지식과 학문ㆍ기술ㆍ상식이 높다면 스승으로 모시고 배워야 한다는 가르침이다. 역으로 나이가 많다고 차별하는 어리석음을 범하지 말라고도 해석이 가능하다. 여기에서 노인 또한 연령을 이유로 차별하지 말 것을 간접적으로 밝히고 있는 것이다.

뿐만 아니라, 노인에 대한 인권 보호와 차별 금지는 모든 존재를 부처로 알고 대등한 존재로 존중하는 뿌리 깊은 불교의 사상과 일치한다. 노환으로 인지기능에 장애가 있다고 하더라도 노인의 신체ㆍ정신ㆍ재신에 관한 중요한 사항에 대하여 대화와 설명을 시도하는 것은 매우 중요하다. 노인 스스로가 자신의 존엄과 인격성이 존중된다는 느낌을 갖는 것을 매우 중요하며, 이것은 노인 인권 보호의 첫걸음이 된다. 제대로 돌봄을 받지 못한다고 느낄 때 죽고 싶을 때가 있다거나 몸을 함부로 다룰 때 모멸감을 받는다는 노인들의 인터뷰 내용을 참고할 필요가 있다.

마지막으로 원불교는 노인이 다음 생을 준비하는 단계에 있다고 해도 무방할 것이므로 노인의 인권을 보호하고 잘 보살펴 천도왕생을 인도할 책무가 있다고 할 것이다.

참고문헌

- 강병근, "노인 인권보호에 관한 국제법적 논의: 유엔규약인권위원회의 일반논평을 중심으로", 「서울국제법연구」제15권 2호, 2008
- 권중돈외 5, 「노인 분야 인권교육 교재」(국가인권위원회, 2008)
- 국가인권위원회, 「노인 인권지킴이단 활동보고서」2009
- 김동선·모선희, "국가인권위원회 판정사례를 통해 살펴본 고용상 연령차별의 요인 탐구", 「노인복지연구」통권 51호, 2011
- 김주현외 4, "국제법상에 나타난 보편적 인권규정과 노인 인권", 「법과 사회」제40권, 2011
- 박경숙외 4, 「노인 인권실태연구」국가인권위원회 용역연구, 2010
- 박경숙, "노년 삶을 억압하는 한국 사회의 삶의 양식", 「노인 인권 논문집」(국가인권위원회, 2010)
- 손덕순, "요양보호사의 인권태도에 영향을 미치는 요인", 「노인복지연구」통권 48호, 2010
- 이정식, "인간다운 생활을 할 권리실현을 위한 공적 부양의 개선방안", 「세계헌법연구」제16권 3호, 2010
- 우국희, "인권 관점에서 바라 본 노인학대와 사회적 책임", 「노인 인권 논문집」(국가인권위원회, 2010)
- 유성호·강선아, "노인요양시설종사자의 노인학대 관련 법조항에 대한 이해, 노인학대 목격실태와 노인학대 신고의무위반자의 처벌에 대한 태도", 「사회복지정책」Vol.33, 2008
- 조운희, "노인요양시설 입소노인의 인권이 종사자 학대충동에 미치는 영향", 「노인복지연구」통권 41호, 2008
- 최재천, "사회 고령화와 노인 인권", 「노인 인권 논문집」(국가인권위원회, 2010)

---

1) 연령계층별 인구 및 노령화지수 추이, 통계청 www.kosis.kr, 2010
2) 최재천(2010), "사회 고령화와 노인 인권", 「노인 인권 논문집」국가인권위원회, p.6
3) http://weekly.khan.co.kr/art_print.html?artid=201012301048231 accessed 2011-01-18

4) http://news.khan.co.kr/kh_news/art_print.html?artid=201111152140115 accessed in 2011-11-18

5) Id.

6) 박경숙(2010), "노년 삶을 억압하는 한국 사회의 삶의 양식", 「노인 인권 논문집」 p.70

7) Id. pp.79-80

8) See 박경숙외4(2010), 「노인인권실태연구」 국가인권위원회 용역연구

9) See 김동선외(2011), "국가인권위원회 판정사례를 통해 살펴본 고용상 연령차별의 요인 탐구", 「노인복지연구」 통권 51호, pp.148-50

10) 박경숙(2010), id. pp.55-61

11) Id. p.55

12) Id.

13) See 강병근(2008), "노인 인권보호에 관한 국제법적 논의: 유엔규약인권위원회의 일반 논평을 중심으로", 「서울국제법연구」 제15권 2호; 김주현외(2011), "국제법상에 나타난 보편적 인권규정과 노인 인권", 「법과 사회」 제40권

14) See 권중돈외5(2008), 「노인 분야 인권교육 교재」 국가인권위원회

15) See 이정식(2010), "인간다운 생활을 할 권리실현을 위한 공적 부양의 개선방안", 「세계 헌법연구」 제16권 3호, pp.383-94

16) 국가인권위원회(2009), 「노인 인권지킴이단 활동보고서」 p.100

17) Id. p.101

18) Id.

19) Id.

20) Id.

21) 유성호외(2008), "노인요양시설종사자의 노인학대 관련 법조항에 대한 이해, 노인학대 목격실태와 노인학대 신고의무위반자의 처벌에 대한 태도", 「사회복지정책」 Vol.33, pp.316-29

22) See 국가인권위원회(2009), 「노인 인권지킴이단 활동보고서」 pp.104-7

23) See 권중돈외(2008), 「노인 분야 인권교육 교재」 국가인권위원회

원불교 교무의
인권 실태

원불교 교무의 인권 실태

> *"세간 공부하는 사람이나 출세간 공부하는 사람에게 대하여 주객의 차별이 없이 공부와 사업의 등급만 따를 것이며, 계통하는 데에도 차별이 없이 직통으로 할 것이며, 수도하는 처소도 신자를 따라서 어느 곳이든지 건설하여야 할 것이며, 의식생활에 들어가서도 각자의 처지에 따라서 할 것이며, 결혼생활에 들어가서도 자의에 맡길 것이요."*
>
> - 조선불교혁신론, 소태산 대종사 -

앞서 인권과 종교의 교집합을 확인하고, 원불교 핵심교리에서 인권의 주요 원칙을 발견하였으며, 주요 인권이슈에 대한 원불교적 이해의 가능성을 살펴보았다. 이를 바탕으로 원불교단 내의 인권실태를 점검하는 일은 인권 친화적 교단을 이뤄 가는데 선행되어야 할 매우 의미 있는 작업이다. 교단 정책 결정과 운영에 있어 인권의 가치가 제대로 반영되고 있는지 또는 교단 산하 단체와 작업장은 고용노동자의 인권을 보장하고 있는지 등을 파악하고 인권 침해적 요소를 개선할 필요가 있다. 특히 교당과 기관, 원광대학교와 중·고등학교들을 포함한 학교, 병원과 요양시설, 원음방송과 원불교내의 신문사 등에서 이슈가 될 수 있는 인권문제를 파악하고 개선해야 한다.

교단 내 사업장의 노동여건 및 환경, 비정규직 차별 여부, 교단설립 학교 내의 종교의 자유 및 학생인권 실태에 대한 연구는 추후 별도로 수행하기로 하고, 여기서는 원불교 교무의 인권 의식과 실태에 대해 다루도록 한다.

원불교 교화의 핵심적 역할을 담당하는 교무들이 인권 개념에 대한 바른 이해와 관점을 갖는 것은 매우 중요하다. 재가 교도와 원불교의 대사회적 이미지 형성에 많은 영향을 끼치기 때문이다. 또 교무의 인권문제를 다룸으로써 교단 전반에서 인권에 대한 인식의 폭이 넓어지고 원불교가 보다 인권친화적인 모습으로 변모할 계기가 될 수 있다는 점에서 의미가 깊다.

설문조사의 기초정보

원불교인권위원회는 2012년 2월 '원불교 교무의 인권의식 파악을 위한 설문조사'를 실시하여 교무의 인권에 대한 일반적 인식과 이해 및 인권에 대한 감수성을 파악하고 교단 내의 인권실태를 파악하고자 하였다.

설문조사는 전체 원불교 교무 1,998명(2011년 현재, 퇴임·휴무교무 포함) 중 103명, 즉, 5.15%를 대상으로 진행되었다. 설문은 서면조사 형태로 진행되었다. 구체적 설문내용은 인권에 대한 친밀도 조사, 교무의 평등권에 관한 사항, 교무의 근무처우에 관한 사항, 교단 운영과 관련한 사항 등 총 4개 영역, 25개 문항으로 구성되었다. 설문 문항은 주관식 2문항을 제외하고는 모두 객관식이다.

설문에 응한 103명의 원불교 교무 중 남자는 55명(53%), 여자가 44명(42%)이며, 성별구분을 회피한 교무는 4명이다. 연령별로는 20대가 5명(4%), 30대가 40명(38%), 40대가 22명(21%), 50대가 21명(20%), 60대가 13명(12%)이며, 연령 미기재자는 2명으로 나타났다. 근무지의 형태는 교당근무자가 71명(68%), 기관근무자가 21명(20%)이었고, 미기재자는 11명이었다.

인권에 대한 일반적 인식

인권에 대한 친밀도 조사는 교무의 인권에 대한 태도와 인식을 파악하기 위해 고안된 질문영역으로 인권에 대한 사전지식과 정보 습득의 출처, 그리고 인권에 대한 일반적 인식을 물었다.

조사결과 10명 중 6명이 인권에 대한 기본 소양을 갖추거나 잘 알고 있는 것으로 나타났고 3명 또는 4명은 잘 알지 못하는 것으로 보인다.(그림1 참조) 인권에 대한 정보는 주로 10명 중 6명이 신문과 방송 등 언론매체를 통해 얻고 있고 10명 중 2명은 강의·강연을 통해, 1명은 전문서적을 통해 정보를 접하고 있는 것으로 드러났다.

응답자 10명 중 8명이 인권을 개인의 일상생활에서 항상 보장되어야 하는 것으로 인식하고 있는 반면 응답자의 14%는 인권을 사회의 일부세력이 정치선동의 도구로 이용하는 개념으로서 사회혼란을 부추긴다고 하여 부정적으로 인식하고 있음이 드러났다.(그림2 참조) 이와 같은 경향은 연령대별로 고루 나타나고 있다. 30대 교무의 82%, 40대 교무의 77%, 50대 교무의 76%, 60대 교무의 69%가 인권은 일상생활에서 항상 보장되어야 한다고 하였다.

소수의견으로 인권이 다소 법률적인 면이 많아 딱딱하고 어렵다는 의견이 6%였고, 우리사회는 인권이 잘 보장되고 있기 때문에 인권중심의 담론이 불필요해진 면이 있다는 의견은 2%에 불과했다.

정리하자면, 절대 다수의 원불교 교무는 인권이 우리 일상에서 항상 보장되어야 한다고 믿고 있으며, 10명 중 9명이 일반 언론매체에서 논하는 수준 이상의 인권정보와 담론에 노출되어 있다고 나타났다.

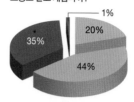

〈그림1〉 교무님은 인권에대해 어느정도 알고 계십니까?

1%
20%
44%
35%

■ 전혀들어본적없다
■ 들어본적은 있으나 잘 알지 못한다
■ 기본 소양을 갖추고 있다
■ 잘 알고 있다
■ 전문가적 소양을 갖추고 있다

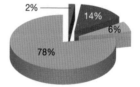

〈그림2〉 교무님의 인권에 대한 일반적 인식은 무엇입니까?

2%
14%
6%
78%

■ 우리사회는 인권을보장하고 있으므로 인권중심의 담론이 불필요해진 면이 있다
■ 인권은 일부세력에 의해 정치선동의 도구로 악용되고 있고 사회혼란을 부추긴다
■ 인권은 다소 법률적인 면이 많아 딱딱하고 어렵다
■ 인권은 개인의 일상생활에서 항상 보장되어야 하는 것이다

교무의 평등권과 차별 금지

평등과 차별 금지는 현대 인권사상의 핵심을 이루며, 원불교 교리도 성별, 연령, 신분, 종족뿐만 아니라 모든 존재의 평등한 존엄과 가치를

알아 똑같이 존중하고 차별하지 않음을 근본원리로 삼고 있다. 앞서 살펴본 바와 같이 원불교는 남녀교무의 동등한 지위를 보장하고 있다. 교단 행정과 의사결정에의 참여와 조직구성에 있어서 남녀의 차별을 두지 않고 있다. 세속사회에서는 남녀평등과 성별로 인한 차별 금지가 보편적 원칙이 된 지 오래되었으나, 종교영역에서는 여전히 남성성직자 중심의 질서가 지배적이고 여성성직자는 보조적 역할을 수행하는 데 그치고 있음을 감안할 때 원불교가 남녀교무를 원칙적으로 평등하게 대우하는 것은 진보적이라고 할 수 있다.

그러나 초창기 소태산 대종사를 비롯한 교단지도자들의 의도와는 다르게 원불교의 혁신적인 평등사상은 퇴색되었다는 비판이 일고 있다. 교단의 운영에 있어서 여성교무에 대한 차별적 관행과 사례가 생겨나고 고착화되었다는 것이다. 무엇보다 여성교무의 결혼문제와 정녀지원서, 그리고 복장 및 머리모양 등의 이슈는 교단 내 뜨거운 감자가 된 지 오래다. 그러나 이에 대한 인권적 접근은 없었고, 공식적인 설문조사를 통해 객관화된 통계가 있지 않았다.

교무의 평등권과 차별에 대한 실태를 알아보기 위한 설문영역은 교무의 결혼, 원불교학과 입학전형 제출서류인 정녀지원서, 복장과 머리모양, 기혼자에게 지급되는 가족수당 등이다.

결혼선택권

우선 '교무의 결혼'에 대한 남녀 응답자의 74%가 미혼이었고, 미혼이라고 답한 교무의 57%가 여성교무이고 37%가 남성교무이다. 결혼한 교무는 전원 남성이다. 결혼한 교무는 결혼하고 싶은 반려자가 있거나 (38%), 안정된 교무활동 또는 교화활동을 위하여(35%) 결혼하였거나 또는 스승, 부모, 교우 등 주변의 권유(15%)로 결혼하였다고 집계되었다.

미혼인 교무의 10명 중 6명은 개인적·종교적 신념 때문에 결혼하지 않았으며, 미혼인 여성교무 중 63%가 개인적·종교적 신념 때문에 결혼하지 않았다고 답했다.(그림3 참조) 개별적인 개인적·종교적 신념의 자세한 내용은 파악할 수 없으나, 원불교 교학과 입학과정에서 필수적으로 제출하여야 하는 정녀지원서와 정녀서약의 과정 그리고 교단의 관습적 분위기를 종교적 신념으로 체화한 것으로 추측된다. 아울러, 결혼하지 않은 교무의 11%가 결혼을 금하는 교단 내 관습 때문에 하지 않았다고 답변했다.

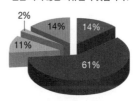

〈그림3〉 결혼을 하지 않았다면, 결혼을 하지 않은 이유는 무엇입니까?

- 결혼하고 싶은 반려자가 없어서
- 결혼하지 않겠다는 개인적/종교적 신념 때문에
- 결혼하지 않는 교단내 관습때문에
- 주변의 시선때문에
- 기타

여성교무의 결혼을 막는 교단의 관습이 결혼여부의 결정에 영향을 미치는지에 대한 질문에서 응답자의 83%가 '매우 그렇다'(61%) 또는 '그렇다'(22%)라고 응답해 사실상 교단의 관습이 결혼문제의 절대적 판단근거가 되고 있음이 드러났다.(그림4 참조)

마지막으로 남녀교무의 절대다수가

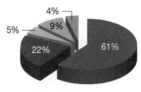

〈그림4〉 만약 여성교무의 결혼을 막는 교단 내의 관습이 존재한다면, 이는 여성교무의 결혼여부 결정에 영향을 미칠 것으로 생각하십니까?

- 매우 그렇다
- 그렇다
- 보통이다
- 그렇지않다
- 전혀그렇지 않다

성별의 차별 없이 결혼선택권을 자유롭게 행사할 수 있어야 한다고 보고 있다. 남녀교무 모두가 결혼을 자유롭게 선택할 수 있어야 하느냐는 질문에 응답자의 87%가 '그렇다'고 답하였고, '아니다'는 13%에 불과했다.(그림5 참조) 흥미로운 점은 설문응답자의 남성교무 전

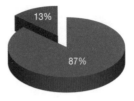

〈그림5〉 남/여 교무 모두 결혼을 자유롭게 선택할 수 있어야 한다고 생각하십니까?

13%

87%

■ 그렇다
■ 아니다

원이 성별의 구분 없는 자유로운 결혼선택권을 옹호한 반면, 여성교무는 68%만이 옹호했다. 남성교무는 자유롭게 결혼을 선택할 수 있는 교단의 관행을 감안하면, 결국 차별 없는 결혼선택권의 허용은 그동안 결혼선택권을 행사할 수 없었던 여성교무의 결혼선택권을 인정하는 것이 되는데, 남녀 교무의 27%가 여성교무의 자유로운 결혼선택권 부여에 반대하는 것으로 나타났다. 특히, 이 중에서 58%가 60대 여성교무이고, 25%가 50대 여성교무이다. 연령이 높은 여성교무일수록 여성교무의 자유로운 결혼선택권 행사에 부정적인 태도를 취하고 있다.

정녀지원서

원불교 교무가 되기 위해서는 원광대학교 원불교학과와 동대학원 과정을 수료하여야 정식으로 출가할 수 있다. 전무출신지원자심사규칙에 따르면, 원불교학과의 응시 요건으로 성별의 차별을 두지 않으나, 오직 여성지원자에게만 정녀지원서 제출을 의무화하고 있다. 정녀지원서를 제출하지 않을 경우, 구비서류 미비로 원불교학과 지원의 접

수 자체가 되지 않아 원불교학과를 지원할 수 없는 것이 현 실태이다.

원불교학과 지원·입학 시 여성지원자에게만 정녀지원서 제출을 의무화한 것에 대한 의견을 묻는 질문에서 전체 응답자의 79%가 차별적(31%)이거나 여성교무의 결혼선택권을 원천 차단하는 것이어서 부당(48%)하다고 답변하였다.(그림6 참조) 원불교 교무의 10명 중 8명 정도가 정녀지원서 제출 의무가 여성교무의 결혼선택권 박탈 또는 차별이라는 점에 공감하고 있는 것이다.

흥미로운 점은 정녀지원서 제출 의무제도에 문제될 것 없다는 응답은 전체 응답자의 9%에 불과했는데, 이 중 71%가 여성교무였다. 또, 정녀지원서

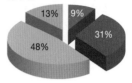

〈그림6〉 원불교학과 지원/입학시 여성지원자에게 정녀지원서 제출을 의무화한 것에 대해 어떻게 생각하십니까?

- ■ 여성교무는 관례상 정녀임으로 문제될 것이 없다.
- ■ 여성지원자에게만 의무화하는 반면 남성지원자에게는 의무화하지 않기 때문에 차별적이다.
- ■ 여성교무의 결혼선택권을 원천 차단하는 것이기 때문에 부당하다.
- ■ 형식적인 절차임으로 별 의미를 두지 않는다.

〈그림7〉 원불교학과 지원/입학시 여성지원자에 대한 정녀지원서 제출 의무를 폐지해야한다고 생각하십니까?

- ■ 그렇다
- ■ 아니다

제도에 별 의미를 두지 않는다는 의견도 13%에 달했는데, 세부적으로 보면 동수의 남성교무와 여성교무가 정녀지원서 제도에 별 의미를 두지 않는다고 답변하였다.

원불교학과 지원·입학 시 여성지원자에 대한 정녀지원서 제출의무를 폐지해야 하는지 묻는 질문에 89%가 '그렇다'라고 답하였고, 10%만이 '아니다'라고 답하였다.(그림7 참조) 10명 중 9명의 교무는 정녀지

원서 제출의무를 폐지해야 한다고 믿고 있으며, 폐지를 반대하는 응답자 중 54%가 60대의 여성교무였다.

복장과 머리모양

원불교 교무의 정복과 머리모양은 남녀의 구분이 뚜렷하다. 남성교무의 경우, 다소 자유로운 편이다. 정복에는 일반 양복과 특별히 제작된 와이셔츠가 있을 뿐이다. 반면 여성교무의 경우, 저고리와 검정 치마를 입어야 하고, 쪽머리를 하여야 한다. 현지교화의 활성화를 위해 일부 해외교당에 한정하여 여성교무의 머리와 복장의 자유화가 시범적으로 이뤄졌다가 근래에 다시 회귀된 바 있다.

〈그림8〉 원불교 교무의 복장과 머리모양 규정은 남성교무에 비해 여성교무에게 더 까다롭습니다. 이에 대해 어떻게 생각하십니까?

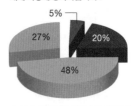

5%
27%
20%
48%

■ 통일된 복장과 머리모양은 교단의 정한 것으로 어쩔 수 없다.
■ 교화에 도움이 되는 것이라면 상관 없다.
■ 여성교무에게만 부여된 까다로운 규제이기 때문에 차별적이다.
■ 여성교무에게 대한 차별적인 것은 맞지만부당하다고 생각하지 않는다.

〈그림9〉 여성교무의 복장과 머리모양에 대한 규정과 지침이 남성교무의 수준으로 평등하게 개정되어야 한다고 생각하십니까?

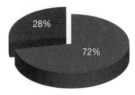

28%
72%

■ 그렇다
■ 아니다

설문 결과, 원불교 교무의 10명 중 7.5명은 여성교무의 복장과 머리모양에 대한 규정이 차별적이라는 것에 대체로 동의하고 있음이 나타났다. 원불교 여성교무의 복장과 머리모양 규정이 남성교무에 비해 까다로운 것에 대해 의견을 묻는 질문에서 여성교무에게만 부여된 까다로운 규제이므로 차별적이라는 의견이 48%, 차별적이지만 부당하다고 생각하지는 않는다는 의견이 27%로, 차별적이라고 동조하는 의견이 75%에 이른다. 복장과 머리모양의 규정이 비록 여성교무에게 까다롭지만 교화에 도움이 된다면 희생할 수 있다는 의견이 20%에 달하고, 교단의 방침이니 따른다는 의견이 5%에 이른다.(그림8 참조)

여성교무에게 더 까다로운 복장과 머리모양에 대한 규정이 남성교무의 수준으로 평등하게 개정되어야 하는지를 묻는 질문에서 응답자의 72%가 '그렇다' 라고 대답하였고, 28%만이 '아니다' 라고 하였다.(그림9 참조)

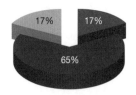

〈그림10〉 교무님 본인의 용금(급여) 수준은 어떻습니까?

■ 적정한 수준이다
■ 실생활을 영위하기에 부족한 편이다
■ 항상적자인 수준으로 용금 이외의 수입으로 충당하는 편이다
■ 저축을 할 수 있을 정도로 충분하다

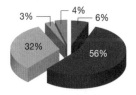

〈그림11〉 교무의 용금(급여)가 어느 수준까지 인상되어야 한다고 보십니까?

■ 타종교 성직자가 받는 수준까지
■ 기본적 생활을 할 수 있는 수준까지
■ 근로기준법상이 최저임금 수준까지
■ 인상될 필요성을 느끼지 못한다
■ 개의치 않는다

교무의 근무처우

첫째, 교무의 급여(8급)는 실제 생활을 꾸려나가기에도 어려운 상황인 것으로 나타났다. 교무의 급여 수준을 묻는 질문에서 응답자의 10명중 8명은 실생활을 해 나가기에 부족(65%)하고 급여외의 수입으로 충당하고 있다(17%)고 답하였다. 적정한 수준이라고 응답한 교무는 17%에 불과했다.(그림10 참조) 때문에 교무 급여가 인상되어야 하는지에 대한 의견을 묻는 문항에 응답자 94%가 '그렇다' 라고 대답한 것은 당연한 것으로 보인다. 지급되는 급여가 매우 비현실적이기 때문인 것으로 풀이된다. 급여 인상의 수준에 대해 10명중 9명의 교무들은 '기본적 생활을

할 수 있는 수준'(56%), 또는 '근로기준법상 최저임금수준'(32%)의 임금을 받기를 희망하였다.(그림11 참조)

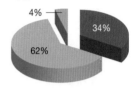

〈그림12〉 교무의 일반적 복리후생 보장 수준에 대해 어떻게 생각하십니까?

4%
34%
62%

■ 충분히 보장하고 있어 만족스럽다
■ 미흡한 점이 많지만 교단의 사정상 어쩔 수 없다
■ 미흡한 면이 많이 후생복리에 개선이 이루어져야 한다
■ 성직자의 시문으로 후생복리에 신경쓰지 않는다

둘째, 교무는 충분한 여가시간을 가지지 못하는 것으로 나타났다. 교무 본인이 충분한 여가시간을 보장받고 있는지의 질문에 17%만이 '매우 그렇다'와 '그렇다'라고 대답해 '아니다'와 '전혀 아니다'로 대답한 46%와 대조를 이루고 있다. '보통이다'는 의견은 37%였다. 구체적으로 알아보기 위해 1년에 몇 일정도 휴가를 쓰는지를 묻는 질문에서 '휴가가 없다'는 응답이 18%나 되었고, 2일-5일이 48%로 거의 절반에 가까웠다. 6일-10일의 휴가를 쓰는 교무는 17% 수준인 것으로 나타났다. 교무는 연중 휴가가 5일이하인 경우가 무려 66%에 이른다.

셋째, 교무의 복지후생도 매우 미흡한 것으로 나타나고 있다. 교무의 일반적 복리후생 보장 수준에 대해 묻는 질문에서 응답자의 62%가 복리후생 보장의 미흡함을 지적하고 개선이 필요하다고 하였고, 미흡하지만 교단의 사정상 어쩔 수 없다는 의견을 보인 응답자도 34%에 이른다. 96%의 응답자가 교무의 복리후생 보장수준이 미흡하다는 것에 공감하고 있는 것이다.(그림 12 참조) 가장 시급히 개선되어야 하는 복리후생으로 다수의 응답자가 급여(용금) 인상, 퇴임 후 대책, 의료서비스 지원 등을 제시했다.

교무는 스스로를 직업적으로 노동자라고 생각하는 경향이 다소 낮다. 10명 중 6명이 노동자가 아니라고 생각하고 있다. 그렇지만 근무여건과 처우에 있어 사회의 일반적 기준에 적용을 받아야 한다는 의견에 10명 중 5.4명이 동조했다. 이는 교무도 최소한 '일하는 사람이라는 측면에서 노동자라고 생각한다'는 2.1명과 합하면 교무의 10명 중 7.5명은 근무여건과 처우에 있어 최소한 사회의 일반적 기준의 적용을 받아야 한다고 본다.(그림13 참조)

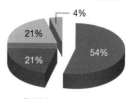

〈그림13〉교무는 노동자가 아니지만 근무여건과 처우에 있어 사회의 일반적 기준에 적용 받아야 한다고 하는 의견에 어떻게 생각하십니까?

- 동의한다
- 동의하지 않는다
- 교무도 일하는 사람이라는 측면에서 노동자라고 생각한다
- 교무도 노동자라고 생각한다

교단 운영

교무는 교단 운영과 의사결정의 민주성에 대해 부정적인 입장을 지닌 것으로 나타났다. 교단의 행정 및 운영,

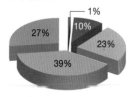

〈그림14〉교무님은 교단의 행정 및 운영, 그리고 의사결정 과정이 민주적이고 남녀의 차별이 공평하다고 생각하십니까?

- 매우
- 그렇다
- 보통이다
- 아니다
- 매우
- 모르겠다

그리고 의사결정 과정이 민주적이고 남녀의 차별 없이 공평하다고 생각하는지의 질문에 응답자의 66%가 '아니다'(39%)와 '매우 아니다'(27%) 라고 대답하였고, '그렇다'(10%)와 '매우 그렇다'(1%)로 오직 11%만이 민주적이고 차별이 없다는 의견을 보였다.(그림14 참조)

교단 내 징계절차에 있어 징계대상자에게 소명의 기회가 충분히 주

어지고 있는지를 묻는 질문에 응답자의 14%만이 '그렇다'라고 답하였고, 25%가 '보통이다,' 31%가 '아니다' 또는 '매우 아니다'라고 하였으며, '모르겠다'가 29%에 달한다.

민주적인 참여와 결정이라는 측면에서 개선이 이뤄져야 할 교단의 가장 큰 과제에 대해 묻는 질문에서 다수의 응답자가 아래로부터의 의견 수렴과 존중이 실질적으로 이뤄지고 정책과 인사결정에 반영되어야 한다는 의견이 다수였다.

찾아보기